"十四五"职业教育国家规划教材

U1010379

职业礼仪实训教程

（第二版）

● 主编 ○ 陈璐　戚薇

中国教育出版传媒集团
高等教育出版社 · 北京

内容简介

本书是“十四五”职业教育国家规划教材、高等职业教育职业素养类新形态一体化教材。本书是一本为高校学生及职场人士定制的教学类实用书，本书实训内容清晰实用，实训方法新颖有效，评价标准明确简洁。全书共分七个模块，主要选取形象礼仪、面试礼仪、职场礼仪、餐饮礼仪、涉外礼仪进行讲解，结合引导案例、实战演练、知识拓展及课后探究等内容，为课堂教学和自学提供了较为丰富的素材及资料。

本书配合开发有微课视频、教学课件等数字化资源，另有在线试题可供阅读者扫码作答。具体获取方式请教师登录“高等教育出版社产品信息检索系统”（http:/xuanshu.hep.com.cn/）免费下载。

本书既适合高职专科、本科院校礼仪类课程教学使用，也可作为初涉职场的职场人士和礼仪爱好者提升礼仪素养和职业竞争力的自学用书。

图书在版编目（CIP）数据

职业礼仪实训教程 / 陈璐，戚薇主编 . --2 版 .

北京：高等教育出版社，2024.9（2025.5重印）.

ISBN 978-7-04-062530-1

Ⅰ. K891.26

中国国家版本馆 CIP 数据核字第 2024E1F338 号

职业礼仪实训教程（第二版）

ZHIYE LIYI SHIXUN JIAOCHENG

策划编辑 李沁濛 责任编辑 李沁濛 王蓓爽 封面设计 王 琰 版式设计 徐艳妮

责任绘图 尹文军 责任校对 刘娟娟 责任印制 刘思涵

出版发行 高等教育出版社

社 址 北京市西城区德外大街 4 号

邮政编码 100120

印 刷 运河（唐山）印务有限公司

开 本 787 mm× 1092 mm 1/16

印 张 16.75

字 数 400 千字

购书热线 010-58581118

咨询电话 400-810-0598

网 址 http://www.hep.edu.cn

http://www.hep.com.cn

网上订购 http://www.hepmall.com.cn

http://www.hepmall.com

http://www.hepmall.cn

版 次 2019 年 3 月第 1 版

2024 年 9 月第 2 版

印 次 2025 年 5 月第 3 次印刷

定 价 34.90 元

本书如有缺页、倒页、脱页等质量问题，请到所购图书销售部门联系调换

版权所有 侵权必究

物 料 号 62530-00

第二版前言

礼仪是中国传统文化中的重要内容。党的二十大报告指出要“提高全社会文明程度”“繁荣发展文化事业和文化产业”“增强中华文明传播力影响力”。学习礼仪不仅是传承中华优秀传统文化的需要，也是发展社会主义先进文化和促进人的全面发展的需要。在现代职场中，礼仪既是个人素质与职业能力的直接体现，也是人际交往的通行语言。

《职业礼仪实训教程》(第二版)以习近平新时代中国特色社会主义思想为指导，落实立德树人根本任务，坚持实用性和通用性相结合，内容全面，设计新颖，可读性强。本教材首版受到广大用书学校的一致好评，获评“十三五”“十四五”职业教育国家规划教材，取得了良好的社会效益和经济效益。

本教材广泛适用于职业院校旅游、商贸、交通等多个专业大类，也可作为职业礼仪爱好者、职场人士提升职业素养的自学用书。本教材依据高职旅游大类人才培养方案设计学习目标、学习内容和评价体系，以学生发展为中心，强化学生的专业意识，提高服务能力。教材融合传统礼仪文化与职场典型工作任务，贯通岗位专业能力，体现礼仪课程“新业态、强应用”的素质教育特征，促进新时代劳动者的高质量培养。

从学校到职场，这种变动既是个人身份的转变，也是思维方式、行为方式的升级。如何高效率地做好面试准备、提高就业成功率？如何塑造职业形象与仪态，让肢体语言更具魅力？如何融入职场成为受欢迎的职业人？在职场交往中如何提升自信，进行有效沟通？接待客户时怎样才能细心周到、应对得当？仪式活动中又该如何协调组织并规范执行？以上问题在本教材中都能得到解答。

本教材配套有中国大学 MOOC(慕课)平台在线开放课程“职业礼仪”，学生通过学习形象礼仪、求职礼仪、职场礼仪和涉外礼仪等内容，提升服务意识，提高职业竞争力。本教材自 2019 年首版发行以来，在校学生、企业员工、社会学习者学习数量持续增长，经过 6 年的持续建设，本教材形成了以下特色：

1. 科学构建知识技能体系，实现行业规范与教学内容融通、课程思政与素质教育并举

本教材由职业院校名师和企业专家团队共同开发核心知识与技能体系，实现行业规范与教学内容的融通。同时，教材以弘扬中华优秀传统文化、社会主义核心

价值观为主旨，将爱党爱国、红色精神、传统文化等元素有机融入各模块中。

2. 以职业活动为导向，探索“教师、教材、教法”改革，实现“教、学、做”一体化

本教材以职业教育新理念为指导，设计了绪论、形象礼仪、面试礼仪、职场礼仪、餐饮礼仪、涉外礼仪、实践总结七大模块。学习者通过知识点及能力点、任务实训、实战演练、课后探究、在线测试等五个理实一体学习环节，完成项目学习目标，实现“教、学、做”一体化。

3. 数字化资源丰富

本教材由职业院校专业教师、行业专家共同开发微视频资源，并配套中国大学MOOC线上课程及在线试题。教材运用信息技术，尊重学习者的认知规律，适应数字化教学时代学习者自主学习、个性化学习的特征。

本教材由陈璐、戚薇担任主编，南京旅游职业学院孙斐教授担任主审。具体编写分工如下：陈璐负责编写模块一、模块四、模块五、模块六、模块七，戚薇负责编写模块二、模块三，参与编写模块一。本教材在编写过程中引用了部分礼仪专业图书、报刊及网络资源，在此，向在礼仪文化传播事业中执着追求并无私奉献的专家、前辈、同行致以诚挚的敬意和感谢！特别感谢南京工业大学浦江学院徐慎行，南京旅游职业学院胡爱英、吕胜男，高等教育出版社的编辑方雷、李沁濛为本教材的编写和出版给予的帮助！

由于编者的理论素养和学识水平有限，书中难免有不妥之处，敬请读者批评指正。

编者

2024年7月

第一版前言

礼仪是中国传统文化中的重要内容。党的二十大报告指出要“提高全社会文明程度”“繁荣发展文化事业和文化产业”“增强中华文明传播力影响力”。学习礼仪不仅是传承中华优秀传统文化的需要，也是发展社会主义先进文化和促进人的全面发展的需要。现代职场中，礼仪既是个人素质与职业能力的直接体现，也是人际交往的通行语言。

本教材共分八个模块，主要选取了形象礼仪、面试礼仪、职场礼仪、餐饮礼仪、涉外礼仪五大模块进行讲解，结合案例引导、实战演练、知识拓展及问题思考等内容，为课堂教学和学生自学提供了较为丰富的素材及资料。

教材在内容设计上主要突出以下四个特点：第一，从课堂组织、团队协作到项目考核，书中提供了完整的教学设计、组织、评价方式；第二，本教材首次将礼仪情景剧教学的相关知识及操作方法纳入进来，使礼仪实训课堂的情景剧教学实施更加细致规范；第三，本教材为新形态一体化教材，配套有丰富的教学视频及图片资源；第四，教材科学构建知识技能体系，实现行业规范与教材内容融通、课程思政与素质教育并举。

本教材由陈璐、戚薇主编，吕胜男副主编，曹娅丽教授主审。具体编写分工是：陈璐负责编写模块一、模块五、模块六、模块七、模块八；戚薇负责编写模块二、模块三、模块四，参与编写模块八；吕胜男参与编写模块五与模块七。

本教材在编写过程中，引用了部分礼仪专业的书籍、教材、报刊及网络资源，在此，向在礼仪传播事业中执着追求并无私奉献的专家、前辈、同行致以诚挚的敬意和感谢！特别感谢南京旅游职业学院胡爱英为本教材的编写和出版给予的帮助！

本教材存有疏漏和不足之处，恳请各位专家学者批评指正。

编者

2022年11月

目　录

模块一 绪论 …… 001

项目一　课程实训内容 …… 003
项目二　学习礼仪的意义 …… 012
项目三　礼仪原则 …… 018
项目四　团队建设 …… 024

模块二 形象礼仪 …… 031

项目一　仪容礼仪 …… 033
　实训任务一　面容修饰 …… 033
　实训任务二　发型修饰 …… 042
项目二　仪表礼仪 …… 049
　实训任务一　着装礼仪 …… 049
　实训任务二　服饰搭配 …… 053
项目三　仪态礼仪 …… 062
　实训任务一　表情礼仪 …… 062
　实训任务二　姿态礼仪 …… 067

模块三 面试礼仪 …… 087

项目一　面试准备 …… 089
　实训任务一　面试形象 …… 089
　实训任务二　面试资料 …… 097
项目二　面试模拟 …… 108
　实训任务一　自我介绍 …… 108
　实训任务二　面试应答 …… 112

模块四 职场礼仪 …… 121

项目一 交往礼仪 …… 123
实训任务一 会面礼仪 …… 123
实训任务二 拜访礼仪 …… 130
实训任务三 接待礼仪 …… 135
项目二 会议礼仪 …… 143
实训任务一 参会礼仪 …… 143
实训任务二 会议服务 …… 149
项目三 通信礼仪 …… 156
实训任务一 邀约礼仪 …… 156
实训任务二 电话礼仪 …… 159
实训任务三 网络礼仪 …… 164

模块五 餐饮礼仪 …… 171

项目一 位次礼仪 …… 173
实训任务一 中餐位次 …… 173
实训任务二 西餐位次 …… 175
项目二 用餐礼仪 …… 181
实训任务一 中餐礼仪 …… 181
实训任务二 西餐礼仪 …… 184

模块六 涉外礼仪 …… 191

项目一 交往礼仪 …… 193
实训任务一 交谈礼仪 …… 193
实训任务二 馈赠礼仪 …… 201
项目二 接待礼仪 …… 210
实训任务一 参观游览 …… 210
实训任务二 宴请礼仪 …… 217

模块七 实践总结 …… 225

项目一 综合实训 …… 227
实训任务一 礼仪情景剧编排 …… 227
实训任务二 礼仪情景剧表演 …… 236
实训任务三 礼仪情景剧评述 …… 242
项目二 成果展示 …… 246
实训任务一 实训材料 …… 246
实训任务二 实训报告 …… 252

附件 …… 253

参考文献 …… 255

模块一

绪　　论

礼仪在中国是一种文化形态，它既包括一套以仁、义、礼、智、信为中心的价值观念，也包括一系列以礼节仪式为内容的风俗习惯。礼仪在其发展和演变的过程中，一方面起着调节、整合、润滑各种社会关系的作用，作为一种无形的力量制约着人们的行为，规范人们的思想，建立起和谐的社会生活秩序；另一方面，礼仪中的繁文缛节又逐渐成为限制人的个性自由及人格平等的枷锁，逐渐被时代所抛弃。每个时代的仪式和礼节都会有所变化，礼仪的演变随着时代的发展而加快，但其所蕴含的精神实质——即人与人之间相互尊重、和谐发展——是永恒的。

本模块包含课程实训内容、礼的内涵、礼文化的起源与发展、礼在现代社会的重要价值、职业礼仪的原则与要素、团队协作与沟通的基本方法等。

项目一　课程实训内容

学习目标

- 知识目标：了解礼仪的概念与内涵；
  了解课程学习目标、内容、方法及考核评价方式。
- 能力目标：掌握本课程学习的内容、方法；
  能将课堂学习与课内外实践相结合，做到知行合一。
- 素养目标：通过对礼仪文化的学习，牢固树立文化自信，能自觉传承中华优秀传统文化。

课程介绍

引导案例

《论语·雍也》“子曰：‘君子博学于文，约之以礼，亦可以弗畔矣夫。’”孔子说：“君子广泛地学习古代的文化典籍，又以礼来约束自己，就可以不离经叛道了。”知识丰富，而忽视规范秩序，行为迂腐或浮躁的人，不能有益于社会及大道，甚至会适得其反。孔子在此指出了规范对于施行大道的重要性。

案例思考：在社会文明高度发达的今天，个人礼仪素养、社会的规范秩序，对国家长期稳定繁荣发展有着什么样的意义？

知识点

一、礼仪的概念与内涵

礼仪文化概述——礼仪的概念

礼，繁体写作“禮”。“豊”是行礼之器。礼的本义即为举行仪礼，祭神求福。社会生活中，礼也指由于道德观念和风俗习惯而形成的礼节，如婚礼、丧礼、典礼等。日常生活中，礼也表示尊敬的态度和动作，如礼让、礼遇、礼赞等。

仪，指容止仪表，亦指法度、礼法、仪式等。

“致福曰礼，成义曰仪。”人类最早的礼仪是祭祀礼仪，它主要是表达对天地鬼神的敬畏、祝祷和祈愿。因此，礼仪是人们对人、对天地、对自然表示尊重、敬畏、祝祷和祈愿等思想意识的形式和规范，也是人们在社会交往活动中，为了体现相互尊重，在仪容、仪表、仪态、仪式、言谈举止等方面约定俗成、共同认可的行为规范。现代礼仪，是人们为维系社会正常生活而应共同遵守的道德规范，它是人们在长期共同生活和相互交往中逐渐形成的。礼仪既反映了个人的思想道德水平、文化修养、交际能力，也代表着一个国家的文明程度和社会风尚。

礼仪是对礼节、礼貌、仪态和仪式的统称。礼节一般指人际不需要借助其他物品就可以完成的形式，譬如磕头、鞠躬、拱手、问候等；而仪式大多是集体性的，并且需要借助其他物品来完成，譬如奠基仪式，下水仪式，迎宾仪式，结婚仪式，祭孔大典，等等。“礼者，敬人也”，礼仪是一种待人接物的行为规范，也是一种交往的艺术。它是人们在社会交往中受历史传统、风俗习惯、宗教信仰、时代潮流等因素影响而形成的，既为人们所认同，又为人们所遵守，是以建立和谐关系为目的的各种符合交往要求的行为准则和规范的总和。

礼仪文化概述——礼仪的起源与发展

二、礼仪的起源

我国是人类文明的发祥地之一，有着悠久的历史和文化。礼仪作为中华民族文明的核心内容，也有着悠久的历史。对中国礼仪文化的学习和研究，一是依照史书记载，二是以朝代的更替来自然划分。

礼仪起源于原始信仰。例如氏族公社举行的祭祀活动，就是古人鬼神信仰的观念表现。古代的礼仪往往都是与祭祀神灵和祭祀祖先相联系的，其主要形式是用礼器举行祭祀仪式，以表示氏族成员对神灵和祖先的敬献和祈求。因此有“礼立于敬而源于祭”之说。

（一）祖先崇拜与孝文化

中华文化早期崇拜有鬼神崇拜、天地崇拜、图腾崇拜、祖先崇拜等。祖先崇拜是华夏民族最主要的信仰，所谓祖先崇拜，就是相信祖先灵魂不灭，并成为超自然的一部分。子孙可以通过对祖先的祭祀等途径，得到祖先的赐福与保佑。中国古代的祖先崇拜对古代文化有广泛而深远的影响，在伦理领域中，先秦以来，以对祖先的尊崇为核心的孝的观念，成为古人行为的重要规范之一。

（二）万物有灵观念

万物有灵观念是中国最早的宗教观念。在原始社会，人们由于对日月星辰更替、风雨雷电变幻、灾害瘟疫流行等自然现象难以解释，认为神灵、祖先是唯一能对人类生活进行干预的超自然力量，因此以神灵作为崇拜的偶像，奉神灵为无上的权威。

三、礼仪的发展

（一）礼制文化的建立

进入奴隶制社会后，大规模的奴隶劳动大幅提高了社会生产力，社会文明也进一步发展，人与自然、人与人之间的关系也更加复杂。在这种情况下，奴隶主阶级为了维护本阶级的利益，巩固统治地位，制定了比较完整的国家制度和礼仪规范，提出了许多重要的礼仪概念，确立了崇古重礼的文化传统。

夏、商、周三代所处的奴隶社会，整个礼仪的思想基础都建立在对上天、神灵、天命的信仰上。商代的礼主要是祭祀祖先和神灵，礼制则始于殷而成于周，周人把“礼”与“德”结合起来，使之成为区分贵贱、尊卑、顺逆、贤愚的人际交往准则。此后，礼仪逐步扩展为吉礼、凶礼、宾礼、军礼、嘉礼等各种礼制。“五礼”的范围已基本包容了中国古代社会生活的各个领域，相对全面地规范着整个社会生活，制约着人的行为，并逐步成为一种具有相对稳定性的精神内容。

（二）礼俗与生活

原始社会的其他生活礼仪与原始人类生活密切相关。比如原始人类用拍手、击掌、拥抱等来表达感情，用手舞足蹈庆贺狩猎的胜利。

在生产力水平低下的早期氏族社会，生存需求是第一位的，这限制了礼的发展。随着生产力水平的逐渐提高，生存威胁大大降低，在长期生活中逐步形成了共同的生活习惯。因此，礼俗是人类社会发展到一定阶段，物质生活较为丰富的产物。“仓廪实则知礼节，衣食足则知荣辱。”人类的生存有了一定的保障后，便开始修养自身——在日常生活中对行为和思想进行约束与引导，从而形成了礼俗。

我国幅员辽阔，地理环境复杂多样，因此呈现出多种习俗共存的状况，但最主要的是农耕文化和游牧文化两大流向。考古学的相关证据表明，早在新石器时代，我国各地的民居、葬式、食物、器形、服饰等，就有着明显的地域性。

（三）古代礼仪思想

先秦是礼乐思想从产生、发展到走向成熟的时期，为了研究与叙述的方便，礼学学者彭林先生将它分为三个阶段：

1. “藏礼于器”

礼仪与艺术审美——礼仪之美

夏礼文献有限，难以论述。商人迷信神灵，其礼以祭祀神灵为主轴，以礼器繁复和祭品丰厚为胜。商人的祭礼具有浓厚的原始性，旨在用器物向神灵表达敬意，而不关注如何用礼带动社会进步的问题，缺乏人文内涵，是“藏礼于器”的时期。

2. “则以观德”

周公制礼作乐，德渗透于其中，成为礼乐的灵魂。“其旨则在纳上下于道德，而合天子、诸侯、卿、大夫、士、庶民以成一道德之团体”，以此确保周人的长治久安，是“则以观德”的时期。

3. “缘情制礼”

春秋以降，礼崩乐坏。孔子提倡周礼，希望重建礼乐精神。子思学派转而从人心中寻找救世的理论和方法，将追求人性的“中”“和”作为修身的目标，由此架构起了以天、道、性、命、情为主干的心性之学的框架，以性情为本，以礼乐为修身之具，以礼节性、以乐化性，“始者近情，终者近义①”。从而使儒家的礼乐思想走向成熟，并成为真正意义上的学术，是“缘情制礼”的时期②。

在先秦文献中，有关礼乐对于修身、齐家、治国平天下的重大作用论述，可谓比比皆是，如《左传·隐公十一年》：“礼，经国家，定社稷，序民人，利后嗣者也。”《左传·昭公二十五年郑国子产云：“夫礼，天之经也，地之义也，民之行也。”《礼记·曲礼》说：“道德仁义，非礼不成，教训正俗，非礼不备。分争辨讼，非礼不决。君臣上下父子兄弟，非礼不定。宦学事师，非礼不亲。班朝治军，莅官行法，非礼威严不行。祷祠祭祀，供给鬼神，非礼不诚不庄。”可见，礼乃是天经地义的、须臾不可离的经邦治国根本大法。

礼乐之重要，《礼记·乐记》中的表述最为透彻，如“礼者，天地之序也。”“大乐与天地同和，大礼与天地同节。”礼乐对于社会的积极意义，几乎完全可以与天地对于自然界的意义相对等。

---

① 《简帛书法选》编写组．郭店楚墓竹简·性自命出［M］．北京：文物出版社，2002：61.

② 彭林．始者近情，终者近义——子思学派对礼的理论诠释［J］．中国史研究，2001(3)：14.

荀子既是先秦礼学的集大成者，又是从礼到法的桥梁。荀子的礼学思想虽然多有继承前儒之处，但也不乏鲜明的法家色彩。荀子认为礼是“人道之极”，《荀子·修身》：“故人无礼则不生，事无礼则不成，国家无礼则不宁。”荀子礼学的基本精神是“隆礼重法”。《荀子·礼论》说：“礼起于何也？曰：人生而有欲，欲而不得则不能无求，求而无度量分界则不能不争，争则乱，乱则穷。先王恶其乱也，故制礼义以分之，以养人之欲，给人之求，使欲必不穷于物，物必不屈于欲。两者相持而长，是礼之所起也。”礼的作用是解决人的无穷的欲求与有限的物质之间的矛盾，因此，礼实际上是一种外加于人的、具有强制作用的法。而《乐记》《中庸》以及郭店楚简的《性自命出》等篇所论及的礼，则是源于人的喜怒哀乐不能自发地得其正，所以要为之制定的行为规范和自律准则。

（四）礼经

周朝关于礼的典籍很多，内容非常详细完备，形成了基本全面的礼法体系。《仪礼》《周礼》《礼记》是为后世称道的“三礼”。“三礼”的内容大体上反映了周代的礼仪制度。这三部传世礼经对后代治国安邦，施政教化，规范人们行为，培育人格等方面都起到了不可估量的示范作用。

礼仪与艺术审美——礼仪的艺术审美性

1.《周礼》

《周礼》最初名为《周官》，主要记载了建国设官的思想。六官指的是天官、地官、春官、夏官、秋官、冬官，六官以天官为基础，负责掌管整个王朝的政治、经济、军事、司法、教育、礼仪等国家大事。《周礼》包举万事万物，是一部治国安邦的汇典。

《周礼》具有相当的系统性和完备性，充分反映了上古时代中华民族的尚礼精神。后来经过儒家从伦理道德上加以阐释，《周礼》更加深入人心。对《周礼》的传承沿袭深刻地影响着世世代代中华儿女的心态、仪表和交际行为。

2.《仪礼》

《仪礼》简称《礼》，也称《礼经》或《士礼》，被称为中国古代的贵族礼仪。《仪礼》记载了各种典礼仪式、礼节和礼俗，分为冠、婚、丧、祭、射、乡、朝、聘八礼。

3.《礼记》

《礼记》具有阐述礼仪的作用和意义，主要记载和论述了先秦的礼制和礼仪。《礼记》解释了《仪礼》，记录了孔子和弟子之间的问答，以及修身做人的准则等。《礼记》涉及政治、道德、法律、哲学、祭祀、历史、文艺、历法、日常生活、地理等方面。

四、礼仪的变革

礼仪在其传承沿袭过程中，不断发生着变革。中华礼仪，从整体上讲由两部分组成：一为礼制，二为礼俗。礼制是国家的礼仪制度，礼俗是因民间习惯而形成的礼仪习俗。从人类学角度考察，礼俗是先于礼制的。

（一）多姿多彩的礼俗

在原始社会，氏族部落的礼仪完全处于一种自在状态，它只是为本部落或本地区民族的有序生产而建立的行为规则，而且是约定俗成的，没有人为的强制性。礼俗具有自发性、自在性和随习性的特点，所以它可以被自在自为地传承发展，以致形成了后来丰富多彩的格局，创造了灿烂的中华文化。

礼仪与艺术审美——风雅的养成

（二）完整规范的礼制

礼制则是阶级社会的产物，是伴随着国家的产生而产生的，也是伴随着国家的发展而发展的。当物质生产和精神文明的发展使氏族部落逐渐融合统一，产生了阶级和国家之后，统治者要求国民的行为规范和统一，于是便产生了朝章法典和礼仪制度。

最初的礼制是承袭先进部落的礼俗来制定的，然后以此去规范万民百姓。礼制在发展过程中，不断吸收民间的礼俗，同时又淘汰过时无用的部分。礼制就是在对历史的传承与对民俗的借鉴中不断改造发展起来的。

礼制把原来礼俗的规格提高了，使其庄严神圣，规范统一，而且被更广泛地使用。礼制的主要功能是维护国家的统一和兴旺发达，而礼俗则使社会处在井然有序又充满着温馨和美好的人生情趣中，二者互补互用，共同保证了人际交往和社会生活的有序进行。

（三）不断丰富的思想

礼仪的演变有其内部的思想哲学根源。历来统治者都把礼仪作为确立伦理道德观念，调整人际关系和社会生活的准则。

在礼仪方面，儒家文化是正宗主流，儒家的礼教影响着我国几千年的变化，是中华文化之精魂。儒家学者宣传“礼教”，提倡以修身、真诚为本，认为在各种伦理关系中，对人诚实无妄才是礼的最高境界。在人际关系中，要以“中”为用，“中庸”的表现形式就是礼。

为了求得社会的和谐、统一，儒家将各种人与人之间的关系划分为五类：君臣、父子、兄弟、夫妇、朋友，称之为“五伦”。各类人际关系中都规定相应的道德规范，这就是君惠臣忠、父慈子孝、兄友弟恭、夫义妇顺、朋友信诚。这些道德原则化为具体的行为规范，就是各种各样的礼仪。

此外，道家崇尚自然无为，主张废除礼仪道德；法家主张以法代礼，实行强权政治；墨家以义代礼，主张平等、博爱、利他。这些学派都分别影响着后代礼仪的发展，形成了灿烂多姿的中华传统文化。

（四）逐步完善的法制

礼仪的变化还与法律的发展有关。礼仪和法律都是社会公认的行为规范，但二者维护规范的力量来源不同。法律是依靠国家的权力来维护的，带有明显的强制性，而礼的维系力量主要来源于文化传统、风俗习惯、社会舆论和道德。

随着现代社会的发展，法律不断被具体化和完善化，法律与礼仪相互融通：一方面，许多礼仪规范变成了法律，如保护环境、保护妇女儿童合法权益等；另一方面，一些原先作为法律的内容，也被融入礼仪的各个领域，如服饰、称呼等礼节。

能力点

一、课程概述

（一）指导思想

“职业礼仪”课程是高校素质教育基础必修课程，围绕职业人士所需具备的礼仪素养及相关知识选择实训模块，力求做到实用、适用。学习者结合教学视频及拓展资料，能够快速有效地掌握所学内容，提升职业素养，更好地融入职场。

（二）结构体系

“职业礼仪”课程结构简明，由实训任务导入到各个实训模块、由模块考核到综合考核，难度层层递进，使学习者在每个模块都能学到有用的知识、掌握相应的技能。本教材是任务驱动型教材，内容根据各企事业单位日常交际活动所涉及的各类礼仪规范而设计，实训内容较为全面，辅之以必要的理论内容。

（三）内容范围

“职业礼仪”课程内容包括：职业形象、面试礼仪、职场礼仪、餐饮礼仪、涉外礼仪等。

二、课程安排

（一）课程内容与学时分配

“职业礼仪”课程共 36 课时，课程的内容及学时分配见表 1-1-1。

表 1-1-1 “职业礼仪”课程内容和学时分配

学习单元	工作任务	理论学时	实践学时	总学时
模块 1 绪论	1.1 课程实训内容	0.5	0	0.5
	1.2 学习礼仪的意义	0.5	0	0.5
	1.3 礼仪原则	1	0	1
	1.4 课程准备	0.5	1.5	2
模块 2 形象礼仪	2.1 仪容礼仪	0.5	0.5	1
	2.2 仪表礼仪	0.5	0.5	1
	2.3 仪态礼仪	0.5	1.5	2
	2.4 考核：形象展示	0	2	2
模块 3 面试礼仪	3.1 面试准备	0.5	0.5	1
	3.2 面试模拟	0.5	1.5	2
	3.3 考核：面试实训	0	2	2
模块 4 职场礼仪	4.1 交往礼仪	0.5	1.5	2
	4.2 会议礼仪	0.5	0.5	1
	4.3 通信礼仪	0.5	0.5	1
	4.4 考核：职场礼仪	0	2	2
模块 5 餐饮礼仪	5.1 位次礼义	0.5	0.5	1
	5.2 用餐礼仪	0.5	1.5	2
	5.3 考核：宴会礼仪	0	2	2

续表

学习单元	工作任务	理论学时	实践学时	总学时
模块6 涉外礼仪	6.1　交往礼仪	0.5	0.5	1
	6.2　接待礼仪	0.5	1.5	2
	6.3　考核:涉外礼仪	0	2	2
模块7 实践总结	7.1　综合实训	0.5	1.5	2
	7.2　成果展示	0.5	0.5	1
	7.3　考核:课程汇报	0	2	2
总计		9.5	26.5	36

（二）课程评价

“职业礼仪”课程采用项目课程的评价方式,将阶段评价与最终评价相结合,将理论评价与实践评价相结合,将课堂管理、课堂问答、线上课程学习、教师评价、学生互评、小组作业汇报和课后作业等融入课程评价体系。评分内容包括职业素养、学习能力、团队协作精神、沟通交际能力、语言表达能力、知识的运用和掌握情况等方面。在教学过程中采用任务模块评分,在课程结束时进行综合实训考核的形式来考查学生对所学知识的理解与掌握程度。

(1) 本课程在期末进行统一命题的考试,考试成绩占总成绩的40%。考试以实践方式进行,考核内容包括教学所涉及的项目、模块中的基础理论和实训内容,考试目的是测试学生的知识掌握程度和应用能力。

(2) 平时作业成绩、课堂表现、项目考核均计入课程考核的总成绩之中,占总成绩的60%。

(3) 课程结业成绩 = 平时成绩 ×60%+ 期末成绩 ×40%。

各任务模块参照表1-1-2进行评价:

表1-1-2　“职业礼仪”课程各任务模块评价体系

学习单元	评价目标	评价方式	评价比重
模块1 绪论	了解课程内容与学习目标; 了解项目课程学习及评价方式; 具备团队合作的能力与素质	课堂提问、课堂表现、作业; 考核 + 教师评分 + 同学互评	6%
模块2 形象礼仪	了解职业形象美的原则; 能塑造良好的职业形象	课堂提问、项目考核、作业; 考核 + 教师评分 + 同学互评	6%
模块3 面试礼仪	掌握面试礼仪规范; 能完成面试准备及实训	课堂提问、项目考核、作业; 考核 + 教师评分 + 同学互评	8%
模块4 职场礼仪	掌握职场交往、会议、通信等基本礼仪规范; 能完成职场礼仪实训任务	课堂提问、项目考核、作业; 考核 + 教师评分 + 同学互评	8%

续表

学习单元	评价目标	评价方式	评价比重
模块 5 餐饮礼仪	掌握餐饮位次礼义与用餐礼仪； 能完成餐饮礼仪实训任务	课堂提问、项目考核、作业； 考核 + 教师评分 + 同学互评	6%
模块 6 涉外礼仪	掌握涉外交往与接待礼仪； 能完成涉外礼仪实训任务	课堂提问、项目考核、作业； 考核 + 教师评分 + 同学互评	6%
模块 7 实践总结	能完成礼仪情景剧展演； 能完成实训报告； 能完成综合实训任务	实践考核； 考核 + 教师评分	60%

知识拓展

礼　器

礼器是中国古代贵族在举行祭祀、宴飨、征伐及丧葬等礼仪活动中使用的器物，用来表明使用者的身份、等级与权力。

礼器是在原始社会晚期随着氏族贵族的出现而产生的。考古发现表明，我国最早的礼器出现在夏商周时期，以青铜制品为主。进入商周社会后，礼器有了很大的发展，成为礼制的象征，用以调节王权内部的秩序，从而维护社会稳定。这时的礼器包括玉器、青铜器及服饰。进入西周社会后期，社会混乱，礼崩乐坏，礼仪文明难以为继，从而使青铜礼器逐渐淡出了历史舞台。

1. 周朝祭祀用青铜器

鼎——宗庙祭祀用的礼器，有祭祀和飨宴等各种用途。

编钟——最早出现在商代，兴起于西周，盛于春秋战国至秦汉，又传至朝鲜半岛、日本，明代、清代宫廷中仍有沿用。古代编钟常用于宫廷雅乐，每逢征战、宴会、祭祀，都要演奏编钟。

镈——打击乐器，在祭祀或宴飨时与编钟配合使用。

2. 周朝祭祀用玉器

璧——苍璧礼天，蓝色的圆扁形的玉。

琮——黄琮礼地，黄褐色方形的玉器。

珪——青珪礼东方，东方属木，木色青。神为苍龙，祭器用青色的长方形的圭。

璋——赤璋礼南方，南方属火，火色赤。神为朱雀，祭器用红色的长形而半尖似刻刀形的璋。

琥——白琥礼西方，西方属金，金色白。神为白虎，祭器用白色刻成虎形的琥。

璜——玄璜礼北方，北方属水，水色黑。神为玄武，祭器用黑色半圆形的璜。

课后探究

1. 请结合仪式、节庆和礼节等具体礼的表现形式，谈谈你对礼的认识。

2. 请在仪式、节庆、礼节等中选择一种，以小组为单位进行演示与解说，要求重点讲明礼的规范性及其象征意义。

实战演练

实训项目：课堂礼仪的讲解与展示

1. 实训目标

掌握课堂礼仪基本内容。

2. 实训步骤

(1) 整理课堂礼仪要点。内容包括上下课仪式、课堂问答、小组点评、小组汇报时的礼仪规范。

(2) 小组成员共同商议，选取较为重要的内容，以“讲解 + 演示”的形式进行展示交流。

(3) 小组展示并进行互评，教师点评。

3. 考核评价（见表 1-1-3）

表 1-1-3 课堂礼仪实训项目考核评价

评分项目	标准与要求	分值	得分	总分
团队形象	精神饱满，态度积极，符合专业形象要求	30		
讲解效果	普通话标准，声音清晰，内容全面	30		
演示效果	符合团队展示要求，表演清晰明确，能运用多媒体进行演示	40		
实训项目评价				
自我评价				
同学评价				
教师评价				

项目二　学习礼仪的意义

学习目标

- 知识目标：了解礼仪的现实意义与功能；
  理解礼仪的文化传承作用。
- 能力目标：能将课堂学习与课内外实践相结合，做到知行合一。
- 素养目标：提升道德品质，如尊重他人、诚实守信、谦逊有礼等。

在经济快速发展的现代社会中，作为职场人士，不知礼，则必失礼；不守礼，则必被视为无礼。职业人员若缺少相关行业认知和礼仪素养，则无法顺利融入职场环境，甚至容易在工作中感到尴尬、困惑、难堪与失落，进而影响未来的职业发展。本项目通过介绍职业礼仪的学习意义、学习目标和学习内容，从而阐明礼仪学习的必要性。

引导案例

某杂志对某国500位年薪350万元以上的企业高管人员和300位政界人士进行了一项调查，结果表明：93.7%以上的人认为人际关系的畅通是事业成功最为关键的因素。某人才调查中心的相关调查报告显示：中国每100位智力出众、业务过硬的人士中，就有67位因人际关系障碍导致其在事业中受挫，难以成功，他们共同的障碍之一是难以开口赞美别人。

案例思考：请思考礼仪与职业发展的关系。

知识点

一、礼仪的分类

礼仪，按适用对象可大致分为政务礼仪、商务礼仪、职业礼仪、服务礼仪、社交礼仪、涉外礼仪六大分支，各分支内容相互交融；按具体行为，可分为接待礼仪、用餐礼仪、交谈礼仪、馈赠礼仪等；按主体的活动性质，可分为居家生活礼仪、校园礼仪、商务礼仪、政务礼仪、公共场所礼仪、涉外礼仪等；按适用场景，可分为迎送礼仪、交谈礼仪、会见礼仪、宴请与赴宴礼仪、签约礼仪、参观礼仪等；按主体的活动内容，可分为着装礼仪、餐饮礼仪、成人礼仪、婚丧礼仪、馈赠礼仪等。礼仪的种类繁多，同时各类别内容也有交叉。

礼仪是一门综合性的学科，涉及道德、文化、情商、沟通等内容，以哲学、行为学、心理学、外交学、社会学等学科为依据。

二、职业礼仪的内涵

学习职业礼仪，目的是顺应市场经济发展对现代职场人士素质和能力的迫切需要，以提升从业人员的职业形象，使其掌握并遵守职场人际交往规范，具备良好的沟通与合作能力，进而增强工作能力，提高职业竞争能力。

职业礼仪包括“形”与“质”两方面内容。所谓“形”，是指人们在工作中受当地风俗、企业文化、人文环境、历史传统、宗教信仰等因素影响，逐渐形成并共同遵守的职业行为规范，如职场交往、个人形象、会议接待等活动的规范与标准。所谓“质”，是指职场礼仪的本质，即“尊重”，包括对自我与他人的尊重、对人格的尊重、对文化的尊重。“尊重”二字的前提是对自我的严格管理和不断完善，重视对方的感受和需求，并能得体应对。

尊重的前提是真诚。有人曾说：“不要靠馈赠来获得一个朋友，你需贡献你诚挚的爱，学习怎样用正当的方法来赢得一个人的心。”可见在与人交往时，真诚地尊重他人是礼仪的首要原则。只有真诚与尊重，才能创造和谐愉快的人际关系。

三、学习礼仪的意义

在社会交往中，礼仪可以使人充满自信。充满魅力的形象、修饰得体的容貌、优雅谦让的举止、令人着迷的谈吐将使你成为一个广受欢迎的人，而你对他人表现出的真诚友好、理解体谅、信任赞赏无疑会为你赢得尊重和友谊。概括来说，学习礼仪的意义有如下四个方面：

（一）规范行为

礼仪最基本的功能就是规范各种行为。在职场交往中，人们相互影响、相互作用、相互合作，如果不遵循一定的规范，双方就缺乏协作的基础。在众多的商务规范中，礼仪规范可以使人明白应该怎样做，不应该怎样做，哪些可以做以及哪些不可以做。礼仪规范有利于人们确定自我形象，尊重他人，赢得友谊。

（二）传递信息

礼仪是一种信息，通过这种信息可以让人表达出尊敬、友善、真诚等感情，使别人感到温暖。在商务活动中，恰当的礼仪可以获得对方的好感与信任，进而有助于事业的发展。

（三）增进感情

职场往来中，伴随着交往的深入，双方都会产生一定的情绪体验。它表现为两种情感状态：一种是感情共鸣，另一种是情感排斥。礼仪容易使双方互相吸引，增进感情，有助于良好的人际关系的建立和发展；反之，如果不懂礼仪，不遵守人际交往的基本规则，就容易产生情感排斥，造成人际关系紧张，给对方造成不好的印象，影响职业发展。

（四）树立形象

一个人讲究礼仪，就会在众人面前树立良好的个人形象；一个组织的成员讲究礼仪，就会为自己的组织树立良好的形象。现代市场竞争除了产品竞争外，还体现在形象竞争上。一个具有良好信誉和形象的公司或企业，容易获得社会各方的信任和支持，更容易在激烈的竞争中处于不败之地。所以，职场人士时刻注重礼仪，既是个人和组织良好素质的体现，也是树立和巩固良好形象的需要。

能力点

学生职业形象与日常行为规范

1. 注重个人形象，有良好的卫生习惯。

2. 根据场合着装。正式场合（上课、会议、大型活动等）应穿校服或正装。参加锻炼应着运动装，不可穿牛仔裤、雪地靴、皮鞋等非运动装。睡衣、家居服仅限宿舍内穿着。

3. 校服须成套穿着，有扣必扣，服装鞋袜整洁干净、无污渍。男生领带规整、长度适宜；女生丝巾花型精致、搭配得当。

4. 女生长发须盘发，短发须梳理整齐。

5. 男生短发，前不遮眉，后不及领。

6. 指甲应勤修剪，保持自然光洁。

7. 集体活动不得缺席，有病、事假者须按规定办理请假手续。

8. 禁止吸烟。

9. 诚实守信，热情大方。主动问候师长，包括教师、长辈、教工、宾客、学长等。

10. 建立和谐人际关系。

11. 有集体荣誉感。不得在媒体平台或网络上发布有损学校、专业的言论。

12. 尊重个人名誉及隐私。不得谩骂他人，发布涉及他人隐私以及有损他人名誉的言论、图片、视频等。

13. 公众场合不可着装暴露或着奇装异服。

14. 公众场合不得搂搂抱抱，举止轻浮。

15. 公众场合不得追逐打闹，大声喧哗。

16. 尊重师长、同学，遵守课堂纪律。

17. 进入课堂有序就座，按规定佩戴姓名牌。

18. 提前五分钟到达指定教室或会议室。无法到课应提前按规定办理病、事假手续。无故缺勤即为旷课。

19. 教学区域不得携带食品饮料，不得喧哗。

20. 遵守考试纪律。不得作弊或协助他人作弊。

21. 自觉维护教室卫生，离开教室带走垃圾，关灯、关风扇（空调）。

22. 按时回宿舍就寝，不得大声喧哗影响他人休息。

23. 宿舍不得留宿他人。

知识拓展

中西方礼仪比对

一、中华传统礼仪

礼仪有广义和狭义之分。在我国古代，广义的礼仪是“礼”的同名词，包括行为规范、道德准则、典章制度、治国方略、修身之道等，内涵极为丰富。狭义的礼仪，则主要指人际交往中为维护正常交往秩序而逐渐形成的一系列的礼节、仪式和行为规范，主要包括以下四个方面：一是指仪容、仪表和举止风貌；二是指礼节、规矩和待人接物的方法；三是指仪式、仪典；四是指礼俗或民族风俗。

礼俗是民族传统礼仪的重要内容。在我国古代社会生活中，当人们遇到重大节日或发生重要事件，多有约定俗成的纪念方式，如获得丰收时要欢歌庆贺；遭到灾祸时，要祈求保佑等。久而久之就形成许多节庆及礼仪形式，如春节、元宵、中秋、重阳等。几乎每个节日，都有特定的礼俗。如正月十五元宵节要吃元宵，端午节要吃粽子，喝雄黄酒，中秋节吃月饼，腊八节要熬煮腊八粥，春节辞旧迎新吃饺子等，都是我国节日饮食方面特有的礼俗。礼俗无所不在，无时不有，不但时时刻刻在影响着人们的生活，而且是民族认同的鲜明标志。只要遇到有相同礼俗的人，便可知道他是自己的同胞，并因此而迅速拉近人与人之间的距离，激发民族归属感和认同感，增强民族凝聚力和向心力。同时，传统礼仪与礼俗代代相传，绵延几千年，形成了富有民族和地域特征的文化。

总之，中华传统礼仪是我国传统礼文化的重要组成部分，具有鲜明的民族特征，是民族精神的重要载体，也是维系民族团结不可或缺的纽带。

二、西方礼仪文化

西方文化中，通常认为“礼仪”一词源于拉丁文“ritnalis”，指的是在风俗、礼节、传统基础上形成的一种行为规范。也有人认为“礼仪”一词源于法语中的“etiquette”，其原意是“法庭上的通行证”。后来，“etiquette”一词进入英语并几经演变，便有了“礼仪”的含义，意思是“社交场合的通行证”，并逐渐演化为现代西方礼仪。概括起来，在西方文化中，“礼仪”一词大体有以下几层意思：

1. 仪式、仪典或习俗中的礼仪行为

这里具体包括两层含义：一是指仪式、典礼，特别是指有重大意义的宗教、宫廷、社会或部族所举行的仪式；二是泛指习俗中的礼仪行为、礼节和惯例。

2. 仪礼、礼节和规矩

这里主要包含三层意思：一是专指礼仪，即有良好的教养并按照通行的规范在社交场合或其他正式场合遵守的礼节和规矩；二是指礼节，即惯例或习惯传承下来的行为准则；三是指规矩，是针对某特定人群，用来规范其实践活动的规矩的总称，特别是指处理他们之间相互关系的规则。

3. 礼貌，谦恭有礼的举止、言辞或风度等

这里指处处合乎时宜而又动人的文雅举止和风度，对他人表示尊敬或尊重的

有礼貌的行为等。

4. 外交、军事等特定领域里的礼节或相处准则

和前面几层意思相比，这层意思突出强调礼仪的固定性是一种刻板的、更为严肃的，并需要长期执行的相处准则。如，对应有的优先次序的严格遵守，以及对礼仪活动实施程序的严格执行等。

可见，西方文化中所说的"礼仪"，更多强调的是礼貌、礼节、仪式、风度等方面的内容，这与中华传统礼仪文化中的"礼仪"有着明显差异。

课后探究

1. 学习礼仪的意义有哪些？
2. 中西方语境中的"礼仪"有何差异？

实战演练

实训项目：节庆礼仪专题演讲

1. 实训目标

掌握节庆礼仪相关知识，了解演讲礼仪。

2. 实训步骤

(1) 搜集节庆礼仪习俗资料。

(2) 小组成员共同商议，确定演讲主题，阐明节庆礼仪中礼俗与仪式的起源及象征意义，以及它对本地区文化的传承意义。

(3) 选取较为重要的内容，演示相关礼节仪俗，并阐述其含义。

(4) 小组展示并进行互评，教师点评。

3. 考核评价（见表 1-2-1）

表 1-2-1 节庆礼仪演讲实训项目考核评价

评分项目	标准与要求	分值	得分	总分
团队形象	精神饱满，态度积极，符合专业形象要求	30		
讲解效果	普通话标准，声音清晰，主题突出	30		
演示效果	节庆习俗讲演清晰明确，能运用多媒体进行演示	40		
实训项目评价				
自我评价				

续表

实训项目评价	
同学评价	
教师评价	

项目三 礼仪原则

学习目标

- 知识目标：掌握礼仪的基本原则；
  了解人际交往基本原则；
  了解职场礼仪基本原则。
- 能力目标：能运用人际交往基本原则，正确处理师生关系、同学关系、朋友关系、家庭关系等；
  能运用职场礼仪正确处理与上级、同事、前辈的关系。
- 素养目标：培养尊老敬贤、宽仁处世的良好品格。

原则，指行事依据的准则。礼仪原则是反映礼义的、对行为有指导意义的概括性的准则。在人际交往中，首要的规则就是律己敬人。律己，既指严格约束自己，在言行举止等方面进行自我管理，做人做事大方得体，也指不断提升自我修养，日臻完善。敬人，即礼待他人，尊重他人的意愿和隐私，体谅他人的感受。人际关系具有互动性，这种互动性表现为思想和行为的互动过程。懂礼节、尊重他人的人，也会为人所敬重，正如孟子所说："敬人者，人恒敬之；爱人者，人恒爱之。"

引导案例

六尺巷的故事

据《桐城县志》等文献记载：清康熙时，文华殿大学士、礼部尚书张英世居桐城，其府第与吴宅为邻，两宅之中有一块隙地，向来作过往通道，后来吴家修房砌墙越过了中界。两家在当地都是名门望族，谁也不甘示弱。张英的家人写信报告张英，本来想请在朝廷做官的张英出来制止。谁知，张英批诗一首寄归："一纸书来只为墙，让他三尺又何妨。长城万里今犹在，不见当年秦始皇。"张英的家人接信后深感愧疚，依照他的意思，在原地界上让出了三尺土地，以示不再相争。吴家一看，张家风度如此之高，自觉也有不妥之处，遂仿效张家又让出了三尺土地。这样，张吴两家的院墙之间，就形成了有名的"六尺巷"。张英的礼让，不仅促使两家化干戈为玉帛，而且传为千古美谈。张英一生为人宽厚，晚年归隐时，与乡民友好相处，有时遇见挑柴人，都以礼相让。

案例思考：在这个故事里，张英的一封家书避免了一场可能发生的家族之争，一句"让他三尺又何妨"，道出了与人相处的秘诀——礼让他人。"礼让他人"能给个人、家庭、社会带来哪些益处？

知识点

一、礼仪的基本原则

礼仪本身并非一成不变，而是会随着时代的发展、地域文化的不同等因素而呈现新的形式，但它体现并满足人类精神需求的本质不会变。礼仪的基本原则如下：

敬人为本，处世宽容；
守时诚信，自律自爱；
施礼从俗，进退有度。

礼仪文化概述——礼仪的原则与作用

二、礼仪的实践原则

（一）真诚原则

言由心生，真诚的态度反映着我们的人格，是礼仪的首要原则。“一个人的成功，15% 是靠专业知识，85% 是靠人际关系与处事能力。”良好的人际关系和处事能力是通向成功的桥梁。而这要求我们首先应学会如何真诚地对待每一个人。真诚是指在交往过程中做到诚实守信，不欺骗，不虚假。在人与人的交流中，如果双方缺乏真诚，则很难建立信任，无法保证交流的效果。表里如一，才能建立信任和积极的人际关系。

俗话说：“你希望别人怎样待你，你就应该怎样去对待别人。想受到别人的尊重，首先我们要学会尊重别人。”无论我们交往的对象是谁，都要诚心以待。

（二）谦和原则

“满招损，谦受益。”中国人向来推崇谦和有礼的态度。《礼记·曲礼上》说：“夫礼者，自卑而尊人。”这里的自卑，讲的就是谦恭。有礼貌的人，不是以高人一等的心态去对待别人，相反，而是尊重、重视、在意别人。

谦和的人更具有亲和力，别人愿意和我们在一起不是因为我们有多好，而是我们能让别人感觉轻松、自在。一个真正懂得与他人相处的人，绝不会因场合或对象的变化而放弃自己的内在特质，不会盲目地迎合、听从别人，也不会无视他人的感受和需要，妄自尊大。我们既要有坚定的立场，保持自己的本色，也要尊重他人，维护他人的尊严，以谦和的态度与人交往、相处、共事。

（三）诚实原则

诚实，是一个人最为基本的人格品质。诚实守信，是礼仪的基本原则。面对自己不懂的东西就及时请教；遇到工作失误就坦然面对，而不应采取回避、隐瞒、推卸责任或指责他人等做法。诚实，是真与善的统一，是对事实和自我的接纳。

（四）敬人原则

交往中，礼仪的实质是尊重，通过合宜的言行向他人表达敬意，这是礼仪的根本着眼点，也是礼仪的核心。恪守礼仪，要求我们常存敬人之心，处处不可失敬于人，不可伤害他人的尊严，更不能侮辱对方人格。

（五）从俗原则

由于国情、民族、文化背景的不同，礼仪宜入乡随俗，与习惯性做法保持一致，尊重当地、交往对象的风俗习惯。

能力点

一、遵守社会公德

社会公德是全体公民在社会交往和公共生活中应该遵循的行为准则，也是生活中最简单、最基本、最普通的行为准则。在现代社会中，人们的交往日益频繁，因而要鼓励人们大力倡导以文明礼貌、助人为乐、爱护公物、保护环境、遵纪守法为主要内容的基本准则，做一位好公民，共同创造和谐文明的社会环境。

（一）文明礼貌

文明礼貌是中华民族的优秀传统美德，是人们在日常人际交往中应当共同遵守的道德准则。在人们的交往中，和悦的语气、亲切的称呼、诚挚的态度等，是相互尊重及友好的表现。乘坐公共交通工具时，年轻人应该主动给老人、孕妇、儿童、残疾人及病人让座位。

（二）助人为乐

在现实社会中，每个人都在一定的人际交往中生活，每个社会成员都不能孤立地生存。而在生活中人人都会遇到一些困难、矛盾和问题，都需要别人的关心、爱护，更需要别人的支持、帮助。所以人们应该树立“我为人人”的高尚思想品质，应该主动去帮助一些弱势群体，比如从帮助残疾人过马路等小事做起，养成关心他人的习惯。

（三）爱护公物

公共财物包括一切公共场所的设施，它们是提高人们生活水平，使大家享有各种服务和便利的物质保证。对待公共财物是爱护、保护的态度，还是浪费、破坏的态度，是一个公民有没有社会主义道德的反映。每个公民都应该自觉遵守社会公德，爱护公共财物。

（四）保护环境

环境问题，是当前国际社会普遍关注的热点问题。要树立“保护环境，人人有责”的观念，从自己做起，从身边小事做起，努力养成有利于环境保护的生活习惯和行为方式。如养成垃圾分类的良好习惯，为绿色发展、可持续发展作贡献；不要在设有“禁止吸烟”标志的场所中抽烟。我们应该积极参与到保护环境的大集体中，一起来美化我们的家园。

（五）遵纪守法

遵纪守法，首先要知法。俗话说：“没有规矩，不成方圆。”对一个公民来说，是否自觉维护公共场所秩序，纪律观念、法治意识强不强，体现着其精神道德风貌。这既是遵纪守法的要求，同时也是维护社会健康、有序发展的基础。

二、遵守职业道德

（一）尊重上司

尊敬上司，是下属的职责，也是建立上下级之间良好关系的前提和基础。

1. 服从上级命令

领导有工作需要交代下属时，希望下属能够迅速地做出反应，同时以从容、镇定、诚恳的态度微笑回应领导，并且静静地等候领导的指示。若传达的任务较多，下属应该仔细聆听，逐项记录重点。下属在不理解的情况下，可以请领导复述一遍不明确的地方。如果时间紧迫，下属一定要将重点言简意赅地复述一遍，请上级领导再次核实（特别注意时间、地点和金额等方面）。

2. 及时汇报工作情况

工作人员有义务在工作进展到一定程度，或者遇到会影响工作进度的重大困难时，及时且如实加以汇报，让领导主动了解工作进度，或者请领导提出新的指示。向上级请示工作，也是尊重的一种表现。

3. 听取上级批评

下属对于上级的批评要认真听取，即使在听取的过程中产生了不愉快的心情，也应该学会控制情绪及时采取适当的调整措施，保持良好的心态。下属要学会换位思考，领导总是以高标准来要求下属。若在工作中出现差错时，下属也要认识到上级批评的出发点是好的，是出于对下属的关心，是为了把工作做得更好。所以我们应该虚心接受上级的批评，认真完成任务，将工作做得尽善尽美。

（二）同事相处

1. 尊重同事

尊重包括自尊和来自他人的尊重。自尊是个人为了获得他人的尊重而产生的一种积极的心态。他人的尊重包括接受、承认、认可、赏识、地位、名誉等。在工作中应该尊敬同事，因为只有先尊重别人，才会赢得别人对你的尊重。只有人与人之间有了尊重，才能维持和谐的人际关系和工作氛围。

2. 关心同事

在工作中，难免会遇到困难，作为同事要在这个时候主动询问对方的情况，鼓励同事将苦恼倾诉出来，对力所能及的事情，给予真诚的帮助。一个好同事，不仅要有为他人着想的精神，而且要能够做到尽可能体谅别人。

3. 相互信任

信任，是搞好同事关系的重要前提，如果相互之间存在猜疑，就会产生一定的误会。在同事之间提倡互相信任，以诚相待，杜绝在团体中搞小集体。

4. 不越职行事

工作之中，虽说要互相帮助，但每个人都在自己的职权范围内活动，没有争得别人的同意或者授权，不能代替同事下达任务或者做出决定。

5. 不干预他人私事

每个人都有属于自己的隐私，有些不愿公开的秘密，我们要学会尊重他人的隐私权。若有陌生人找同事谈话，我们应尽量避开，留给他人空间。打听同事的隐私，并在同事之间谈论，是不道德的行为，会损害他人的利益，也会影响你在同事心里的形象，更重要的是会使你们之间的关系紧张或恶化。

知识拓展

成熟人格的六要素

1. 自我意识的扩大

人在婴儿时期，只知道爱自己。不久，自我意识扩大到母亲、朋友身上。成人以后，不管是谁，对于自己的衣服和金钱等所有物，都有“这是我的东西”的意识，进而能扩及职业、家庭，甚至扩大到个人所属的集团、地域、社会、国家，这可视为成熟人格的表征之一。

2. 和他人的密切联系

由于自我意识的扩大，对于周围的人，也能建立亲密感及同理感。不会随便在背后说人坏话、挑人毛病、发牢骚、嫉妒、讽刺等。尊重、宽容对方，不排斥对方，人们除了被爱之外，也渴望爱人，而且能接受伴侣目前的状况，懂得包容对方的缺点。

3. 情绪的安定（自我包容）

把自己的愤怒、恐惧、激情等冲动，都当作是一种“自我情绪”来处理。不盲目地压抑，也不钻牛角尖，尽量和周围环境相和谐。碰到挫折、欲求不满时也具有相当的耐力，不会乱发脾气、牢骚，也不会随便责怪他人、自怜自艾。时时反省自己，寻求解决问题的方法，克服不安情绪。

4. 具备面对现实的知觉与技能

能够正确地认知现实，而且具备解决问题的技能。智慧是成熟人格所不能欠缺的部分，它能帮助我们正确认识现实；具有良好的职业技能，能让我们更好地融入现实生活。

5. 自视客观——洞察和幽默

以自我为对象，客观地视察，也就是说要真正地洞察自己、了解自己。除了洞察自己之外，还要有幽默的感觉。真正的幽默，是以健康积极的心态面对理想自我与现实自我的差距。能够客观地认识自己所扮演的角色，同时以幽默的态度面对生命中的起起落落，这才是成熟人格的表现。

6. 统一的人生哲学

这里所说的哲学，指的是个人生活信条、生活目标。即对于什么是人生的最高价值、应以哪种方式生活等问题，都要有较成熟、稳定的信念。

课后探究

1. 结合礼仪的原则，谈谈遵守礼仪在生活中的价值。
2. 校园生活中，哪些行为礼仪规范是应该被共同遵守的？
3. 选择一家你所向往的企业，通过网络、书籍及该企业的工作人员了解企业文化与员工培训的相关资料,进行学习、总结与分享。

4. 选择一个你所喜欢的国家或地区,了解当地文化与礼俗,进行学习、总结与分享。

实战演练

实训项目:班级文明礼仪规范

1. 实训目标

遵守礼仪规范,做到知礼守礼。

2. 实训步骤

(1) 结合校纪校规,拟定班级礼仪规范。

(2) 小组成员共同商议,完善班级礼仪规范。

(3) 展示本小组拟定的规范,并进行阐述。

(4) 小组展示并进行互评,教师点评。

3. 考核评价(见表 1-3-1)

表 1-3-1 班级文明礼仪规范实训项目考核评价

<table>
<tr><th>评分项目</th><th>标准与要求</th><th>分值</th><th>得分</th><th>总分</th></tr>
<tr><td>团队形象</td><td>精神饱满,态度积极,符合专业形象要求</td><td>30</td><td></td><td rowspan="3"></td></tr>
<tr><td>讲解效果</td><td>普通话标准,声音清晰,内容合理</td><td>30</td><td></td></tr>
<tr><td>演示效果</td><td>礼仪规范讲演清晰明确,能运用多媒体进行演示</td><td>40</td><td></td></tr>
<tr><th colspan="5">实训项目评价</th></tr>
<tr><td>自我评价</td><td colspan="4"></td></tr>
<tr><td>同学评价</td><td colspan="4"></td></tr>
<tr><td>教师评价</td><td colspan="4"></td></tr>
</table>

项目四　团队建设

学习目标

- 知识目标：理解团队文化的概念、要素和作用；
  了解团队文化的形成和发展过程；
  掌握团队文化建设的原则和方法。
- 能力目标：具备良好的沟通能力和人际交往能力；
  能够有效地进行团队协作，提高团队效率。
- 素养目标：培养创新意识、创造力和团队合作精神，具备积极向上的工作态度和责任心，增强团队凝聚力，树立良好的职业道德和价值观。

引导案例

华为的团队文化

华为，作为全球通信行业的领军企业，其成功的背后离不开独特的团队文化。华为的团队文化强调敏锐的嗅觉、团队合作和奋不顾身的冲劲。这种文化帮助华为在激烈的市场竞争中脱颖而出，成为行业的佼佼者。

华为在发展初期，面临着国内外众多竞争对手的激烈竞争。为了在市场中立足，华为的创始人提出了华为的团队文化，以此激发团队的凝聚力和战斗力，主要体现在以下几个方面：

(1) 敏锐的嗅觉与市场意识：强调团队成员要时刻关注市场动态，把握行业趋势，具备敏锐的市场嗅觉。团队成员需积极主动地寻找商机，及时做出反应，抢占市场先机。

(2) 团队合作与共同目标：重视团队间的协作与配合，提倡团队成员间互相支持，共同进退。通过团队协作，实现整体目标，从而在市场竞争中取得优势。

(3) 奋不顾身的冲劲与拼搏精神：鼓励团队成员在面对困难和挑战时，要敢于拼搏、不畏艰险。通过不断努力，克服各种困难，实现个人和团队的突破与成长。

(4) 不断学习与自我提升：提倡员工不断学习新知识、新技能，提升自身能力。通过持续学习，使团队成员在各自的领域保持领先地位，从而在市场竞争中立于不败之地。

(5) 鼓励创新与宽容失败：鼓励团队成员勇于创新，不怕失败。通过不断尝试和改进，探索出更多具有竞争力的产品和服务，从而实现企业的可持续发展。

案例思考：团队合作与共同目标在华为的成功中起到了怎样的作用？如何在其他团队中实现类似的效果？作为职场人士，第一要保持敏锐市场洞察力，以便抢占市场先机；第二应重视团队合作，通过协作实现目标；第三要勇于拼搏奋斗，敢于迎难而上;第四要持续学习提升,保持领域领先;第五要鼓励创新并尝试推动发展;最后需培养企业文化,提升团队效率和竞争力。

知识点

团队文化的核心是强调协作,团结协作能够成就共同事业,实现和满足团队成员各自的需求,更是组织获得成功的切实保障。“共同的目标”是团队的凝聚力,“相互的信任”是团队的基石,“积极性”是团队前进的力量源泉。

一、团队建设

团队建设是自我管理与有效沟通的重要形式之一,它以团队合作精神为团队建设基础,以及时、快速沟通作为渠道,把学生纳入不同的团队建设中,营造团队内良性互动的合作气氛。

(一)团队的概念

团队是指拥有共同目标,并且具有不同能力的一小群人有意识地协调行为和能力的系统,是一种应用广泛、灵活的组织形式。大学生团队,则是由一群具有创新意识,拥有共同目标,有着不同专业知识背景的朝气蓬勃的年轻人组成的一个不可分割的整体。这群人就如同人的五官一样,共同协作维持一个人的生存,缺一不可。

(二)如何组建高效团队

为了打造最佳团队,在选人方面要考虑到成员的年龄互补、知识互补、能力互补、性格互补、气质互补、性别互补等方面,从各个专业挑选人才,不仅要考虑能力和技能,还要考虑成员的个人偏好和个性。团队每一个成员的个性对团队行为都有很大影响。如果成员性格普遍外向、待人随和、责任心强、情绪稳定,那将是团队的一笔大的财富。如果团队成员很灵活,可以担任彼此的工作,这对团队来说更是一项明显的增值,极大地提高了团队的适应性,使团队之间的依赖性减少。因此,在选择成员时要选择那些具有灵活性的,然后对成员进行交叉培训,让每个团队的成员对各方面的知识都有涉及,让他们可以承担彼此的工作,这样保证团队的长远绩效得以维稳或提高。

(三)团队的管理方法

1. 问卷调查及沟通交流

收集数据,可以用问卷调查的方式来了解团队成员对团队目标、团队协作等方面的看法。也可以和成员进行面对面的交流,让他表达对团队的看法和成员们在团队中的故事。还要多观察团队成员和其他团队的成员,留心细节,这样我们就能了解到团队成员相互之间相处的真实情况。

2. 安排时间讨论调查结果

站在别人的角度看问题,团队成员之间要相互了解,让大家知道每个人的观点。

3. 提出明确定义的问题

团队比较容易解决具体的冲突,而不是原则上和观念上的冲突。在解决问题时要聚焦问题本身，而不能人身攻击。向团队及其成员阐述自身的感觉和反应，并认识到解决冲突会有收获，未能解决冲突会导致团队内发生争斗并付出代价，摆脱争斗同样需要付出代价。当每个人都意识到其中的成本和收益不平衡时，讨论会更富有成效。使用探索和讨论的技巧，使团队成员设想不同的可能性，要将各种意见整合起来。团队应该通过不断地讨论来取得进步，而不能指望在短时间内解决所有问题。

二、团队协作

团队协作是指通过团队完成某项制定的任务所显现出来的自愿合作和协同努力的精神。团队协作对管理团队非常重要，可以培养团队的向心力。团队协作会给予那些诚心、大公无私的奉献者适当的回报。如果团队合作是出于自觉自愿时，那么必将会产生一股强大而且持久的力量。

（一）协作基础

1. 建立信任

要建设一个具有凝聚力并且高效的团队，第一步是建立信任感。这意味着在一个有凝聚力的、高效的团队中，成员必须学会自如地、迅速地、心平气和地承认自己的错误、弱点、失败。同时成员还要乐于认可别人的长处，即使这些长处超过了自己。否则一个团队就不能产生直率的建设性冲突。

2. 建立良性冲突

一个有团队协作精神的团队是允许良性冲突存在的，要学会识别虚假的和谐，引导和鼓励适当的、建设性的冲突。这是一个杂乱、费时的过程，但这也是不可避免的。否则，一个团队建立真正的承诺就是不可能完成的任务。

3. 坚定不移地行动

要成为一个具有凝聚力的团队，管理者必须学会在没有完善的信息、没有统一的意见时做出决策，并付诸行动。而正因为完善的信息和绝对的一致罕见，坚定的行动力就成为一个团队最为关键的行为之一。

4. 无怨无悔、彼此负责

卓越的团队不需要领导提醒团队成员竭尽全力工作，因为团队成员很清楚需要做什么，他们会彼此提醒注意那些无助于成功的行为和活动，而这种无怨无悔的付出也更容易培养他们对彼此负责、勇于承担的品质。

（二）协作方法

(1) 建立和谐关系，创设良好的人际氛围。

(2) 个体积极参与集体活动，增强团结协作精神。

(3) 营造你追我赶、力争上游的工作氛围。

(4) 充分信任团队内的每一个成员。

(5) 充分发挥团队的主导作用。

（三）协作要求

1. 分工

如果是一项单人就可以胜任的工作，组长一般会指派给专人负责。个人独立工作并无分工的问题。而在同伴(两人)协作中,彼此则可以通过平等的协商和沟通从而对工作量和工作内容进行有效地分配。而一个大的团队,由于其成员人数较多,因此在工作量与工作内容的分配问题上,显然难以通过彼此的平等协商和沟通而得出一个有效并令所有人都满意的方案。这就需要组长进行安排与协调,懂得怎样进行团队协作。

2. 合作

有分工,就需要合作,即彼此相互配合。同伴协作由于人员构成简单,在彼此合作、协调、沟通的难度上远远低于团队协作。而一个大的团队由于其成员身份背景的差异,彼此间的人际关系的复杂以及对彼此工作的不熟悉等原因,在彼此相互合作上会存在相当大的难度。

3. 监督

监督作为一种协作手段,其存在的主要原因是成本和收益的关系存在。用西方经济学的概念来解释:即任何理性的人,都希望以最小的成本来达到最大的收益。反映在一个大的团队中,即团队中的任何成员都想花费自己最少的精力来完成既定的任务,而他们节约自己工作成本的方式,就是让其他成员承担原本须由自己完成的工作。因此,如果缺乏有效的监督,就会导致所有团队成员都偷工减料,从而使团队任务彻底失败。

而在个人独立工作时,一切工作成本都须由自己负担,没有让其他人分担的可能。在同伴协作中,彼此可以进行简单有效的互相监督,因而在这方面存在问题的可能性也较小。由此可知,建立起良好的团队协作至关重要。因而在对一个项目的管理过程中,团队协作显然是不可忽略的重要环节。而在处理团队协作问题时,建立起合理完善的团队机制就是首先解决的问题了。

三、团队文化

团队文化是指团队成员在相互合作的过程中,为实现各自的人生价值,并为完成团队共同目标而形成的一种潜意识文化。团队文化包含价值观、最高目标、行为准则、管理制度、道德风尚等内容。

(一) 团队文化要素

团队文化的主要构成要素包括:

(1) 人。人是构成团队最核心的力量。

(2) 共同目标。共同目标为团队成员导航,让团队成员知道要向何处去。

(3) 团队定位。团队定位是要明确团队最终应对谁负责,采取何种方式激励下属等问题。

(4) 权限。明确团队在组织中及团队内部成员的权限。

(5) 计划。明确实现目标的计划和步骤。

(二) 团队精神

团队精神是大局意识、协作精神和服务精神的集中体现,核心是协同合作,反映的是个体利益和整体利益的统一,从而保证组织的高效率运转。

团队精神的形成并不要求团队成员牺牲自我,相反,挥洒个性、表现特长保证了成员共同完成任务目标，而明确的协作意愿和协作方式则产生了真正的内心动力。

团队精神是组织文化的一部分，良好的管理可以通过合适的组织形态将每个人安排至合适的岗位，充分发挥集体的潜能。如果没有正确的管理文化，没有良好的从业心态和奉献精神，就不会有团队精神。

能力点

每个团队都有其特有的风采，都有属于其的别具一格的精神气质。体现团队文化和精神风采的展示主要包括以下内容：

(1) 团队成员介绍：包括每个成员的姓名、职位、工作经验和专业背景等。这可以让公众更加了解团队的专业水平和能力。

(2) 团队精神：是团队成员共同认可的集体意识，体现工作心理状态和士气，反映共同价值观与理想信念。它是凝聚和推动团队发展的精神力量，涵盖思想整合、心态一致、行动默契互补、“小我”“大我”同步及员工间的宽容理解。

(3) 团队的工作内容和项目：介绍团队在哪些领域开展工作，参与了哪些项目，以及取得的成绩等。这可以帮助公众更好地了解团队的实力和专业能力。

(4) 团队的活动和成果：展示团队组织的培训、研讨会、展览等活动，以及在这些活动中的表现和成绩。这可以体现出团队的活力和创新能力。

(5) 团队形象：包括团队的标识、形象代言人、品牌形象等，这些都可以展示团队的专业性和独特性。

(6) 团队成就：介绍团队在各个领域取得的成就和荣誉，这可以提升团队的社会影响力和知名度。

(7) 团队价值观：明确团队的价值观和理念，这可以增强团队成员的归属感和自豪感，也可以向公众传达团队的核心价值观。

(8) 团队氛围：展示团队的氛围和人际关系，包括成员之间的互动、合作、沟通等，这可以让公众感受到团队的凝聚力和向心力。

(9) 团队愿景和目标：明确团队的愿景和目标，以及为实现这些目标所采取的行动计划和策略，这可以激发团队成员的工作热情和创造力，也可以向公众传达团队的发展方向和未来规划。

(10) 社会责任：展示团队在履行社会责任方面的表现和成果，例如参与公益活动、环保行动等，这可以提升团队的社会责任感和公众形象。

(11) 创新和研发：团队是否具有创新精神，是否积极投入研发工作，是否取得了一些创新的成果，这也是体现团队精神和文化的重要方面。

(12) 沟通和协作能力：一个团队的精神风采还体现在其内部的沟通和协作能力上。团队成员之间是否能有效地沟通，是否能高效地协作，也是评价一个团队是否优秀的重要标准。

(13) 应对挑战的态度：当团队面临挑战和困难时，其态度和应对方式也是体现其精神和文化的重要方面。是选择积极面对，还是消极逃避，直接反映了团队的精神风貌。

(14) 培训和发展机会：团队是否关心成员的成长，是否提供培训和发展机会，也是评价一个团队的重要指标。一个好的团队不仅看重现在，更看重未来，愿意为成员的成长和发展投入资源。

(15) 团队礼仪和仪式：一些团队通过特定的礼仪和仪式来强化其文化和精神，例如定期的团队建设活动、庆祝重要时刻等。这些都可以增强团队的凝聚力和向心力。

(16) 团队历史和传统：一个团队的历史和传统也是其精神和文化的重要组成部分。通过回顾和分享团队的历史，可以增强成员的归属感和自豪感，同时也可以帮助新成员更好地融入。

通过以上方面的展示，一个团队的文化和精神风采将被更加全面地呈现出来，这将有助于提高团队的凝聚力、向心力和战斗力，同时也将有助于提高团队的社会影响力和知名度。

知识拓展

中华传统文化中的团队力量

二人同心，其利断金。——《周易·系辞上》

上下同欲者胜。——《孙子兵法·谋攻》

众志成城，众口铄金。——《国语·周语下》

高树靡阴，独木不林。——汉·崔骃《达旨》

万人操弓，共射一招，招无不中。——《吕氏春秋·本生》

天时不如地利，地利不如人和。——《孟子·公孙丑下》

和则一，一则多力，多力则强，强则胜物。——《荀子·王制》

孤举者难起，众行者易趋。——清·魏源

人心齐，泰山移。——谚语

显然，以上内容切实体现了中华传统文化中对团队力量的高度重视，着重强调了团队成员之间合作、团结以及协同的关键作用。唯有众人齐心协力，方可施展出最为强大的力量，达成既定目标。

课后探究

1. 团队文化的构成要素有哪些？
2. 简述团队协作精神对团队工作效率的影响。
3. 结合团队目标，为自己制定一份个人工作计划。
4. 撰写一篇团队文化宣传稿，内容包含团队口号、愿景和价值观。

实战演练

实训项目:团队文化实践之旅

1. 实训目标

理解团队文化,建立共同价值观和行为准则,学会有效沟通,建立信任等,增强协作精神,提高工作效率,打造高效和谐且具有创造力的团队。

2. 实训步骤

(1) 整理团队文化知识要点,内容包括团队文化的定义、要素、作用等。

(2) 小组成员共同商议,选取典型案例,分析成功团队的文化特点,讨论如何建设团队文化。

(3) 团队文化培育,学员分组,通过团队口号、愿景、价值观等元素,制定团队文化建设的目标和计划。

(4) 小组展示并进行互评,教师点评。

3. 考核评价(见表 1-4-1)

表 1-4-1 团队文化实践之旅实训项目考核评价

评分项目	标准与要求	分值	得分	总分
团队文化知识	准确理解团队文化的定义、要素和作用	20		
典型案例分析	深入分析成功团队的文化特点,提出有价值的建设意见	20		
团队建设	目标明确、可衡量; 计划合理、具有可操作性	20		
团队协作	小组内成员协作良好,配合默契	20		
汇报展示	讲解清晰、有条理,能运用多媒体进行演示	20		
实训项目评价				
自我评价				
同学评价				
教师评价				

自测题

模块二

形象礼仪

现代社会对人才的综合素质要求越来越高，要想在激烈的人才竞争中脱颖而出并占据优势地位，为自己在职场中赢得一席之地，除了要具备一定的专业知识和技能外，还需要拥有美好的形象和高雅的气质。尤其在服务性行业，这更是在工作中具有画龙点睛的作用。《礼记·冠义》有言："礼义之始，在于正容体，齐颜色，顺辞令。容体正，颜色齐，辞令顺，而后礼义备"。经典文学作品的经久不衰，在于成功的人物形象塑造；而一个人的成功，在很大程度上在于显示自己良好的形象。

本模块包含仪容礼仪的内涵、妆容塑造原则、发型设计技巧、仪表礼仪要素、服装搭配技巧、饰品选择与佩戴礼仪、仪态礼仪规范、表情及姿态礼仪类型与运用方法等。

项目一　仪 容 礼 仪

学习目标

● 知识目标：了解仪容礼仪的文化内涵、基本知识和规范；
理解仪容礼仪在职场中的功能及其重要性；
掌握面容修饰和发型设计的基本原则和技巧。

● 能力目标：能对自己的脸部优势、弱点有基本的认知，进行独立妆面设计；
能根据自己的头型和脸型特点，知晓应如何扬长避短地修饰发型；
能够根据不同场合，选择合适的仪容和礼仪，展现得体的形象。

● 素养目标：培养审美意识和创造力，增强自信心和自我表达能力；
树立正确的价值观和生活态度，形成积极向上的精神风貌和职业素养，提高个人综合素质。

本项目旨在提升学生的形象礼仪和职业素养，通过面容修饰和发型设计两个核心实训任务，使学生掌握在职场中塑造得体形象的基本原则和技巧。项目强调外在形象与内在气质的重要性，引导学生正确理解个人形象对职业发展的积极影响，并通过实际操作提升学生审美能力和自我表达能力，为学生未来在职场的成功奠定坚实基础。

实训任务一　面 容 修 饰

引导案例

职场成功的关键一步

李华是一位成功的企业家，他的公司在业界享有盛誉。然而，李华的成功并非一蹴而就，他经历了许多挑战和困难。在创业初期，李华并没有特别注重自己的形象，经常穿着随意，有时候甚至显得有些邋遢。这使得他在与客户和合作伙伴交流时，常给人留下不够专业、不够重视形象的印象。

随着时间的推移，李华逐渐意识到形象在职场中的重要性。他开始注重自己的仪容仪表，包括面容修饰、发型设计等方面。他学会了如何根据场合选择合适的妆容和发型，展现得体的形象。这不仅增强了他的自信心，还赢得了他人的认可和支持。

通过李华的形象塑造和成功经历，我们可以看到仪容礼仪在职场中的重要作用。良好的仪容仪表可以让我们更加自信、专业，也可以赢得他人的认可和支持。因此，我们应该注重自己的仪容仪表，并能根据不同的情况和场合，调整自己的表现，以适应环境的需求，让自己更加出色。

案例思考：在职场中，仪容仪表对于一个人的成功有多大的影响？外表形象对于个人职业发展有哪些影响？良好的仪容仪表可以让我们更加自信、专业，也可以赢得他人的尊重、认可和支持。

知识点

一、面容修饰

通常我们说的仪容很大程度上指的就是人的面容。面容是人际交往中为他人所注意的重点。职场中对面部礼仪的基本要求是：时刻保持面部干净清爽，无汗渍、油污等不洁之物。此外，修饰面容时具体到各个部位，往往还会有一些不同的要求。

（一）眼部修饰

"眼睛是心灵的窗户"，每个人的眼睛，都是其在人际交往中被他人注视最多的地方，也是面容修饰中首先应关注的部分。

要认真做好保洁工作，尤其应当注意及时清除眼部的分泌物。如果眼部患有传染疾病，如红眼病，除非必要则应自觉回避在大庭广众前露面。这不仅是对自己的病情负责，更是对他人的一种尊重，是具备社会公德心的一种表现。

（二）鼻部修饰

人们对脸部的最高点——鼻子的关注度也是比较高的。通常，每个人的鼻部或多或少会存在一些不雅观的问题，比如有些人毛孔粗大，有些人黑头满布影响美观。因此鼻部的清洁工作不容忽视。

1. 去除鼻涕

身体不适时，鼻液就会不受控制地流出，这时要及时用手帕或纸巾擦拭干净。在职场中面对客户、领导、同事都应转身回避，不要直接面对他们用面巾纸一张一张毫无顾忌地擦拭，擦拭过的纸巾要自觉收集好并丢入垃圾箱。自己随手清理脏物能体现出你对别人的尊重，体现自身的良好修养。

2. 修剪鼻毛

鼻毛过长甚至探出鼻腔都是不雅观的。因此，从形象塑造角度来看，职场人员要对鼻毛进行打理。打理方法是如修剪头发一样定期修剪鼻毛，使之藏于鼻腔之内。还有一点必须牢记：不能当众用手去拔鼻毛，一则这样表现很不礼貌，二则会削弱鼻腔防御疾病的能力。

（三）耳部修饰

耳部是人们比较容易忽视的区域，如果不加以留意，也会给你的形象直接减分。当职场人员以侧身站位与人交流的时候，耳朵后面和里面都会直接进入别人的视线，因此应特别注意对这两个部位的清洁，洗澡和洗脸的时候都不可遗忘此角落。特别要注意的是职场人员不能在岗位上掏耳朵，甚至把清理出来的污垢乱弹乱抹，这是非常没有修养的行为。

（四）口部修饰

这里所说的口部除了口腔还包括嘴巴周围。职场人员在进行口部修饰的时候要注意以下几点：

1. 勤刷牙

口部修饰重中之重是注意口腔卫生，坚持经常刷牙，保持牙齿的清洁。一口洁白的牙齿，令人赏心悦目，而满口黑黄牙齿容易给人不佳印象。保持口腔清洁，是讲究个人卫生的一种美德，也是尊重别人的有修养的表现。

2. 去口气

现代职场交往中需注意的礼仪细节越来越多，其中，口气清新这一条被大多数人认可。有些人喜食葱蒜等辛辣食物，食后口腔内遗留难闻气味，以现代礼仪交往的标准衡量，这是一种不良习惯。因此，建议职场人员与人交往应酬前，或即将进入公共场合前不要吃容易产生异味的食物。

3. 常剃须

男士若无特殊的宗教信仰或民族习惯，一定要坚持每日上班之前剃须，显得自己精明强干，有阳刚之气，切忌在工作岗位上胡子拉碴抛头露面。女士若是由于内分泌失调而在唇边生出一些过于浓重的汗毛，也会给人留下不修边幅的不良印象，应及时将其除去，以免影响形象。

二、化妆修饰

有人曾说："化妆是使人放弃自卑，与憔悴无缘的一味最好良药。它可以让人们表现得更加自爱，更加光彩夺目。"对一般人来讲，化妆最实际的目的，是为了对自己容貌上的某些缺陷加以弥补，扬长避短，使自己更加美丽光彩照人。对职业人来说，化妆的作用并不仅限于对个人的美化，更重要的是通过化妆对自己的交往对象表现出应有的友好与敬重。

（一）妆前自我认识

一个人要让别人觉得美，全身的整体比例很重要，因为只有符合比例的才是和谐的，只有和谐的才是美的。

1. "黄金分割"

美学上个人的形式比例关系，就是著名的"黄金分割"，指事物各部分间的一定数学比例关系，即：将一条线段一分为二，其较短一段与较长一段之比等于较长一段与全线段之比。按照此种比例关系组织的任何对象，都表现了变化的统一，内部关系的和谐。因此，许多哲学家与美学家认为，无论在艺术界还是自然界中，"黄金分割"都是形式美中较为理想的比例关系。对于人类而言，通常人的脸型是接近黄金矩形的，女性的椭圆形脸之所以被较多数人视为理想的脸型，就是因为脸型的长宽之比近似黄金矩形。然而生活中的人们并不都是这样的脸型，于是我们可以从美的比例出发，利用发型和化妆弥补脸型的比例不足，使整个头部形象形成一种新的比例关系(见图 2–1–1)。

2. **“三庭五眼”**

除了脸型的长宽之比外，“三庭五眼”也是对人的面部长宽比例进行测量的一种简单方法。五官端正就是指符合“三庭五眼”的比例要求。

“三庭”是指上庭、中庭和下庭。① 上庭:从额头发际线到两眉头连线之间的距离;② 中庭:从两眉头连线到鼻头底端之间的距离;③ 下庭:从鼻头底端到下颏(下巴尖)的距离。理想的比例是上庭∶中庭∶下庭 =1∶1∶1,即三者长度相等(见图 2–1–2)。

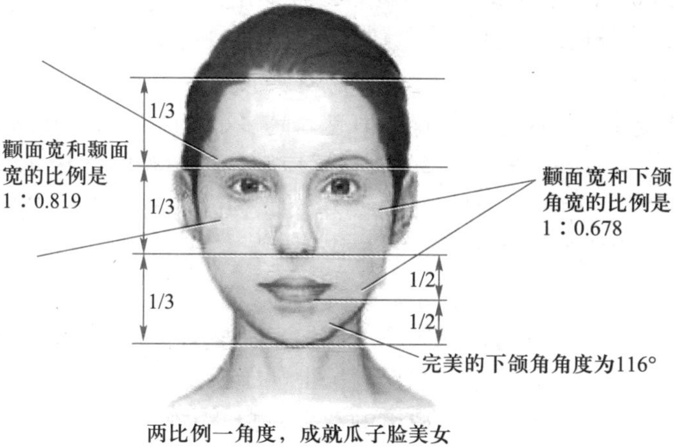

图 2–1–1　公认的标准脸型图

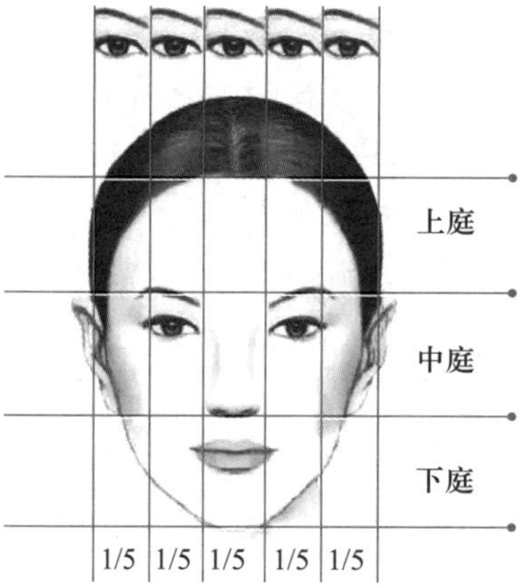

图 2–1–2 “五眼”示意图

“五眼”是指:① 左太阳穴处发际至左眼尾的长度;② 左眼长度;③ 左眼内眼角至右眼内眼角的长度;④ 右眼长度;⑤ 右眼眼尾至右太阳穴处发际的长度。理想的比例是这五者长度相等,即从左太阳穴发际到右太阳穴发际之间的横向连线长度正好是五只眼睛的长度,并且均匀分布(见图 2–1–2)。

“三庭五眼”是人的脸长与脸宽以及颜面器官布局的标准比例,如不符合这个比例就会与理想脸型产生距离,那么,在化妆时就要运用一定的技巧进行调整和弥补。

通过自我形象分析,我们便可以了解自己容貌上的优点与不足,虽然人的相貌在很大程度上依赖于遗传,但是后天的努力、科学的保养及恰到好处的修饰对人的相貌也有举足轻重的作用。

(二) 化妆的原则

美容化妆必须坚持美化、自然和协调的原则。

1. 美化原则

美化的原则是从效果来说的。要使化妆达到美的效果,首先必须了解自己的脸的各部位特点，孰优孰劣要心中有数；其次要清楚怎样化妆和矫正才能使自己扬长避短，变拙陋为美丽，使容貌更迷人。这些是要在把握脸部个性特征和拥有正确的审美观的基础上进行。

2. 自然原则

自然是美化仪容的最高境界，自然的妆容使人看起来真实而生动，而不是一张呆板生硬的面具。失去自然的效果，那就是假，假的东西就无生命力和美感了。自然的化妆要依赖正确的化妆技巧、合适的化妆品；要一丝不苟，井井有条；要讲究过渡、体现层次；要点面到位、浓淡相宜。总之，要使化妆说其有，看似无。

3. 协调原则

协调原则包括：① 妆面协调，指化妆部位色彩搭配、浓淡协调，所化的妆针对脸部个性特点，整体设计协调。② 全身协调，指脸部化妆还必须注意与发型、服装、饰物协调，力求取得完美的整体效果。③ 身份协调，指化妆时要考虑到自己的职业特点和身份，采用不同的化妆手段和化妆品。作为职业人士，应注意化妆后体现端庄稳重的气质；作为专门从事各种关系建立和协调的从业人员，出头露面的机会多，与别人打交道频繁，要表现出一定的人际吸引魅力，化妆就不能太艳俗或太单调，而应浓淡相宜、雅致温婉，符合人们共同的爱美之心。④ 场合协调，是指化妆要与所去的场合气氛一致。日常办公应略施淡妆；出入宴会、舞会场合可化浓妆；参加追悼会应素衣淡妆。不同场合的不同妆容不仅会使化妆者内心保持自信大方，也会使周围的人觉得赏心悦目。

能力点

一、化妆物品介绍

1. 化妆工具介绍

(1) 化妆纸(棉)：用于吸汗、吸油、净手、卸妆等。

(2) 棉签：用于细小化妆部位的清理，如涂唇膏、描眉、刷睫毛等。

(3) 海绵：用于上底色、涂腮红和定妆。

(4) 化妆刷：粉底刷用于粉底液上底妆；眉刷用于描画眉毛；眼影刷用于涂抹眼影；腮红刷用于涂抹胭脂和定妆。

(5) 睫毛夹：用于卷翘眼睫毛。

2. 化妆品介绍

根据不同功能，化妆品一般分为两大类：一类是调整肌肤、使之润滑的基础化妆品，如爽肤水、润肤乳、面霜等；另一类是美容化妆品，如眉笔、唇膏、腮红、粉饼(底)等。

我国美容化妆界又根据我国居民的皮肤构造和消费水平，将化妆品分为六大类：

(1) 护肤类：包括爽肤水、面霜、润肤乳、润唇膏等；

(2) 清洁类：包括洁肤皂、洗面奶、沐浴液等；
(3) 修饰类：包括粉底液、唇膏、唇彩、腮红等；
(4) 美发类：包括洗发水、护发素、发乳、发蜡、发胶等；
(5) 芳香类：包括香水、香精等；
(6) 营养类：包括人参霜、珍珠霜、粉刺(雀斑)霜等。

现代职业女性化妆要准备的必需品有：卸妆油、爽肤水、妆前乳、粉底液、粉饼、眉笔、眼影、眼线笔、睫毛膏、腮红、唇膏、口红等。

二、化妆前准备

1. 束发

用宽发带、毛巾、皮筋等将头发束起或包起，这样会使脸部轮廓更加清晰明净，便于有针对性地化妆。

2. 洁肤

用洗面奶或洗面皂清洁面部的污垢及油脂，然后边按摩边涂上有滋润爽肤效果的化妆水。

3. 护肤

选择膏霜类，如日霜、晚霜、润肤霜、乳液等涂在脸上，令肌肤柔滑，并可防止化妆品与皮肤直接接触，起到保护皮肤的作用。

4. 修眉

用眉钳、小剪修整眉形并拔除多余的眉毛，使之更加清秀。

三、不同脸型的化妆方法

1. 椭圆形脸

椭圆形脸可谓公认的理想脸形，化妆时宜注意保持其自然形状，突出其清秀之处，不必通过化妆去改变脸形。

修眉毛时，可顺着眼睛的轮廓修成弧形，眉头应与内眼角齐，眉尾可稍长于外眼角。

涂腮红时，应涂在颊部颧骨的最高处，再向上向外自然延展。

涂唇膏时，尽量按自然唇形涂抹。

正因为椭圆形脸无须太多修饰，所以化妆时一定要找出脸部最动人、最美丽的部位予以突出，以免给人平淡无奇、毫无特点的印象。

2. 长形脸

长形脸的人在化妆时力求达到的效果应是增加面部的宽度。

施粉底时，若双颊下陷或者额部窄小，应在双颊和额部涂以浅色调的粉底，造成光影，使之变得丰满一些。

修眉毛时，应令其成弧形，切不可有棱有角。眉毛的位置不宜太高，眉毛尾部切忌呈高翘。

涂腮红时，应注意离鼻子稍远些，在视觉上拉宽面部。涂抹时，可沿颧骨的最高处与太阳穴下方所构成的曲线部位，向外、向上抹开去。

涂唇膏时，依自己的唇型涂成最自然的样子，修改不宜过大。

3. 圆形脸

圆形脸予人可爱、玲珑之感，若要修正为椭圆形脸并不十分困难。

施粉底时，可用其在两颊造阴影，使圆形脸瘦一点。选用暗色调粉底，沿额头靠近发际处起向下窄窄地涂抹，至颧骨部位下可加宽涂抹的面积，造成脸部亮度自颧骨以下逐步集中于鼻子、嘴唇、下巴附近部位。

修眉毛，可修成自然的弧形，可作少许弯曲，不可太平直或有棱角，也不可过于弯曲。

涂腮红时，可从颧骨起始涂至下颌部，注意不能简单地在颧骨突出部位涂成圆形。

涂唇膏时，可在上嘴唇涂成浅浅的弓形，不能涂成圆形的小嘴状，以免有“圆上加圆”之感。

4. 方形脸

方形脸的人以双颊骨突出为特点，因而在化妆时要设法加以掩蔽，增加柔和感。

施粉底时，可用暗色调的粉底在颧骨最宽处造成阴影，令其方正感减弱。下颚部宜用大面积的暗色调粉底造阴影，以改变面部轮廓。

修眉毛时，应修得稍宽一些，眉形可稍带弯曲，不宜有角。

涂腮红时，宜涂抹得与眼部平行，切忌涂在颧骨最突出处。可抹在颧骨稍下处并往外揉开。

涂唇膏时，可涂丰满一些，强调柔和感。

5. 三角形脸

三角形脸的特点是额部较窄而两腮较阔，整个脸部呈上小下宽状。化妆时应将下部宽角“削”去，把脸形变为椭圆状。

施粉底时，可用较深色调的粉底在两腮部位涂抹。

修眉毛时，宜保持自然状态，不可太平直或太弯曲。

涂腮红时，可由外眼角处起始，向下抹涂，令脸部上半部分拉宽一些。

涂唇膏时，注意使唇角稍向上翘，唇形可适当外扩。

6. 倒三角形脸

倒三角形脸的特点是额部较宽大而两腮较窄小，呈上阔下窄状。人们常说的“瓜子脸”“心形脸”即指这种脸形。化妆时，掌握的诀窍与三角形脸相似，但需要修饰部分则正好相反。

施粉底时，可用较深色调的粉底涂在过宽的额头两侧，而用较浅色调的粉底涂抹在两腮及下巴处，造成掩饰上部、突出下部的效果。

修眉毛时，应顺着眼部轮廓修成自然的眉形，眉尾不可上翘，描时从眉心到眉尾，宜由深渐浅。

涂腮红时，应涂在颧骨最突出处，而后向上、向外揉开。

涂唇膏时，宜用稍亮些的唇膏以加强柔和感，唇形宜稍宽厚些。

四、化妆后检查

1. 检查左右是否对称

眼、眉、腮、唇、鼻侧等，两边形状、长短、大小、弧度是否对称，色彩浓淡是否一致。

2. 检查过渡是否自然

脸与脖子、鼻梁与鼻侧、腮红与脸色、眼影、阴影层次等过渡是否自然。

3. 检查整体与局部是否协调

各局部是否缺漏、有瑕疵，局部要符合整体要求，该浓该淡是否达到应有效果。整个妆面是否协调统一。

4. 检查整体是否完美

化妆要忌“手镜效果”，即把镜子贴近脸部检查。虽然这样会看清细小的部分，但一般人是在一米之外的距离与你面谈或招呼，所以要在镜前50厘米处审视自己，对脸部整体的平衡做出正确的判断。

五、化妆的礼仪

化妆是为了让自己更美，在职场更是对交往对象的一种尊重，所以也有它的礼仪规范，主要包括以下几点。

1. 因时因地制宜

职场人员的化妆要做到“浓妆淡抹总相宜”，就要注意不同的时间和场合，使自己的形象能充分与场景融合协调，以淡雅的工作妆为宜，略施粉黛，显得清新自然。如参加晚宴、出席晚会等，妆容可适当浓艳，但是也不能太出格，还是以大方雅致为宜。在国外，正式场合不化妆会被认为是对对方的不尊重，是不礼貌的行为。

2. 不要当众补妆

公共场合是不能化妆或补妆的，当众补妆通常被认为是没有礼貌的行为。职业女性忌在上班时间或一些公共场合化妆、补妆。有些女孩子一看妆容有损马上就拿出小镜子“当众理云鬓”，更有一些女性在上班时间，一有空闲就照镜子，描眉画唇，影响自己形象的同时也妨碍了他人。因此职场人员在上班前或参加活动前就要化好妆，其间如有需要补妆要记住避人原则，到洗手间或化妆间进行。

3. 不随意借用化妆品

化妆品是私人物品，不宜随意借用。化妆品中的有些物件还直接影响到个人卫生，比如唇膏、化妆刷等。因此，最好人手一套，不乱借乱拿别人的化妆品，以免别人心生不快。

4. 不评论他人妆容

化妆是个人私事，它牵涉个人的审美观、化妆技巧等问题。不是每一位女士都是化妆师，大多数女士都没有机会接受专业化妆训练，对化妆一事做到得心应手必须要有一个摸索的过程。因此要善视别人的妆容，即使对方的妆容很不入眼，也千万不要当面表现出来，这是对他人的尊重，也是职业人应具备的职业道德。

知识拓展

皮 肤 护 理

相对化妆来讲,皮肤的护理更为重要。正确的皮肤保养是日常基础保养加每周特殊护理。日常基础护理是我们每天都必须进行的护肤步骤,每周特殊护理是指每周进行磨砂按摩、敷面等步骤,促进面部的血液循环,增加肌肤的弹性与光泽,供给肌肤水分和养分,让肌肤处于健康状况之下。

1. 日常基础保养

皮肤的日常基础保养主要有三个步骤。

第一步:洁肤。卸妆后,取洁面用品,用无名指以向外打圈的手法揉洗面部,清除尘垢、过剩油脂及化妆残留,去除表面老化细胞,促进新陈代谢,让肌肤清新、爽洁。洁肤是令肌肤美丽的第一步。

第二步:爽肤。用棉片蘸取爽肤水,在脸部及颈部以向上、向外的手法轻拍,避开眼部,再次清洁面部残留的污垢,补充水分,平衡皮肤的 pH 值,帮助收缩毛孔。

第三步:润肤。将润肤品抹于脸部及颈部,以向上、向外打圈的手法轻轻抹匀,为肌肤补充必要的水分与养分,令肌肤柔润而富有弹性。

2. 特殊护理方式

每周可以为皮肤作一次特殊护理,可采用以下三种方式:

一是磨砂(去角质)。去除老化的细胞,预防角质增厚,使新生细胞更快到达表层,加速新陈代谢,使养分更易被吸收,令肌肤光洁平滑。取磨砂膏,以按摩手法在面部轻轻按摩,T 区部位较为油腻,可稍加按摩,然后用清水彻底清洗。每周 1~2 次。

二是按摩。按摩可促进血液循环,增强肌肤弹性。脸部,从额头由内向外打圈,T 区则由上往下按摩;面颊从鼻翼旁由内而外打大圈;在下眼圈及眼尾处稍加轻拍,可消除眼部疲劳。颈部,以由下而上手法轻推,可舒缓精神疲劳,令肌肤紧实,富有弹性。

三是敷面。建议用水洗式面膜,清洁的同时,补充水分及养分,令肌肤柔软光滑。将面膜均匀涂于脸部(避开眼和唇部),10~20 分钟后清洗干净。每周 1~2 次。

课后探究

1. 面容修饰与内在气质和魅力之间的关系是什么?如何通过面容修饰来提升自己的气质和魅力?

2. 请按照实训步骤的顺序,写下自己每次妆容练习的体验和收获,包括化妆品的选择、化妆技巧的掌握、审美能力的提升等方面的心得。

3. 观察身边人的妆容,分析其优点和不足,并提出改进意见。

4. 请根据所学知识并结合专业特点,为自己设计一款适合求职面试的妆容,并思考在未来的职业发展中如何运用所学的化妆技巧,提升个人形象和职场竞争力。

实训任务二 发型修饰

引导案例

形象的价值

章铭是个非常有才华的年轻人，在一家大型跨国公司工作，他积极努力，认真负责，但在外表上有些不拘小节，发型总是很随意，有时候甚至显得有些凌乱。由于他的外表，他经常被误解，同事们认为他不够专业，甚至有些人会因此质疑他的工作能力，这些评价让章铭感到很困扰。

有一天，公司的总经理找章铭谈话，提醒他注意自己的形象，虽然公司看重的是员工的能力和业绩，但外表也是很重要的一部分，因为它代表着一个人的职业态度和职业素养。总经理建议章铭修饰一下发型，章铭听取了总经理的建议，找了一位专业的发型师设计了一个简洁、大方的发型，这个发型让他看起来更加精神和专业，也让他更有自信。

从那以后，章铭的同事们对他的看法也开始改变。他们开始认识到，外表并不是工作能力的反映，而是一个人的外在形象，他们开始更加注重章铭的专业能力和工作表现，而不是仅仅看重他的外表。

案例思考：在职场中，外表对于一个人的工作机会和晋升有多大的影响？当一个人的外表成为获得机会的障碍时，我们应该如何应对？在职场中，我们要注重自身形象，保持整洁、得体。与此同时，还应着力提升职业素养，其中包括了言行举止、穿着打扮等诸多方面。另外，千万不可小瞧形象的作用，因为良好的形象不仅能够有力增强自信，还能大幅提升他人对自己的认可程度。

知识点

发型是塑造自身形象、体现精神面貌的最直接方式。按照一般习惯，人们观察他人的时候往往是依照“从头到脚”的顺序。现代形象设计专家认为“形象设计从‘头’开始，发型变了，形象标识就改变了。”因此，发型在人的仪容中就显得尤为重要，可以说它是一个衬托面容的框架。发型的改变可以改变整个头部的外貌和造型。在现代，发型全面地表现着一个人的审美情趣、道德修养和行为规范。在职场中，发型更有其独特的标识作用和导向作用，我们常常可以通过某人的发型比较准确地判断出其职业、身份、性格、生活态度、卫生习惯等。因此，职场人员要想塑造自己优雅健康的职场形象，首先应该“从头开始”。

想拥有健康秀丽的头发，需要靠平时的保养和护理，否则头发就会受到损伤，影响头发的健康。有一头健康的头发，才能实现美发的目的，健康是美的前提。

一、发质

不同人的头发因不同种族、不同肤色、不同年龄和不同健康状况而有着不同的发质。

1. 根据皮脂腺分泌情况分类

健康的头发因其皮脂腺分泌量的不同而大体上可分为以下四种发质:油性发质、干性发质、中性发质和混合性发质。

(1) 油性发质:头皮皮脂腺分泌旺盛,表现为头发油腻、易黏附灰尘、易脏且易有头皮屑,造型难度大,常呈现平直软弱等特点。油性头发多与遗传有关,此外,也常与精神压力过大或性激素分泌旺盛有关。

(2) 干性发质:头发皮脂分泌少,没有油腻感,头发表现为粗糙、僵硬、无弹性、暗淡无光,发干往往卷曲,发梢分裂或容易缠结成团,梳理困难、易断裂或分叉和折断。一经化学处理,如烫发、染发、日光暴晒等,均可吸收头发上的油脂并使水分丧失。含氨过多的游泳池水及海水也会导致头发干燥受损。

(3) 中性发质:是一种健康的头发,不油腻,也不干枯。头发有自然光泽、润滑、柔顺、有弹性、易梳理、不分叉、不打结、梳理时无静电,做好发型后不易变形。

(4) 混合性发质:混合性发质处于头发多油和头发干燥的混合型状态,这种头发根部多油,发梢则易缺油脂而显干燥,行经期女性和青春期少年多见。混合性头发因其头发处于生长最旺盛阶段,而体内的激素水平又不稳定,于是出现干燥与多油并存的状态。

2. 根据物理特性分类

根据其物理特性可分为直性头发、柔软性头发、粗硬性头发、纤细性头发、稀疏性头发等。

(1) 直性头发:直性头发丰满厚实、又黑又亮,发丝直而粗。

(2) 柔软性头发:柔软性头发的发丝柔软,光滑而服帖,易梳理,成型后不易变形。

(3) 粗硬性头发:粗硬性头发的发质粗硬,含水量大,弹性较强,难梳理,不易成型。

(4) 纤细性头发:纤细性头发的发质纤细柔软且弹性不足,含水量较小,轻飘而难以成型。

(5) 稀疏性头发:稀疏性头发的发质密度稀疏、脆弱、易断。

判断自己头发的软硬程度,可依据烫发后头发是否容易保持卷性来断定,较硬的头发保持卷性较好,较软的头发保持卷性较差。

二、护发用品

有关专家研究发现,头发表层是由无数鳞状表层组成的,这种鳞状表层排斥蛋白质、维生素等物质,只吸收与纤维质相关的特殊物质,所以在购买护发用品时需根据自身发质选择适合自己的护发用品,这样有益于头发吸收营养素物质,再结合正确的护理方法,便可起到营养和修护头发的作用,增加头发的弹性、柔软性和保湿性,使之看起来光亮照人,如丝绸一般,并易于日常的梳理。

(1) 护发素：护发素通过吸附在毛发表面上，形成涂层，使得毛发平滑，整体呈现良好的状态。其主要功效就是改善、恢复和保持头发调理性，防止头发缠绕。

(2) 焗油膏：可以定期去理发店或自行在家中用焗油膏护理头发，对改善发质很有帮助。好的焗油膏表面会有一层油光，有一定黏稠程度，不易流出来。

(3) 倒膜：倒膜能加强头发的韧劲和弹性，让发丝更加强劲有力。粗发质应选择发膜上标识着“滋润”或“深层”字样的产品；细发质应选择发膜上标识着“恢复弹性”字样的产品。

三、护发方法

(1) 正确选择洗发用品。干枯毛躁的干性发质选择碱性较弱，且滋润性强的洗发露；容易出油的油性发质选择去油控油，清洁力强的洗发露；混合性发质选择能够舒缓、滋润、温和清洁敏感头皮的洗发露。

(2) 正确的洗头方式。选择合适的水温，31°~40℃最佳；将洗发露倒入手中揉搓出泡沫，再涂抹至头上，切勿直接倒在头皮上，有部分带有治疗效果的洗发露会造成局部浓度过高，不易洗净，还会损伤头皮。用指腹轻轻揉搓按摩头皮后，用温水将泡沫冲洗干净；最后使用护发素涂抹于发尾处，停留 2~3 分钟，再次冲洗干净即可。

(3) 正确的吹头发方式。不要用热风吹头发，尽量用恒温；用手轻轻拨动头发，先保证发根、头皮吹干；吹头发中间部分时，顺着头发毛鳞片的走向，从上往下吹，且风速不要太大；使用吹风机时，应距头发 20~25 厘米。

(4) 正确的养发方式。若想拥有一头秀发，还要注意养发，即在人体自身内部吸收营养及适当调节上要做到四个注意：

① 注意保持饮食中营养均衡，提高自身体质的健康。多吃含蛋白质、铁、钙、锌、镁的食物以及鱼类、贝类、橄榄油、坚果类（核桃）等食品。

② 注意多参加运动，坚持锻炼，有规律的运动可尽可能削减工作、学习、生活紧张带来的压力。

③ 注意掌握并运用正确的梳头方法。早晚用梳子梳发 3 分钟，约 100 次，这样既可以刺激头发的神经末梢，调节头部神经功能，促进内分泌和头发的新陈代谢，有利于头发的新生，还可以刺激头皮活力，防头屑和脱发。

④ 要注意防止和降低自然环境中损伤头发的因素，如注意防干燥、曝晒、潮湿、寒冷。

能力点

当我们对自身头发的发质以及对护发方法有一定的了解后，还要选择一个与自己的职业、脸形、体型、发质等相和谐的发型，从而表现出与众不同的良好仪容——发型美。

一、发型与职业

不同的职业，有着各种不同的工作环境和氛围，发型的设计也要与职业要求和特性相符合。

1. 发型风格适宜

职业发型应以精神、美观、简洁、大方为原则，风格要与职业特点、职业场合和岗位规范相适宜。尤其是从事政务、商务、服务工作的人员，男士不能留大背头、长鬓角、小辫子，也尽量不要剃光头；女士不能长发披散凌乱，遮盖面部，也不能梳理成个性怪异的发型。若从事文艺或服装模特等其他类型的职业工作者，可应需求突破传统造型。

2. 头发长短适度

成熟干练的男士发型要求前发不覆额，侧发不掩耳，后发不触领。服务场合女士的长发要尽量盘起，发髻高度基本以耳朵上缘的延长线为准，不宜过高、过低或歪扭不正。要求前发不遮眉，侧发不掩耳，后发不过肩。

3. 头发颜色自然

职场人员头发的颜色都要稳重自然，不能一味追求时髦、靓丽而将头发染成过于突出显眼的颜色。

4. 发饰佩戴大方

女士发饰佩戴一定要简洁大方，不能佩戴过于夸张、活泼、鲜艳、幼稚的发饰。若工作岗位有具体要求，应按照岗位规定佩戴统一的发饰。

二、发型与脸型

1. 三角形脸

其特点是前额宽而额骨高，两颚修削至尖小的下颚。适合的发型是长至肩位松散的发型，会使前额看起来较修长。

2. 长方形脸

其特点是前额宽如颧骨和腮边一般。适合的发型是斜角的刘海或两旁较浓密的发型，都可产生阔度上的错觉。

3. 正方形脸

其特点是具有方形的前额，同额骨和腮边一样宽，而方形脸有腮骨是显著的特征。适合的发型是一排横过眼眉的刘海，这样会弱化脸部的方角感，头发的卷曲和波纹会转移别人对角形边关注的视线。

4. 圆形脸

其特点是脸面的长与宽几乎均等，而两额之间是最宽的部分。将头发向后直梳只会强调出你想遮藏的圆度。若是短发，适合的发型就是在头顶上较为浓密的发型；若是长发，则使颈部的头发浓密起来，以转移别人注意圆度的视线。

5. 椭圆形脸

其特点是前额宽于下颧，颧骨是最受关注的重点，而脸庞则从额位开始适度地修削至微尖的卵形下颌。许多发型都能衬托这样的脸形，关键就在于简单，打理不应选蓬松的发型以破坏完美的脸形。

知识拓展

女士职业盘发技巧

对于职场女性来说，盘发不仅是一种时尚的发型，更是一种展现专业与干练的方式。以下是一些女士职业盘发的技巧：

(1) 选择合适的发饰：简约大方的发饰是最佳选择，如黑色或棕色的发夹或发圈，避免过于花哨或夸张的款式。

(2) 保持整洁：无论选择何种发型，整洁是首要原则。确保头发没有碎发或杂乱的部分，使整体形象更加专业。

(3) 高盘发：将头发高高地盘起，可以展现出自信和专业的感觉。同时，注意将耳朵两侧的头发也收进发髻里，以保持整体的一致性。

(4) 低盘发：对于不想将头发盘得太高的女性，可以选择低盘发。这样既不失专业感，又显得随和、亲切。

(5) 利用发饰打造层次感：通过使用发饰，如发带或发夹，可以在盘发中创造出更多的层次感，使发型更加丰富和立体。

(6) 保持自然：避免将盘发做得过于紧绷或僵硬，保持一定的蓬松感会使整个人看起来更加自然、有活力。

(7) 定期修剪：为了保持发型的整洁和美观，定期修剪是非常重要的。修剪可以去除分叉和杂乱的发丝，使发型更加整齐。

(8) 保湿与护理：在盘发之前，确保头发健康、有光泽。可以使用一些保湿和护理的产品来保持头发的健康状态。

(9) 注意场合：不同的场合适合不同的发型。在正式的工作场合，可以选择高盘发或低盘发；在休闲的场合，可以选择更加随意的盘发方式。

(10) 随时调整：在盘发的过程中，可以根据自己的喜好和需要进行适当的调整，以达到最佳的效果。

女士职业盘发技巧的关键在于整洁、自然和专业感。选择合适的发饰，保持头发健康，以及定期修剪等措施，可以打造出既时尚又专业的盘发造型。同时，根据不同的场合和需要进行适当的调整，有助于展现个人魅力与专业形象。

课后探究

1. 职业场合修饰发型的重要性是什么？

2. 如何通过发型展现自己的专业素养和职业态度？

3. 针对商务、宴会、日常办公等不同场合，设计一款适合的职业发型，并说明设计的理由。

4. 制作一部短视频，用以展现你所掌握的至少两种专业发型设计技巧。视频需详尽展示每一道步骤，并附加简洁明了的解说词。

实战演练

实训项目①:妆容之彩,职场之美

1. 实训目标

掌握适合自己年龄、身份,以及不同场合、不同风格的妆容塑造技巧,提升审美能力和化妆技巧,增强自信心,提升职场魅力。

2. 实训步骤

(1) 基础妆容:学习基本的化妆技巧,如打底、眉妆、眼妆、修容、唇妆等,以及学会如何选择适合自己的化妆品。

(2) 场合妆容:针对不同场合,如面试妆、职场妆、晚宴妆等,学习相应的妆容塑造技巧。

(3) 实操演练:选取妆容风格,分组进行妆容塑造实操,互相评价、提出改进意见。

(4) 小组展示并进行互评,教师点评。

3. 考核评价(见表 2-1-1)

表 2-1-1　妆容之彩,职场之美实训项目考核评价

评分项目	标准与要求	分值	得分	总分
化妆品选择	能根据自身特点和不同场合选择合适的化妆品	10		
基础妆容塑造	熟练掌握基础妆容的技巧,包括打底、眉妆、眼妆、修容、唇妆等,效果自然	20		
场合妆容塑造	准确把握不同场合的妆容特点,妆容效果自然、美观	30		
团队合作	在小组讨论和实操演练中积极参与,与团队成员协作良好	10		
汇报展示	妆容整体效果美观、协调,并符合指定的主题或场合	30		
实训项目评价				
自我评价				
同学评价				
教师评价				

实训项目②:发型之韵,职场之雅

1. 实训目标

了解职业发型的基本要求与原则,掌握不同场合的职业发型造型与搭配技巧,提升个人形象与专业素养,奠定职场形象基础。

2. 实训步骤

(1) 理论学习:通过讲解、图片展示、视频教程等多种形式,了解职业发型的基本要求与原则,掌握常见的发型修饰工具与产品。

(2) 实操练习:学习不同的职业发型造型技巧,分组进行发型实践操作,包括基本的发型打理、造型和搭配等。

(3) 模拟场景:实践不同场合的职业发型搭配,模拟不同职业场合的发型需求,如商务、宴会、日常办公等。

(4) 互动交流:分享学习心得,讨论不同职业场合的发型要点,加深对发型修饰的理解。

(5) 小组展示并进行互评,教师点评。

3. 考核评价(见表 2-1-2)

表 2-1-2 发型之韵,职场之雅实训项目考核评价

评分项目	标准与要求	分值	得分	总分
发型基础知识	熟练掌握职业发型的基本要求与原则,了解常见的发型修饰工具与产品	20		
工具产品选择	能根据不同的发型需求选择合适的工具与产品	10		
场合发型塑造	准确把握不同场合的发型特点,发型打理和造型熟练,效果符合职业要求	30		
团队合作	与团队成员协作良好,配合默契	10		
汇报展示	发型整体效果美观、协调,并符合指定的主题或场合	30		
实训项目评价				
自我评价				
同学评价				
教师评价				

项目二　仪表礼仪

学习目标

● 知识目标：了解不同场合的着装要求与规范；
掌握服饰颜色、款式搭配的基本原则；
熟悉各种饰物的搭配技巧与礼仪规范。

● 能力目标：能够根据不同场合选择得体的服装；
学会运用饰物提升个人的整体形象；
准确判断着装是否符合礼仪规范。

● 素养目标：提升自身的形象意识和审美素养，增强仪表礼仪的重视程度，培养自信、得体的职业形象和社交形象。

本项目旨在帮助学生了解仪表礼仪的基本知识，掌握着装礼仪规范、饰物礼仪与搭配技巧，提高自身的形象素质。项目内容包括了解不同场合的着装要求与规范，掌握服饰颜色、款式搭配的基本原则，熟悉各种饰物的搭配技巧与礼仪规范。实训旨在提升学生的职场形象和气质，培养学生自信、得体的职业形象和社交能力。该项目对于个人的职业发展和社会交往具有重要意义。

实训任务一　着装礼仪

引导案例

时代与文化的烙印

远在石器时代，中国古代先民就已经开始将兽皮软化做成衣服穿在身上遮蔽身体，抵御寒冷。到了春秋战国时期，服饰的材质和样式已经更为丰富多彩，着装也成为衡量一个人身份和修养的重要特征。《论语》记载孔子曾说过："微管仲，吾其被发左衽矣。"可见，当时已经形成一定的着装礼仪观念。到了汉代，中国丝绸远销欧洲，甚至成为古罗马帝国贵族中的顶级奢侈品，恺撒大帝就曾多次在宴会中穿着丝绸制品来显示自己的尊贵地位。到了隋唐时期，服饰的礼仪文化更加具体，不同的场合需要穿着不同的服饰，《资治通鉴》记载，有一次在朝堂上，魏征顶撞了唐太宗李世民，李世民退朝后对长孙皇后说："会须杀此田舍翁。"长孙皇后知道缘由后退走，不一会"具朝服立于庭"，即穿着正式的皇后礼服站在庭上，唐太宗非常惊讶，长孙皇后解释道："妾闻主明臣直；今魏征直，由陛下之明故也，妾敢不贺！"《资治通鉴》在这一段中注道："唐制：皇后之服，袆衣者，受册、助祭、朝会大事之服也。”即皇后礼服只有在极为重要的仪式上才会穿着，所以唐太宗才会“惊问其故”。司马光的这段描写从侧面反映了中国古代对于不同的正式场合中服饰礼仪的严格规定和重视程度。

案例思考：着装礼仪在中国古代社会中起到了什么作用？

服饰文化是中国传统文化的重要组成部分，反映了不同时期的社会风貌和文化内涵。着装礼仪的形成和发展体现了中国古代社会对于等级、身份和修养的重视。从古代服饰礼仪的严格规定中可以看出，礼仪文化对于规范人们的行为和维护社会秩序具有重要意义。

知识点

制服穿着规范

着装礼仪需遵从以下着装基本原则：

1. 整洁原则

整洁原则是指服饰要整齐干净，这是服饰打扮的一个最基本原则，在任何情况下，职场人员的服装都应是干净的，不能有污垢出现。通常，一个穿着整洁的人总会给人以健康、积极向上的感觉，并且也能表示出对交往对方的尊重和对交往活动的重视。整洁并不等同于时髦和高档，职场着装只要保持服饰干净合体、全身整齐一致即可。

2. 美观原则

服饰的主要功能是审美功能。相信每个人在穿上服装后都希望自己能看起来更美、更精神。服饰的美是款式美、色彩美、质地美三者的完美统一体现，形、色、质三者相互衬托、相互融合才构成了服饰美统一的整体。因此，职场人员如果有一定的服装选择自主权，在选择服饰的时候要注意上述三点，即服装款式要凸显形体美；服装质地要精良；服饰色彩的搭配也应遵循一般的美学常识。

3. TPO 原则

着装的 TPO 原则是世界通行的着装打扮的最基本的原则。TPO 由英语中 Time、Place、Occasion 三个单词的首字母缩写而来，意思是时间、地点、场合。总体来说，是要求人们的服饰要力求和谐，以和谐为美。

(1) 时间原则。具体来说，着装的时间原则包含每天早、中、晚时间的变化，春、夏、秋、冬四季的变化和时代的变化。比如日间安排的活动户外居多，穿着可相对随意；而晚间通常是些宴请、听音乐、看演出等社交活动，穿着方面则要正式一些。四季不同的气候条件对着装也产生影响。如夏天的服饰应以简洁、凉爽为原则，冬天的服饰应以保暖、简练为原则。此外，着装还要顺应时代潮流和节奏。

(2) 地点原则。主要是指环境原则，即不同的环境需要与之相适应的服饰打扮。在豪华大酒店的西餐厅和街边大排档就餐，即使是穿着同一套服装，但是心理感受却会完全不一样。

(3) 场合原则。是指场合气氛的原则，即着装应当与当时当地的气氛融洽协调。职场人员上班穿正装是为了使自己显得成熟稳重，符合职场氛围；穿着礼服赴宴是为了展示自身魅力并表达对活动的重视；穿上运动装和朋友郊游是为了让自己和同行者一起享受旅行时的轻松愉快。

能力点

着装是一门艺术，颜色搭配更是点睛之笔。色彩在众多的服饰要素中体现出独特的魅力，常常在第一时间传递着时尚的信息，表达美的思潮，给人留下深刻的印象。服装色彩的搭配是服饰整体搭配中的重要环节，可以说是服装的灵魂。配色的差异不仅影响服装的整体效果，同时也体现着装者对色彩美的修养。如能正确运用色彩构成理论，实现服装配色的和谐统一，更能让人享受到服饰独特的风格和美感。

（一）色彩搭配的基本方法

1. 统一法

使用同一色系，根据其明暗深浅的不同来搭配，营造一种和谐美。需要注意的一点是不能衔接太生硬，应尽量过渡自然。

2. 对比法

用对比色搭配，如黑与白、红与黑、黄与蓝等。

3. 调和法

用相近的颜色搭配，如红与橙、绿与蓝，但明度、纯度应该有所差别，可以一种色深一些，另一种色浅一些。

（二）色彩搭配的主要配色

1. 万能色

色彩中的“黑、白、灰”是“万能色”，可与任何颜色搭配。尤其是黑色与白色年年都不落伍，许多世界著名时装大师都以黑、白为主题创造了时装的理想世界。

2. 其他色

有些色彩的组合对大多数人来说都是非常实用而且别致的。如红色与黑色、白色、深蓝色的搭配；黄色与黑色、绿色的搭配；蓝色与白色、黄色的搭配等；还有粉红色配浅蓝色，黄褐色配白色，黑色配浅绿色等。

（三）色彩组合基本原则

1. 应根据肤色、身材、体型来确定颜色

如中国人是黄种人，应避免穿暗黄色、土黄色、紫色等颜色，因为这些颜色会使黄皮肤看上去衰老、不健康。再如身材较胖的人应尽量避免穿浅色、花色，穿深颜色会给人以收缩感。

2. 要善于调节主色、补色、突出色三者的关系

比如穿西服套装，以西服套装的颜色为主色，以衬衫颜色为补色，用同系统的颜色搭配，而领带则可用对比色为突出色。这样的配色，就能使服装显示出和谐而有层次的美。

3. 应根据人的性格特征来选择颜色

色彩会带给人不同的感觉，如蓝色可以说是男性“永恒的颜色”，它具有高雅、理性、稳重等含义，能让人产生信服感、权威感；灰色象征着信心十足，由于它的色彩属性比较中庸、平和，所以不宜表现出威严感，但却会显得很庄重；红色似火，会使人感到热情奔放。性格活泼的人宜选择暖色、花色面料，性格沉着的人宜选深色、素色面料。

4. 应根据不同场合选择颜色

不同场合下应选取不同的颜色搭配以适应不同场合，如较为正式的职场环境，应选择素色或不亮眼的颜色；而在活泼喜悦的环境或场合中，则可以选取日常亮眼抢镜的配色。色彩作为无声的语言运用在职业服装上，可以标示工作人员的身份。

5. 要善于简化全身的色彩

色彩的组合要适用减法，全身的色彩种类不宜过多，一般情况下不应超过三种，否则让人感到烦乱、花哨。即便是一些饰品，如丝巾、手套、皮包等，也要尽量与服装配套或一致，以免零乱繁杂。男士尤其要避免花哨，应严格控制鲜艳明亮的色彩。用于男士服饰上的明亮色彩只能放在令人感到活泼、爽快的关键之处，起到画龙点睛的作用。

总之，色彩的组合对服装的穿着效果十分重要。我们要巧用色彩，善于配色，才能用不同色彩装扮出多姿多彩的自己。

（四）服装色彩与职业

除上述因素外，职场人员还要考虑其职业因素对服装色彩的影响。医生、护士、公安、消防等特殊职业有统一规范的着装，可以说他们身上的服装色彩就是这个职业的代表。随着时代的发展，职场的着装要求越来越高，相当多的行业对员工着装有明确的规定和要求，如律师、金融、银行等。还有一些职业虽没有规定该如何着装，但作为一个社会职场人，着装必须符合社会角色赋予他的形象定位。如出席公众场合，要求体现干练、成熟风范，服装选色主要以简洁、理性的视觉感受为依据。工作时，可以选择中性色作为职业装主色，辅色可选稳重的绿、蓝、紫等理性色小面积使用；在商务宴会场合，可选高雅的蓝绿、紫红等色彩作为服装用色，再佩戴些闪亮的饰品作为点缀色。

知识拓展

色彩的寓意

不同的颜色有不同的寓意，不同色彩的服饰在不同场合所产生的效果也有所不同。因此，在学习服装的色彩搭配之前，我们有必要先对常用色彩的象征意义以及作用进行了解。

(1) 红色：象征着热情、活泼、张扬、喜庆、奔放、革命等。红色有刺激效果，容易鼓舞勇气，同时也很容易令人生气，情绪波动较大。红色在我国则代表吉祥、喜庆之意。但红色也有警示的意思。

(2) 黑色：象征着深沉、压迫、寂静、庄重、神秘、死亡，也有刚强、坚定、冷峻之意。如和其他颜色相配合含有集中和重心感，在西方用于正式场合。

(3) 白色：象征着纯洁、清爽、无瑕、恬淡、冰雪、简单、空虚、无望。浓厚的白色会有壮大的感觉，有种冬天的气息。在东方，白色也象征着死亡与不祥之意。

(4) 橙色：象征着青春、时尚、动感，有活力四射的感觉。也用来表达炽烈的生命。

(5) 紫色：象征着可爱、神秘、高贵、优雅，也有平静、沉稳之感。紫色有高贵高雅的寓意，神秘感十足。紫色常被用来做帝王的服色，代表着非凡的地位。

(6) 蓝色：象征着宁静、自由、清新。深蓝色也可代表孤傲、自信、忧郁、深邃、寡言，浅蓝色代表天真、清爽、文静、纯洁。同时蓝色也代表安定。

(7) 粉红：象征着可爱、温馨、柔和、娇嫩、青春、明快、温情、浪漫。但对不同的人感觉也不同。

(8) 绿色：象征着清新、健康、自然、朝气，是生命的象征。代表安全、平静、舒适。

(9) 黄色：黄色灿烂、辉煌，有着太阳般的光辉，象征着照亮黑暗的智慧之光。黄色代表着炽热、光明、明丽、希望、庄严、高贵、权威。在我国代表尊贵、优雅，是帝王御用颜色。

(10) 棕色：代表健壮，有耐劳、沉稳、暗淡之义，棕色与土地颜色相近，给人可靠、朴实的感觉。

(11) 灰色：是中间色，象征着中立、高雅、朴素、沉稳。它代表寂寞、冷淡，灰色使人有现实感，也给人以稳重安定的感觉。

课后探究

1. 如何培养良好的着装礼仪？有哪些具体的技巧和注意事项？

2. 着装礼仪与个人气质和魅力之间的关系是什么？如何通过着装礼仪来提升自己的气质和魅力？

3. 假设你即将参加一个重要的商务会议，你需要在以下三种颜色中选择一套西装：深蓝色、深灰色和黑色。请说明你选择这种颜色的原因，并描述你将如何搭配这套西装（包括衬衫、领带、鞋子等）以展示你的专业性和个人风格。

4. 随着时尚的不断变化，你认为未来的职场着装趋势会是什么？请列出三个你认为可能的趋势，并解释为什么你认为这些趋势会在职场上流行。

实训任务二 服饰搭配

引导案例

形象也是一种表达

作为全国人大会议的新闻发言人，形象也是一种表法，而且不仅仅关乎个人。我在自己多年的外交生涯中已经认识到形象的重要性，在礼仪、服饰上从不敢大意，养成了比较规范的衣着习惯。遇到什么场合，选择穿什么样的衣服，不仅要遵循规则和习俗，也要考虑环境因素。例如，参加隆重的礼宾活动时，尽量选择中式的衣着，出席博物馆里举行的展览开幕式时，选择有一点文化元素的服饰；如果是工作场合，就尽量穿西服套装。

人大会议新闻发布会属于庄重、正式的工作场合。2013 年我第一次做发布会时，选择了一套浅灰色西服套装，显得低调而庄重。然而，发布会前一天看现场时发现，衣服颜色与背景的大理石太接近了，央视导演建议我换一套。丈夫鼓励我穿一件宝蓝色的上衣，他认为适合这个场合。这件上衣的样式有些偏休闲，但是颜色周正、醒目，我搭了一条黑色的裙子，增加了正式感。果然，这套衣服的镜头效果还是不错的。

2014 年我结识了形象设计师美朵，请她为我做参谋，她的严谨和细致让我在衣着上的形象表达更加专业。例如，2015 年我为发布会选择的是铁灰色、有隐隐的藏蓝色图案的织锦面料中式外套。美朵建议采用浅灰色薄毛背心和藏蓝色西裤搭配这件衣服，而且鞋子也必须是藏蓝色的，尽量不要在衣着和服饰的搭配中出现第三种颜色。虽然这些细节并不显眼，但是从镜头里看，这身衣着形象呈现很强的整体感。

这些年，我在选择发布会的服装时，无论在颜色上还是式样上，一个贯彻始终的原则是：要显得柔和。用美朵的话来说，柔和的形象能帮助我化解面对尖锐提问时的紧张气氛，让人感觉亲近、平和与从容。

（选自《我的对面是你：新闻发布会背后的故事》，中信出版社，2018 年版）

案例思考：这个案例为我们提供了哪些深刻的启示？同时，你认为在服饰搭配中，哪些要素是至关重要的，能够决定其成功与否？请就此展开讨论。

傅莹作为全国人大会议的新闻发言人，她的着装和言谈举止代表了中国的形象，展示了中国女性的魅力和气质。而且，她通过服饰展示中国文化的内涵和特色，促进了文化交流和传播。

知识点

服饰是一种文化，它反映着一个民族的文化水平和物质文明的发展程度。在职场，服饰和日常生活着装又有所不同，它具有极强的表现功能，人们可以通过服饰来判断一个人的身份地位及涵养，其中，饰物礼仪更是具有独特的意义和影响力；饰物礼仪关注的是人们在选择和搭配服饰配件时所遵循的规范和原则。它不仅仅是关于穿着的外在表现，更体现了一个人的品位、风格和文化素养。从这个角度来看，服饰也是一个人的另一张名片。

一、饰物礼仪的含义

饰物礼仪的含义是指通过服饰、物品等非语言符号表达一定的思想和情感意义的礼仪行为。这种礼仪行为可以通过两种方式体现：一种是由服装、饰物、化妆美容等代表的礼仪，另一种是通过各种物品代表的礼仪。

首先，服饰和物品可以体现社会风尚。它们是社会文化、价值观和审美观念的反映，通过观察一个人的服饰和物品，可以了解其所属的社会群体、文化背景和审美观念。其次，服饰和物品是一种情感的象征。人们常常通过服饰和物品来表达自己的情感状态和情绪变化。例如，一个人在悲伤时可能会选择深色系的服装，而高兴时则会选择明亮的颜色。此外，服饰和物品也是一种美的演绎。它们可以展现出美的元素，如色彩、图案、质地等，通过搭配和组合，可以创造出不同的视觉效果和美感体验。

总的来说，饰物礼仪是一种重要的社交手段，通过恰当的服饰和物品选择与搭配，可以传达出尊重、礼貌、友好和亲密等情感意义，有助于建立和维护良好的人际关系。

二、饰物佩戴礼仪

现代生活中，饰品是服装服饰概念的有机组成部分。饰物主要起着装饰作用，它的特点是体积小，效果明显，有着点缀、美化整体形象的功能，当身上佩有饰物的时候，人更容易显得生机勃勃。在穿着套装的时候，饰品能衬托服装，起到画龙点睛的作用。饰物的选择和搭配不仅体现了人的审美水准，而且反映了文化修养，同时也彰显了个性。

（一）饰物的分类

可以和服装相配的饰物有很多，如包袋、首饰、帽子、围巾、手表等。这些饰物集实用性、装饰性、艺术性为一体，大致可以分为两类：实用类饰物和装饰类饰物。

1. 实用类饰物

具有实用性质的饰物比较多，主要有帽子、鞋袜、围巾、手包、腰带、眼镜、手机等。选择这些饰物的时候，既要注重美观，也不能忽视其实用功能。如果有条件，可以根据个人爱好选择较高品质的饰物，突出其装饰功能。如有人认为职场男士饰品无须多但要体现个人品位和风格，尤其是要注重三件饰物的配置，即手表、钢笔、打火机，尤其是手表，更是被誉为“男人身份的象征”。在职场中，这些实用性饰物除了体现使用者的审美情趣外，俨然还成为身份地位的象征。

2. 装饰类饰物

装饰类饰物主要是指项链、手镯、戒指、耳环、胸花、头花等，这类饰物不仅材质众多，款式更是不胜枚举。这类饰物主要以美化功能为主，实用性能不强。但是正因其美化功能的存在，使得大多数女性对这些饰物趋之若鹜，可以说每位女性的梳妆台里一定或多或少地放着几样首饰，来和各类服装搭配，使佩戴者更添光彩魅力。

（二）饰物佩戴原则

对于职业女性，职业装的配饰限制较多，在遵守一定原则之外，花一点心思，巧妙选择适合自己气质和风格的珠宝首饰，塑造自己的独特品位，是找到自信和成功的关键。有些人身上、头上琳琅满目，令人目不暇接，然而这样的佩戴却无任何美感，只让人觉得庸俗、浮夸。因此，职场人员在选用饰物的时候务必三思而后行，注意下述几条原则。

1. 区分场合

佩戴饰物，首先要和所处的环境、场合相适应。在工作场所，选择的首饰应以简洁为主，色彩、款型不要太夸张，以免引起别人反感。另外如果饰物有碍于工作，也不应佩戴，如手镯、脚链等。职场女性在上班时最好不要佩戴有可能过度张扬的首饰，可以佩戴一些小巧精致、淡雅的胸针、项链、耳环等。如果赴宴或参加舞会等，职场女性可以佩戴一些较大的胸针、项链等饰品，以期达到高贵精致的效果。

2. 以少为佳

佩戴饰物的原则要以少为佳。尤其是身处职场，更是不能让人眼花缭乱。选戴时首先要注意数量，一般饰品的佩戴不超过两件，三件是底线，过多的佩戴只能是炫耀，而不能让别人感受到你的品位。

3. 同质同色

饰物由于材质的不同会产生不同的色泽，比如黄金的色彩是暖色，而铂金、白银、水晶等则为冷色。如同时佩戴多件首饰时，应尽量注意选择色彩和质地都基本一致的，即饰物的色彩和款式要协调，如黄金配黄金、铂金配铂金等。否则色彩太乱，令人感觉不舒服。

4. 服饰协调

这里的服饰协调就是风格统一的意思，可以分两个方面来理解。一是指佩戴的首饰之间，风格应该统一协调；二是指首饰要和所穿的服装风格统一协调。比如领口较低的露肩服饰一般配项链，竖领上装则可以不戴项链；带坠子的耳环忌与工作服相配，却是礼服的好搭档。

5. 体型相配

和服装一样，要想使饰物达到美化功能，佩戴者也应注意自己的形体条件，选择最为适合自己的饰物。如脖子粗短者，不宜戴多串紧扣脖子的项链，而应戴长项链，有拉长脖子线条的效果；相反，脖子较瘦细者，可以戴多串式项链，以缩短脖子长度。宽脸、圆脸形和戴眼镜的女士，建议不佩戴大耳环和圆形耳环，它会让佩戴者的脸更宽更圆。

6. 考虑职业

饰物的选择还要考虑佩戴者所处的行业和岗位。比如教师、行政人员、律师、医生、服务行业从业者等常穿职业装的人士应选择线条简洁、造型简单大方的饰物，以此体现工作的严谨和自律。而从事艺术类工作的从业者如设计师、画家、摄影师等可以选择较为夸张、个性甚至另类的饰物，以表达其自由、浪漫的风格。

7. 符合习俗

饰物的佩戴也要入乡随俗，如在很多少数民族地区，有该民族特定的饰物佩戴方式。再如戒指的戴法在西方国家也非常讲究，每个手指各有不同的含义。因此，要想把饰物搭配得美观、得体、展示礼仪，佩戴首饰的时候还需要弄清其寓意和习俗。

三、饰品佩戴技巧

（一）常用装饰饰物

1. 戒指

戒指是职场女士男士都可以佩戴的饰物。职场人员选择戒指应选择高品质的铂金、钻石，能体现职业人的端庄、稳重、高雅。职业人员着职业装时不适合选戴夸张的时装戒、可爱的卡通戒，一则和服装不搭，二则和身份不符。按照我国习惯，戒指一般戴左手，因为右手干活，容易碰撞、磨损戒指。在西方国家，戒指戴在不同手指上，有不同寓意，是一种无声的语言，传递着不同信息。近年来这种西方礼仪也传到了国内，有很多人都以此为标准，如戴食指代表单身并有意寻找伴侣，中指表示处于热恋中，无名指代表已婚，小拇指则表示独身。

2. 耳环

在职场，职业人的耳环最好选择耳钉而不是悬挂式的。银光闪亮的大耳环、摇曳不止的吊坠、叮当作响的饰品都不适合在职场使用。至于社会上流行的一耳多戴更不是职业人能尝试的，职场男士不允许佩戴耳环。

日常生活中耳环的使用没有那么多的规定，但是也要注意耳环和脸型、发型、身材、服装等的搭配。例如，圆脸型的女士应佩戴垂形耳环；脸形偏长的女性，选戴呈圆形耳环；方脸型的人适宜佩戴小巧玲珑的耳钉或耳坠。耳饰的色彩或质地应与肤色和着装色彩相协调。如肤色较暗的人不宜佩戴过于明亮鲜艳的耳饰，可选择银白色来掩饰肤色的暗淡；皮肤白嫩的女士适合佩戴红色和暗色系耳饰，以衬托肤色光彩。

3. 项链

职场人在着职业装时可以佩戴项链。选择项链时，夏天宜选择细巧款，冬天挂在毛衣外则可以适当夸张。如果穿西装套裙，则应把项链放至衬衫里面，不让项链外露。男士在职场一般不佩戴项链。

日常生活中，项链的佩戴一般要考虑佩戴者的年龄、肤色、脸型等，“反其道而行之”这个原则可做参考。比如短项链适合颈部细长的女士，长项链适合脖子粗短的人来拉长脖子线条；圆形脸不适合戴项圈或由圆珠串成的项链，可利用项链垂挂形成的“V”形来增强脸与脖子的连贯性；方形脸戴珠串式的项链时，珠形应避免菱形或方形。另外肤色白皙细腻者可戴任何颜色的项链，肤色较深者就不建议佩戴浅色项链。女士的项链最佳落点有三个：第一个是 1/2 头长处；第二个是 1 个头长处；第三个是 2 个头长处。

（二）常用实用饰物

1. 手提包

女士的手提包与衣服是“最佳搭档”，选择一个合适的包来搭配造型，能为整体造型加分不少。包的类型从款式上来看有稳重型、休闲型、奢华型、明朗型、可爱型等。按色彩和材质又另有分法。每种款型、材质、色彩的包各有其特色，关键是看如何和服装搭配。当然，有人只当它是实用品。无论怎样，对于职场人员来说，手提包最重要的是干净、有条理。

男士的公文包既是一个工具，又是一种身份象征。行业不同，赋予公文包的意义也各异。职场人员应以携带皮包为主。皮包质地尽可能优良，颜色以黑色和深褐色为最佳，尽量不要选择发光发亮或印着图案的皮包。使用时，不管女士还是男士都应注意包里物品应摆放有序，在别人面前翻找东西，会让人觉得做事没有头绪。

2. 皮带

相对来说，女士的皮带更注重其装饰性，而男士更为注重皮带的实用性。女性的皮带也可称为腰带，不同材质的腰带或长或短或宽或窄或红或绿，能让普通的服装富有创意。在职业装的穿着里面女性腰带一般不外露，要外露就必须注意其装饰性和职业装的协调性。平时用腰带进行服装装饰，女士要注意体形和色彩。

很多职场男性也非常重视皮带的选择。选择一条质量上乘、款式大方、新颖别致的皮带，可以增加男士的风度气质。建议不要购买人造革皮带，容易发硬起皱。尽量选择真皮皮带，色彩以黑色为宜，可以搭配任何服装。

3. 手表

手表是男士较重要的也是最常用的一件装饰品，它的价值除了实用，还体现职业男士的身份和品位，佩戴做工精良的手表能迅速提升绅士感。市面上的手表有低、中、高三个档次，男士在条件许可的情况下尽可能就高不就低，因为劣质手表和过于花哨的手表会降低佩戴者的身份和品位。时装表和卡通表几乎仅限于女人和儿童使用佩戴。

知识拓展

中国传统饰物的文化传承与魅力

(1) 发簪：在古代，发簪是一种具有深厚文化底蕴的饰品。它起源于上古时期，兴盛于唐宋，延续至近现代。发簪以各种精美的材质制成，插于发间，可固定发型，又能增添美感。因其独特的造型和功能，故而得名“发簪”。

(2) 步摇：在古代，步摇是一种高规格礼制饰品，从商周开始出现，流行于唐，并流传至明清，其上有垂珠，随步而摇曳生姿，故曰“步摇”。

(3) 玉佩：玉佩在中华传统文化中代表着吉祥和美好，古代人们常常将玉佩作为礼物送给亲朋好友，以表达自己的祝福和关爱。

(4) 耳环：在古代，耳环是一种常见的传统饰物，自先秦时期出现，盛行于明清，流传至今。以金属或宝石制成，悬挂于耳，随头部动作而晃动，摇曳生辉。

(5) 手镯：在中国传统文化中，手镯是一种富有寓意的饰品，自新石器时代便已出现，盛行于历朝历代，其形圆润，绕腕而流光溢彩，故谓“手镯”。

(6) 戒指：戒指在中华传统文化中代表着爱情和婚姻，古代男子常常将戒指送给女子作为定情信物，以表达自己的爱意和承诺。

(7) 项链：自古有之，以链条连缀珠宝，垂于胸前，随人晃动而光彩夺目，得名“项链”。它不仅具有装饰美，还承载着丰富文化内涵。常用作礼物，承载深情厚谊，传递温暖关爱。

(8) 香囊：在古代，香囊是一种富有寓意的传统饰品，自先秦时期兴起，盛行于汉，传承至近现代，其内盛有香料，随身而香气萦绕，故而称“香囊”。

(9) 手帕：在古代，手帕是一种富有传统特色的饰品，自汉朝开始兴起，盛行于宋，传承至近现代，其上有精美刺绣，随身而轻盈飘逸，故曰“手帕”。

(10) 折扇:在中国传统文化中,折扇是一种富有特色的饰品,自南北朝时期兴起,盛行于宋,传承至近现代。以扇面为载体,可绘各种图案,开合之间尽显优雅风姿,故有“怀袖雅物”之称。

课后探究

1. 配饰的种类和功能是什么？请列举并解释至少五种常见的配饰。

2. 分析不同场合下,如何根据服装和个人风格选择适合的配饰?

3. 分析一套你认为成功的配饰搭配案例,说明其成功的原因和可借鉴之处。

4. 根据自己的个人风格和气质,设计一套适合商务场合的配饰搭配方案,包括领带、手表、首饰等,并说明选择这些配饰的理由,最后拍照展示。

实战演练

实训项目①:着装之道,职场之韵

1. 实训目标

知晓着装的基本原则与礼仪规范,明确不同场合、不同情境下的着装要求,提升职场形象和气质。

2. 实训步骤

(1) 整理着装礼仪的知识要点,内容包括着装的基本原则和不同场合的着装要求。

(2) 选取典型案例,分析不同职业场合的着装要点,讨论如何结合个人形象特点来搭配得体着装。

(3) 分组进行模拟演练,如模拟职场面试、新人入职、商务接待、宴会等场合,进行着装选择与搭配。

(4) 小组展示并进行互评,教师点评。

3. 考核评价(见表 2-2-1)

表 2-2-1　着装之道,职场之韵实训项目考核评价

评分项目	标准与要求	分值	得分	总分
着装基础知识	熟练掌握着装的基本原则和要点	20		
场合着装判断	能准确判断不同场合的着装要求	25		
着装搭配能力	根据场合和个人特点,合理选择服装并进行搭配	25		
形象提升效果	着装展示能有效提升个人形象和职业素养	20		
团队协作能力	在模拟演练和小组讨论中积极合作,互相支持	10		

续表

实训项目评价	
自我评价	
同学评价	
教师评价	

实训项目②:璀璨配饰,礼仪之韵

1. 实训目标

了解配饰礼仪的基本规范,掌握不同场合下配饰的选择与搭配技巧,提高个人形象与气质,培养良好的礼仪素养。

2. 实训步骤

(1) 整理饰品搭配的知识要点,内容包括配饰的种类、功能及搭配原则。

(2) 分析常见场合配饰选择,针对不同场合,如商务、休闲、正式晚宴等,讨论配饰选择的要点。

(3) 根据个人气质、身形等特点,选择适合自己的配饰。

(4) 个人展示并进行互评,教师点评。

3. 实训评价(见表 2-2-2)

表 2-2-2 璀璨配饰,礼仪之韵实训项目考核评价

评分项目	标准与要求	分值	得分	总分
配饰基础知识	准确理解配饰的种类、功能及搭配原则	20		
场合配饰选择	能根据不同场合选择合适的配饰	20		
个人风格搭配	根据个人特点选择适合的配饰	30		
实操搭配效果	现场配饰搭配整体效果良好	20		
团队合作能力	展现出良好的沟通、协作的能力	10		
实训项目评价				
自我评价				

续表

实训项目评价	
同学评价	
教师评价	

项目三 仪态礼仪

学习目标

- 知识目标：了解仪态礼仪的基本原则、构成和规范要点；
  知晓仪态礼仪在职场交往中的功能及重要性；
  学会不同场合的仪态要求，了解仪态与心态的关联。
- 能力目标：掌握良好的仪态举止，能够正确地展示身体姿态；
  灵活运用仪态礼仪，适应各种社交场合；
  提高自身的礼仪意识，学会通过调整心态来改善仪态表现。
- 素养目标：培养良好的个人形象与品质，以得体的仪态和言行，树立自信、优雅的风采，展现可信、可爱、可敬的当代中国青年形象。

本项目致力于帮助学生掌握正确的仪态举止，强调仪态与心态的关联，并注重培养礼仪意识和文化素养。通过实训，学生能够了解仪态礼仪的基本原则、构成和规范要点，基本掌握良好的仪态举止，学会不同场合仪态要求，并能够正确展示身体姿态，灵活运用仪态礼仪，适应各种社交场合。仪态礼仪实践，有助于学生树立良好的个人形象和品质，提升个人形象与社交能力，更好地应对各种社交场合，展现自信、优雅的风采，提升职业竞争力。

实训任务一 表情礼仪

引导案例

名校硕士应聘失败

某公司要招聘一位市场部经理，一位名校硕士的简历深深地吸引了总经理。这位应聘者有相关理论著作，而且在两家单位任过职，有一定经验。公司通知他三天后来公司面试，但最终他的面试结果竟然是不通过。总经理后来说，那次面试是他亲自主持的。他发现这位应聘者有个特点，就是不管什么时候都是双眉紧锁，不会微笑。而且在近二十分钟的谈话过程中，应聘者很少与他有眼神的交流，眼睛一直看着自己的脚尖或是墙角，显现出很沉闷的样子。这位总经理还提到，他虽然专业知识非常扎实，长得也算仪表堂堂，但是坐下后双脚一直在不停地抖动，还不时把手夹在两条大腿中间。他说，这种人是典型的不擅长做沟通工作的人。而作为市场部的负责人，沟通本来就是最重要的工作内容。

案例思考：微笑和眼神交流在职场沟通中起到什么作用？

职场中，专业知识重要，综合素质亦不可忽视。微笑和眼神交流是有效沟通的重要部分，可展示自信、亲和力与尊重，利于建立良好人际关系。

知识点

当人们相见时，给人印象最深的就是脸，脸是一张反映自己生理和情感状况的“明细表”。法国作家罗曼·罗兰说过：“面部表情是经过多少世纪培养出的成功语言，是比嘴里讲的要复杂到千百倍的语言。”任何社交活动都离不开各种各样的表情。在人际交往中，与陌生人见面时，人们往往 7 秒钟内就能对这个人做出评价。在这最初的 7 秒钟内，每个人都会自觉或不自觉地用眼睛、面孔、态度来表达自己的真实感受，而常常并不需要通过语言。因此，在一定意义上可以说，把握最初 7 秒的表情可以给对方留下良好的第一印象，缩短双方的感情距离，获得对方的信任，取得对方的尊重，也可使自己的社交形象更有魅力、更有风度。

一、眼神

俗话说：“眼睛是心灵的窗户”，它是人体传递信息最有效的器官，而且能表达最细微、最精妙的差异，显示出人类最明显、最准确的交际信号。正如印度著名诗人泰戈尔所说“在眼睛里，思想敞开或是关闭，放出光芒或是没入黑暗，静悬着如同落月，或者像忽闪的电光照亮了广阔的天空。那些自有生以来除了嘴唇的颤动之外没有语言的人，学会了眼睛的语言，这在表情变化上是无穷无尽的，像海一般的深沉，天空一般的清澈，有黎明和黄昏，也有光明与阴影。”据研究，在人的视觉、听觉、味觉、嗅觉和触觉感受中，视觉感受最为敏感，人由视觉感受的信息占总信息的 83%。在汉语中用来描述眉目表情的成语就有几十个，如“眉飞色舞”“眉目传情”“愁眉不展”“暗送秋波”“眉开眼笑”“瞠目结舌”“怒目而视”等。这些成语都是通过眼睛来反映人们的喜、怒、哀、乐等情感的，人的七情六欲都能从眼睛这个神秘的器官内显现出来。眼神主要由注视的时间、视线的位置和瞳孔的变化三个方面组成。

1. 注视的时间

调查显示，人们在交谈时，视线接触对方脸部的时间约占全部谈话时间的 30%~60%。超过这一平均值，可认为对谈话者本人比谈话内容更感兴趣；低于平均值，则表示对谈话内容和谈话者本人都不怎么感兴趣。不难想象，如果谈话时心不在焉、东张西望，或只是由于紧张、羞怯不敢正视对方，目光注视的时间不到谈话的 1/3，这样的谈话，必然难以被人接受和信任。当然，这也必须考虑到文化背景，如有的国家注视对方可能会被人认为是冒犯。

2. 视线的位置

在社会交往中，由于不同的场合和对象，人们的目光所及之处也是有差别的。有的人在与比较陌生的人打交道时，往往因为不知把目光怎样安置而窘迫不安；已被人注视而将视线移开的人，大多会有相形见绌之感；频繁而又急速地转眼，是一种反常的行动，常被用作掩饰。当然，如果死死地盯着对方或者东张西望，不仅极不礼貌，而且也显得漫不经心。一般来说，视线向下代表权威感和优越感；视线向上代表服从与任人摆布；视线水平代表客观和理智。

3. 瞳孔的变化

瞳孔的变化即视觉接触时瞳孔的放大或缩小。心理学家往往用瞳孔变化大小的规律，来测定一个人对不同事物的兴趣、爱好、动机等。兴奋时，人的瞳孔会扩张到平常的 4 倍大；相反，生气或悲哀时，消极的心情会使瞳孔收缩到很小，眼神必然无光。“含情脉脉”“怒目而视”等都与瞳孔的变化有关。所以，古时候的商人注意到这种现象，他们通过窥视顾客的瞳孔变化，从而猜测对方是否对商品感兴趣，从而决定抬高价格还是降低价格。

二、微笑

著名画家达·芬奇的杰作《蒙娜丽莎》是文艺复兴时期最出色的肖像作品之一。画中女士的微笑给人以美的享受，使人们充满对真善美的渴望，至今让人回味无穷。微笑，是一种特殊的语言——“情绪语言”。它可以和有声语言及行动相配合，起到“互补”作用，沟通人们的心灵，架起友谊的桥梁，给人以美好的享受。工作、生活中离不开微笑，社交中更需要微笑。

微笑是世界通用的体态语，它超越了各种民族和文化的差异。微笑是人人都喜爱的体态语，正因为如此，无论是个人和组织，都十分重视微笑及其作用。

微笑是有规范的，一般要注意 4 个结合：一是口眼结合。要口到、眼到、神色到，笑眼传神，微笑才能扣人心弦。二是笑与神、情、气质相结合。这里讲的“神”，就是要笑得有情入神，笑出自己的神情、神色、神态，做到情绪饱满，神采奕奕；“情”，就是要笑出感情，笑得亲切、甜美，反映美好的心灵；“气质”就是要笑出谦逊、稳重、大方、得体的良好气质。三是笑与语言相结合。语言和微笑都是传播信息的重要符号，只有注意微笑与美好语言相结合，声情并茂，相得益彰，微笑方能发挥出它应有的特殊功能。四是笑与仪表、举止相结合。以笑助姿、以笑促姿，形成完整、统一、和谐的美。

尽管微笑有其独特的魅力和作用，但若不是发自内心的真诚的微笑，那将是对微笑的亵渎。有礼貌的微笑应是自然而坦诚的，是内心真实情感的表露。否则强颜欢笑，假意奉承，那样的“微笑”则可能演变为“皮笑肉不笑”“苦笑”。比如，一侧嘴角上扬的微笑，使人感到虚伪；吸着鼻子冷笑，使人感到阴沉；捂着嘴笑，给人以不自然之感。这些都是失礼之举。

能力点

一、眼神的运用

在社交过程中，与朋友会面或被介绍认识时，可凝视对方稍久一些，这既表示自信，也表示对对方的尊重。双方交谈时，应注视对方的眼鼻之间，表示重视对方及对其发言感兴趣。当双方缄默不语时，就不要再看着对方。当别人说了错话或显拘谨时，可以转移视线，以免对方把你的眼光误认为是对其的嘲笑和讽刺。如果你希望在争辩中获胜，那就千万不要移开目光，直到对方眼神转移为止。送客时，要等客人走出一段路，不再回头张望时，才能转移目送客人的视线，以示尊重。

在谈判中也很讲究眼神的运用。双目生辉，炯炯有神，是心情愉快、充满信心的反映，在谈判中持这种眼神有助于获得对方的信任和合作机会。相反，双眉紧锁、目光无神或不敢正视对方，都会被对方认为无能，可能导致对自己不利的结果。

眼神还可传递其他信息，故意将视线移开的人，大多怀着很强的自卑感。无法将视线集中在对方身上或很快收回视线的人，多半属于内向型性格。仰视对方，表示怀有尊敬、信任之意；俯视对方表示有意保持自己的尊严。频繁而急速地转眼，是一种反常的举动，常被用作掩饰的一种手段，或内疚，或恐惧，或撒谎，需据情做出判断。视线活动多且有规则，表明其在用心思考。听别人讲话，一面点头，一面却不将视线集中在谈话人身上，表明其对此话题不感兴趣。说话时对方将视线集中在你身上的人，表明他渴望得到你的理解和支持。游离不定的目光传递出来的信息是心神不宁或心不在焉。

眼神表达出异常丰富的信息，但微妙的眼神有时是只可意会、难以言传的，只能靠我们在社会实践中用心体察、积累经验、努力把握，方能在社交中灵活运用。

二、微笑的运用

1. 使用微笑的魅力

微笑是真正的“世界语言”。微笑的妙处，在于它的温文尔雅，含而不露，在于它在任何场合都是无往而不胜的有力“武器”。其主要表现为：当赞美别人时，微笑会使你的赞美词更有分量；当拜托别人时，微笑会使对方无法拒绝你的请求；交际中出现僵局时，微笑能够缓解气氛；萍水相逢时，微笑能够使对方觉得你像老朋友一样亲切。微笑还能使对方觉得自己是值得信赖、并能友好相处的人，从而为双方的沟通扫清障碍。

在国际交往中，外交家和企业家视微笑为第一交际语言，并在国际交往及经济交往中加以灵活运用。微笑是一种力量，一种伟大的爱的体现。微笑是财富，它能被世界上几乎所有的人接受。面对困难，微笑包含着勇敢；面对误解，微笑显出宽容；面对挫折，微笑与自信同在；面对冷漠，微笑洋溢着热情。如果没有微笑，生活就会黯淡无光。

2. 微笑的要求与禁忌

微笑必须真诚甜美。真诚的微笑犹如盛开的鲜花。所谓真诚，应当是发自内心喜悦的自然流露，体现一个人的纯朴、坦然、宽容和对人的信任，涌流着心灵的真、善、美，使人感到温暖，令人惬意；使心理距离迅速缩短，怨愤情绪冰释雪融。所谓甜美，应该是笑得温柔友善，自然亲切，恰到好处，给人愉快、舒适、幸福、动人的好感和快感。

在正式场合，不能放肆大笑。在商务工作中不要讥笑，使对方恐慌；不要傻笑，使对方尴尬；不要皮笑肉不笑，使对方无所适从；不要冷笑，使对方产生敌意。总之，笑也要因时、因地、因事而宜，否则毫无美感且令人生厌。

知识拓展

有关“微笑”的诗

“微微一笑并不费力，
但它带来的好处却无法算计。
得到一个笑脸觉得是个福气，
给予一个笑脸也不会损失分毫。
微微一笑虽然只需几秒，
她留下的记忆却不会轻易逝去。
没有谁富有得连笑脸也拒绝看到，
也没有谁会贫穷得连笑脸也担当不起。
微笑为您的家庭带来和顺美满，
微笑支持您在工作中百事如意，
微笑还能帮助传递友谊。
对于疲劳者她犹如休息，
对于失意者她仿佛鼓励，
对于伤心者她恰似安慰。
‘解语之花’‘忘忧之草’的美名她当之无愧，
她买不来、借不到、偷也偷不去，
因为她只能在给人后才变得珍贵。”

微笑作为一种表情，不仅是形象的外在表现，也是人的内在精神的反映，是一种内在学识的外在表现。因此，为人处世中正确掌握微笑的技巧最为重要。一种有分寸的微笑，加上优雅的举止，对于表达自己的主张，争取他人的合作，会起到不可估量的积极作用。

课后探究

1. 阐述眼神礼仪在人际交往中的重要性，并结合实例说明如何在日常生活中应用。

2. 论述微笑如何影响人的心理状态和社交效果，分析微笑在不同场合的适用性。

3. 在日常生活中，选择三个不同的场合（如家庭聚会、工作汇报、商场购物），观察并记录他人的眼神和微笑表达，分析其表达效果和可能的心理状态。

4. 邀请至少三位朋友或同学作为评委，对你的眼神和微笑进行评价，根据反馈制定改进计划并付诸实践。

实训任务二 姿态礼仪

引导案例

专业化的形象

空姐美丽、端庄、大方的外表给人们留下了美好的形象特征。那么,作为一名合格的空姐,怎样才能形成自己的形象特征呢?空姐的形象包括外在和内在两个方面的内容。内在的包括素质的提高、心灵的美和丑;外在包括仪容仪表、语言行为等。外在形象作为内在素质的体现,是以内在素质为基础的,所以只有加强自身的修养,才能做到“内慧外秀”。其实,空姐的专业化形象是在日常的生活中逐渐学习和养成的,不能指望上几天课,就会将自己培养成一名气质出众的空姐。挺胸、抬头、收腹、咬住筷子、头顶书、保持身体平衡,这就是空姐在飞乘中保持良好体态的秘诀,一天下来,空姐们常常累得腰酸背痛、动弹不得。

案例思考:如何塑造专业的职场形象?从空姐的形象养成看职场人士的自我提升。

在职场中,注重形象塑造可留下积极印象,提升个人竞争力。应内外兼修,既关注外在仪表举止,又注重内在素质提高。

知识点

姿态,指的是人的行为动作,它是人的第二语言或副语言。姿态是一个人内在素质的外在表现形式之一,即所谓内在素质的外化。从某种意义上还可以说姿态是一种无声的“自我介绍”,它将一个人内在素质的高低、受教育的程度、能否值得信任等,都真实、自然地告诉了别人。

一、站姿

站姿,是人类身体直立时的姿势,是人类的静态造型,是所有人体动态造型的基础点,是最能体现气质的姿态。一个人无论有多出众的容貌、多标准的体形、多精致的穿着,如果带着一副萎靡不振的站姿,那美根本无从谈起。说到“立如松”的站立要求,包含着两层意思,一是指人的站立姿势要像青松一般端直,二是除了外在身体的姿态体现,还包含了站姿的内化要求,即站姿要有一种坚韧挺拔的精神。职业人员的站姿就应给人以挺拔笔直、舒展大方、精力充沛、积极向上的印象。

(一)站姿的基本要求

站姿的基本要求是正直挺拔、舒展大方、庄重自信。

(1)头正:两眼平视前方,脖颈挺直,下颌微收,嘴角上扬,表情自然,面带微笑。

(2) 肩平：肩部微微放松，稍向后下沉，自然呼吸，两肩平齐、舒展。

(3) 臂垂：两臂自然下垂于体侧，虎口向前，手指自然弯曲。

(4) 躯挺：后背正直，挺胸收腹，提臀，立腰。

(5) 腿并：双腿膝盖夹紧，大腿内侧收紧。

(6) 脚稳：脚跟靠拢，脚尖并拢，身体重心落在两脚中间。

(二) 站姿的要领

站姿的要领是一提、二收、三沉。一提，是指髋骨上提，膝盖拉长；二收，是指腹肌收紧，臀部收紧，两处有相夹的感觉；三沉，是指肩部下沉，头部向上延展。

二、坐姿

席地而坐的跪坐方式是中国古代的主要坐姿之一，在唐代以前基本都是采用这种坐姿，唐代重要场合、庆典仪式上也是采用传统的跪坐姿态，直到宋代，现在的坐姿才普及。古代的传统礼仪发展到现在，在“坐”的方面改变很大，告别了席地而坐，告别了盘膝而坐。坐姿在现代有了新的要求，也被赋予了新的内涵。作为一种静态造型，优雅的坐姿传递着自信、友好和热情，展示着我们的文雅稳重和大方得体。如果你是坐着和多人交流，面对多双眼睛的同时“聚焦”，尤其得注意姿态的自然优雅。

坐姿包括入座、落座、离座三个过程，每个过程又有其相应的基本要求。

1. 入座礼节

入座时，首先要看准位置，即要在适当之处入座。所谓的适当是指要坐在凳子、椅子上而不要出现蹲、踩现象，同时也是指要顾及在座所有人的身份位次，在符合自己身份的位次就座。在正式场合坐姿讲究“左进左出”，动作尽量轻柔和缓。走到座位前，转身后右脚向后撤半步，后腿感觉和椅边碰触，然后从容不迫地慢慢坐下，接着把右脚与左脚并齐，声音要轻，不可与人争抢。女性入座要娴雅，坐下前应用手把裙子向前拢一下，这是为了避免起身时臀部后侧裙子起皱厉害，或者裙子被掖夹在臀下。女士着裙装千万不要撩起裙子就座，这种坐法既不卫生也不雅观。入座时还需注意顺序，礼让尊长，尊长坐下自己方可入座。

坐在椅子上时，一般应坐满椅子的2/3。如果是沙发座，座位较低，又比较柔软，应注意身体不要下滑以至于陷在沙发里。与人面对面会谈时，前10分钟左右不可松懈，应坐正仔细聆听，开始就放松地靠在椅背上显得不够重视对方，不礼貌。正面与人对坐会产生压迫感，两人位置应当稍微偏斜，这样双方都会感觉轻松自然。坐下时如附近坐着熟人，应主动打招呼，即使不认识，也要轻轻点头致意。公共场合若有意坐在别人旁边，需先征得对方的同意。

2. 落座礼节

落座时，应同站姿要求一样，上身正直、舒展（见图2–3–1），下身依据不同场合的要求形成不同姿态（见图2–3–2）。双目平视前方，嘴唇微闭，微收下颌；双肩平正放松，立腰、挺胸，上身自然挺直；双脚并拢，左右大腿大致平行，膝盖弯曲大致成直角，双脚平放在地面上，手轻放在大腿上，男士可在此基础上，膝盖稍分开一拳的距离，双脚分开（见图2–3–3）。

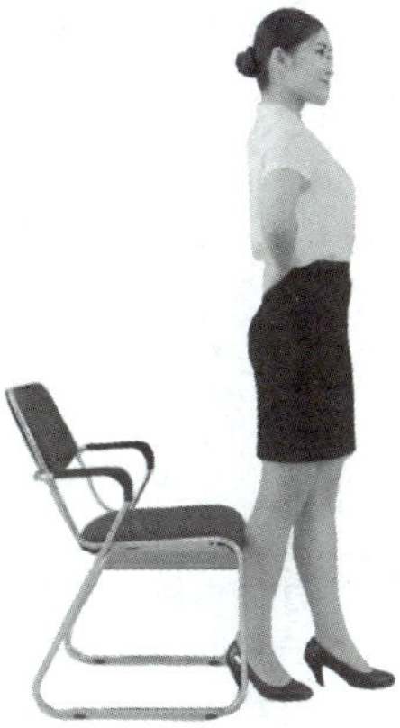

图 2-3-1

图 2-3-2

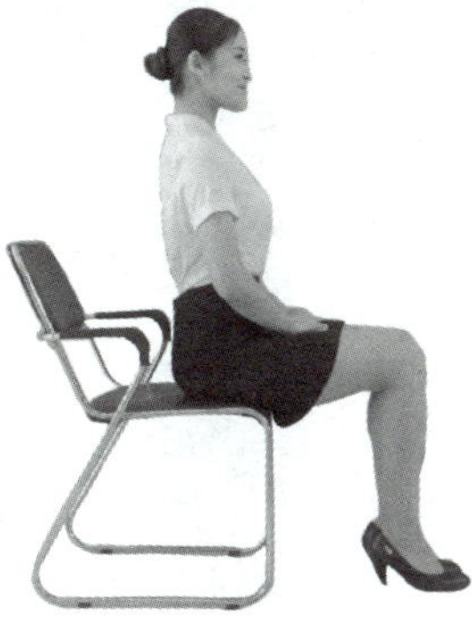

图 2-3-3

3. 离座礼节

起立时,如会对他人造成影响,应先用语言或者动作向对方示意。起身时右脚先向后收半步,立起,向前走一步离开座位,要端庄稳重,不可猛起猛坐,弄响座椅,制造紧张气氛,惊吓到他人。

起身离座同样要注意身份位次问题。一般来说,请位高者先起身离座,然后位次者起身。双方身份相似可同时离座。在公众场合靠近出口者应尽快离座,以免造成拥堵。

三、行姿

行姿是一种动态的姿势,是站姿的一种延续,能在站姿的基础上展示人的动态美。在日常生活和公众场合中,走路虽是最常见、最基本的肢体语言,却是最引人注意的身体语言,能充分地展现一个人的韵味、风度和活力。在生活和职场中,我们会看到很多男士、女士站着、坐着都非常光鲜靓丽,但是一走路形象就不美观了。所以,行姿绝不仅是个人生活的细枝末节,还是塑造职场形象的关键一环。

行姿是以站姿为基础发展而来的,正确的行姿能够体现一个人积极向上,朝气蓬勃的精神状态,不管男士还是女士,走路的时候都要端正,干脆利落。行走时的基本要求是:头抬起,目光平视前方;双臂自然下垂,手掌心向内,手臂以身体为中心前后摆动;上身挺拔,腿部伸直,腰部放松,脚步要轻并且富有弹性和节奏感;表情自然,精神饱满。

1. 方向明确

在行进的过程中,应保持明确的方向,尽可能走在一条直线上。有些人走路时而直走时而斜走,甚至曲线前行,一则不稳重,二则给跟在后面的路人造成干扰。要想做到方向明确,具体要注意:行走的目的方向需明确,行走时尽量以脚尖正对前方,所走的路线形成一条虚拟的直线(见图 2-3-4)。

2. 步位标准

步位,即脚落在地面的位置。男士行走时两脚跟可保持适当间隔,基本前进在一线上,脚尖稍微外展。女性两脚跟要前后踏在同一条直线上,脚尖略外展,也就是所称的“一字步”。走动时步态轻盈,脚部朝前跨时要有一点点朝前踢的感觉,两腿交换时,膝盖似乎有点摩擦感,不要分开(见图 2–3–5)。

图 2–3–4

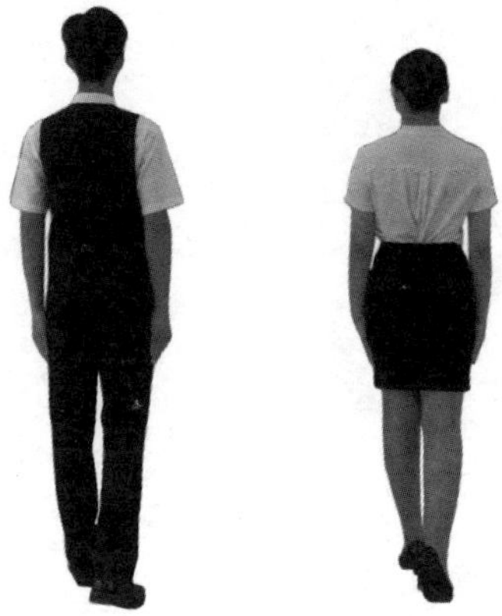

图 2–3–5

3. **步幅适中**

所谓步幅也叫步度,是指在行走时两脚之间的距离。生活中步幅的大小因人而异,但通常应与本人一只脚的长度相近,男性步幅每步大约 40 厘米,女性步幅每步大约 30 厘米,超过足长就会显得步子太大,不及足长又会显得步子太小,走路小心翼翼不够大方。同时,服装和鞋子也会影响一个人的步幅。如女士身穿旗袍,脚穿高跟鞋,就不应迈开大步走,旗袍的温婉之美需要小步幅来体现。穿长裙时,能显出女性飘逸之美,行走时主要要求平稳,步幅可略大。穿着短裙要表现出敏捷、活泼、轻盈之美,步幅同样不宜过大,但是脚步频率可适当调快,保持轻巧灵动的风格(见图 2–3–6)。

4. **姿态优美**

行姿不仅要端正,还有更高的要求那就是姿态优美。姿态优美的第一要求是走路时身体各部位应保持动作的和谐。走动时脚跟先着地,膝盖在脚部落地时一定要伸直,膝盖和脚腕都要富于弹性,腰部要成为重心移动的轴线,双臂在身体两侧一前一后自然轻松地摆动,手臂与身体的夹角一般在 10°~15°。

另外还要纠正一些不良的动作习惯。诸如八字步、低头驼背、左顾右盼、脚擦地面、扭腰摆臀,走路时手插衣袋裤袋、扶腰背手等都是不好的习惯。这些动作不仅不美,还会让人心生反感,职场人员应尽量避免出现上述姿态。总体来说,男性的行姿应具有阳刚之美,展现其矫健、稳重、挺拔的特点;女性则应显得温婉动人,体现其轻盈、秀美的特质(见图 2–3–7)。

5. **速度均匀**

步态美的一个重要方面是步速稳重,在一定的场合,一般应保持相对稳定的速度。步速在一定程度上能反映人的性格脾气,在职场,有人甚至会根据步速来判定一个人的做事风格。比如一般人都认为步速较快之人比较热情、外向、做事积极,但也可能会比较冲动毛躁,而步速较慢之人内敛、稳重、做事细致,但也可能过分谨慎小心。要塑造职场人员健康、沉稳、大气的形象,如非特殊需要,步速太快或太慢都不合适。要使步态保持优美,行进速度应该保持平稳、均匀。

图 2-3-6

图 2-3-7

四、蹲姿

仪态礼仪——蹲姿礼仪

蹲姿相对前面所讲述的站、坐、走来说，用得比较少，但是在工作和人际交往中，比如捡起掉在地上的东西，开会后合影留念等，还是会用到蹲姿。这些时候如果不注意下蹲礼仪，就有可能出现撅臀开腿等不雅情况。正确的蹲姿能够展现职业人优雅、大方的职业形象，也必须引起我们的重视。

蹲姿的基本要领：总的要求是自然、大方，不遮遮掩掩也不大大咧咧。下蹲时身体要稳，不要东摇西晃，用两腿支撑身体，避免滑倒。还要注意蹲姿的优美度，即不允许翘臀、开腿、露胸，头、胸和膝关节尽量在一个角度上。

蹲姿有几种形式，主要是高低蹲、交叉蹲、半蹲三种，另外还有一种是半跪式蹲姿。这几种蹲姿姿态有所不同，适用于不同情况。特别要提醒的是女性无论采用何种蹲姿，应靠紧双腿，下沉臀部，如果上衣领口开口过低，则要用一手压住领口对该部位进行遮挡。

五、手势

手势也是体态语中最丰富且最具表现力的传播媒介，可以说它是“体语”中一个非常引人注目的“角色”。手势所表现的含义非常丰富，表达的感情也非常微妙复杂。如招手表示致意、挥手表达告别、拍手体现称赞、拱手传达致谢、举手是赞同、摆手是拒绝、手搂是亲、手指是怒、手捧是敬、手遮是羞等。手势的含义，或是表示喜恶表达感情，或是传递信息。人在紧张、兴奋、焦急、快乐、悲伤时，手都会有意无意地表现着。

手势在人际交往中有着不可低估的作用，做得得体适度，会在交际中起到锦上添花的作用。与人沟通交流时生动形象的语言再加上准确、精彩的手势动作，一定能使交往更富有感染力、说服力和影响力。在职场中，手势更是有较多的规范和要求，要注意正确地使用。

在运用手势时有其特定的活动范围，一般把它分为上、中、下三个区域，每个区域亦有其特定用法。

1. 上区

肩部以上为上区，多用来表示理想、希望、激昂等感情，表达积极肯定的意思。工作中也常用来指示位于高位的物品，指示物品时手势不要高过头顶（见图 2–3–8）。

2. 中区

肩部至腰部为中区，相对来说，这个区域的动作多表示比较平静的思想。在工作中常用来指引方向（见图 2–3–9）。

3. 下区

腰部以下为下区，一般用来表示失望、不屑、厌烦、不认同等比较消极否定的意思。在工作中请客户入座时的手势应在此区域运用（见图 2–3–10）。

图 2–3–8

图 2–3–9

图 2–3–10

能力点

仪态礼仪——站姿礼仪

一、站姿的种类及禁忌

（一）站姿的种类

俗话说“站有站相，坐有坐相”。这是对人的姿态的最基本的要求。就实际而言，由于男女性别的差异，对其基本站姿又有不同的要求。男士要求稳健，女士要求雅致。

1. **男士的基本站姿**

男士的站姿，根据不同的场合划分，有标准式、前腹式和后背式三种。

（1）标准式。身体立直，抬头挺胸，下颌微收，双目平视，嘴角微闭，面容平和自然，双手放在腿部两侧，手指稍弯曲。双膝并拢，两腿直立，脚跟靠紧，脚掌分开呈“V”形，适用于隆重集会的场合，如升旗、庆典、剪彩等仪式（见图 2-3-11）。

（2）前腹式。身体立直，抬头挺胸，下颌微收，双目平视，嘴角微闭，面容平和自然，脚位平行，两脚之间距离不超过肩宽，两手手指自然并拢，双手轻贴在腹部，不要挺腹或后仰（见图 2-3-12）。

（3）后背式。身体立直，抬头挺胸，下颌微收，双目平视，嘴角微闭，面容平和自然，脚位平行，两脚之间距离不超过肩宽，两手手指自然并拢，右手搭在左手上叠放在背后（见图 2-3-13）。

图 2-3-11

图 2-3-12

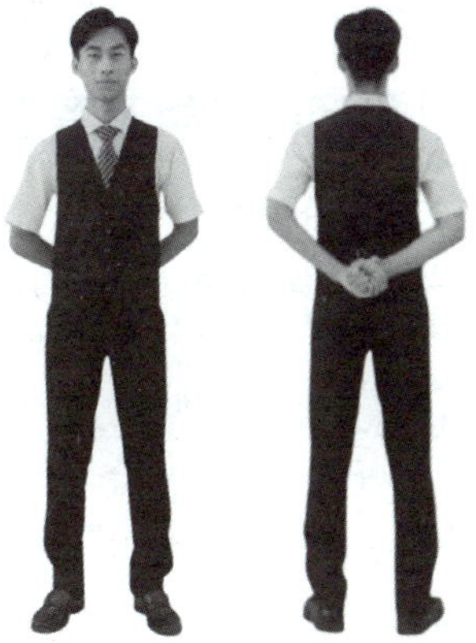
图 2-3-13

2. **女士的基本站姿**

女士的站姿一般分为标准式、“V”字步、“丁”字步。

（1）标准式。身体立直，抬头挺胸，下颌微收，双目平视，嘴角微闭，面带微笑，双手放在腿部两侧，手指稍弯曲；双膝并拢，两腿直立，脚跟靠紧，脚尖分开呈“V”形，适用于隆重集会的场合，如升旗、庆典、剪彩等仪式（见图 2-3-14）。

（2）“V”字步。身体立直，抬头挺胸，下颌微收，双目平视，嘴角微闭，面带微笑，两手自然并拢，大拇指交叉，右手放在左手上，轻贴在腹前，双膝并拢，两腿直立，脚跟靠紧，脚尖分开呈“V”形（见图 2-3-15）。

（3）“丁”字步。身体立直，抬头挺胸，下颌微收，双目平视，嘴角微闭，面带微笑，两手自然并拢，大拇指交叉，右手放在左手上，轻贴在腹前，左脚向前，脚跟靠于右脚内侧中间位置，成左“丁”字步（见图 2-3-16）。

（二）站姿的禁忌

在工作岗位上，职场人员要尽量做到“挺（身体挺拔）、直（脊柱笔直）、高（重心提高）”。站姿忌身躯歪斜、弯腰驼背、抓耳挠腮；忌双手抱胸或叉腰；忌趴伏倚靠、半坐半立；忌在站立时身体频繁地变动姿态，或是手位、脚位放置不当。这些都会

图 2-3-14

图 2-3-15

图 2-3-16

让一个人的站姿变得十分难看而有失稳重。

二、坐姿的种类及禁忌

（一）坐姿的种类

俗话说："坐如钟。"坐姿是人际交往中人们采用最多的一种姿势，它是一种静态姿势。优雅的坐姿会给人一种端庄、稳重、威严的美。

1. 标准坐姿

标准坐姿的总体要求是坐下后上身保持挺直，两肩放松，下巴向内微收，脖子立直，挺胸立腰，并使背部和臀部成一直角，双手自然放在双膝上，两腿自然弯曲，小腿与地面基本垂直，两脚平落地面。在不同场合，坐姿可以视情况和需要有所变化。另外男士和女士的坐姿也有所不同。

2. 男士坐姿

(1) 标准式。小腿垂直于地面，双膝微分成 45°（见图 2-3-17）。

(2) 前伸式。在标准式的基础上，双脚向前伸一脚的长度，左脚在前半脚的样子，脚尖不要翘起（见图 2-3-18）。

图 2-3-17

图 2-3-18

(3) 交叉式。小腿微微前伸，两脚脚踝处交叉靠拢重叠。右腿叠置于左腿膝上，腿不可外翘，脚尖自然下垂。

3. **女士坐姿**

(1) 标准式。上身立直，双脚并拢，垂直于地面（见图 2–3–19）。

(2) 前伸式。在标准式的基础上，小腿向前略微伸出，两脚并拢，不翘脚尖（见图 2–3–20）。

(3) 交叉式。在前伸式的基础上，右脚后缩紧靠在左脚脚踝处，两脚交叉，两脚尖着地（见图 2–3–21）。

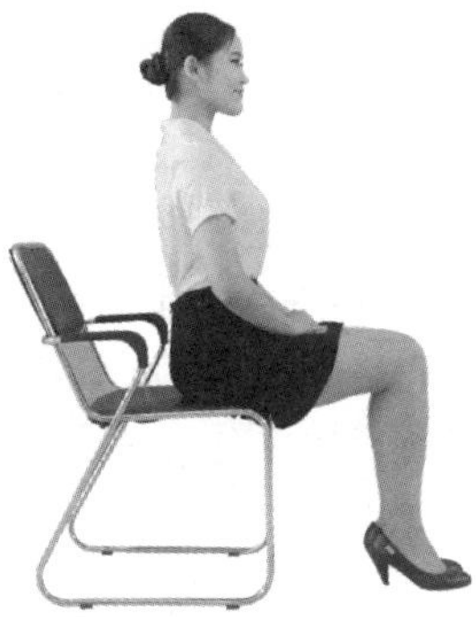

图 2–3–19

图 2–3–20

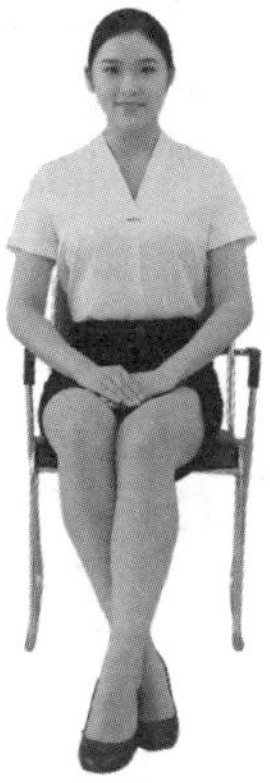

图 2–3–21

(4) 侧点式。两腿向左侧或右侧斜出，膝盖保持并拢，脚尖尽量朝外展开，和小腿形成一条直线，在视觉上有拉长腿部线条的效果。也可在侧位两腿重叠坐（见图 2–3–22）。

(5) 点丁式。双膝靠紧，双脚成丁字步姿态，前脚掌着地，并在一条直线上（见图 2–3–23）。

(6) 重叠式。把一条腿放置在另一条腿的上面，双腿靠紧，膝盖收拢，脚尖朝向地面（见图 2–3–24）。

(7) 侧挂式。在侧点式的基础上，把一条腿放置在另一条腿的上面，上面脚的脚尖抵住下面脚的脚腕处（见图 2–3–25）。

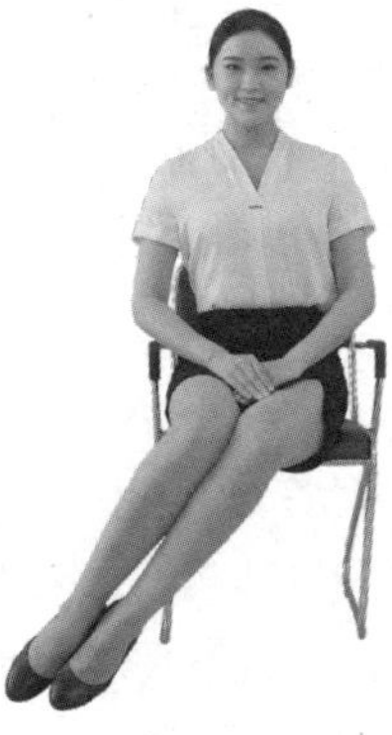

图 2–3–22

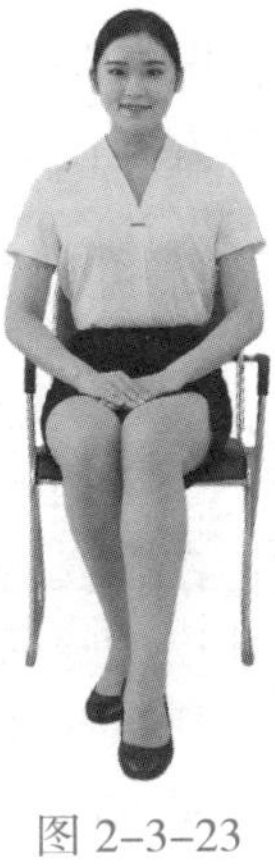

图 2–3–23

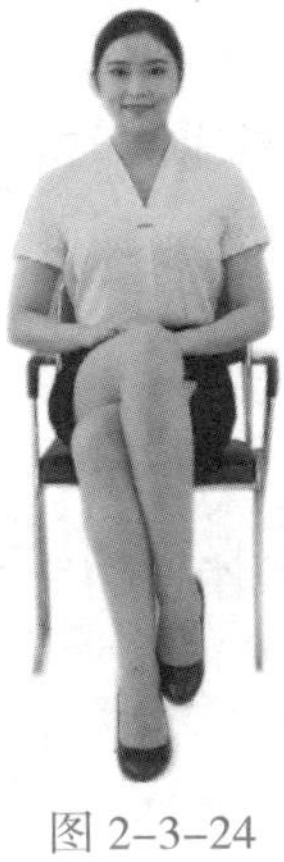

图 2–3–24

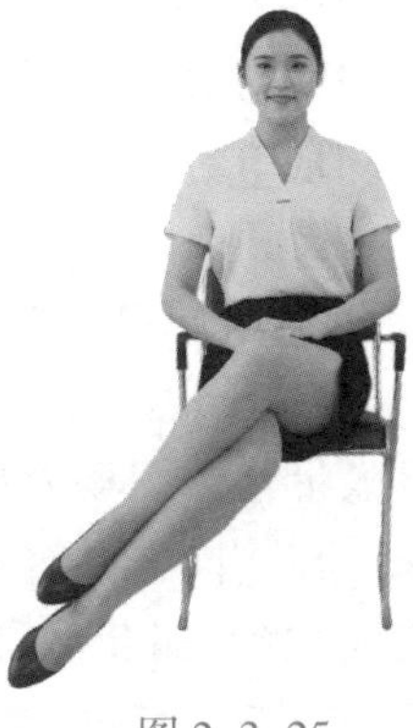

图 2–3–25

（二）坐姿禁忌

1. 头部乱晃

坐姿要如钟，稳重端庄。坐定之后，头部要摆正，不要仰靠在座位背上，头部乱晃会显得高傲又散漫；也不要低头注视地面和双脚，会显得拘谨和不自信。坐下后左顾右盼、摇头晃脑更是不允许的。在办公室看桌上文件材料可以俯头，但在回答问题时必须抬头看向对方或面部侧向对方，不能用后脑勺对着对方。

2. 身体不正

很少有人坐下后姿势是完全对称的，不是左倚就是右靠。轻微的不平衡不影响美观，但是有些职场人员坐下后就像被抽了骨头，上身前俯后仰，或是东倒西歪，这样的形态不仅难看，更有甚者会被别人认为缺乏教养。

3. 手部错位

坐下之后，手的动作有一些讲究，比较忌讳的动作是双手抱臂、抱膝，这个动作从心理学上分析有防御和紧张之感，带着犹豫和不确定，因此要想获得别人的信任，必须把手放下。不宜摸手抚腿，这个动作让别人看见容易误解为暧昧暗示动作。勿将双手夹在两腿之间或放置于桌下，也不要坐下后当众做些不雅的小动作，比如挖鼻孔、抠耳朵、把玩头发等。

4. 腿脚失仪

无论是男士还是女士，坐下时双腿分开过大，或双腿过分向前伸张，或把腿架在椅子、茶几、沙发扶手上，都不雅观。坐时应避免内八字或外八字，因为脚尖朝内或者朝外都显得不雅。当跷二郎腿时，悬空的脚尖应朝下或朝向他处，切忌朝天或指向他人，同时不要上下抖动。另外双腿不要一直改变位置来回交叉，这个肢体语言表示身体欠佳或意味着想要离开。

三、行姿的种类及禁忌

（一）不同场合的行姿

在具体的实践工作中，职场人员的行姿在不同情况下，有着不同的要求和规范，需要特别给予关注。

1. 与客人迎面相遇时

在行进过程中，当客人从对面走来，员工应放慢步伐，在离客人大约 2 米处，目视客人，面带微笑，轻轻点头致意，并且伴随“您好”等礼貌问候语言。在与客人擦肩而过时员工的头和上身应同时转动并向客人问候，不能斜视他人。在路面较窄的地方，或是在楼道上与客人相遇，应面向客人让客人先行，而不是将后背转向客人。

2. 陪同引导客人时

在工作中，陪同指的是陪伴客人一同行进。引导指的是在行进中引领客人，为客人带路。职场人员在进行陪同引导时，一般走在客人的左前方 1 米处。

在陪同引导客人的时候，服务人员的行进速度须尽量配合客人的步幅，如果太快或太慢，都会显得怠慢客人、我行我素。陪同引导时，还要注意及时给予客人关照和提醒。经过楼梯拐角或道路不平、昏暗之处时，须提醒对方加以留意。

3. **上下楼梯时**

在上下楼梯时，应坚持“右上右下”原则，以方便对面上下楼梯的人。

（二）行姿的禁忌

走路时，应避免方向不定，忽左忽右，否则容易让人觉得你惊慌失措，也不可奔跑蹦跳。

走路时，不要左顾右盼，显得心神不定。尤其是不要频频转头或看着别人，让别人感觉如同被监视偷窥，异常不舒服。

走路时，避免声音过大干扰路人。行走时不要用力过猛，鞋底频擦地面，砰砰作响，影响他人。

三人或多人一起行走时，应避免排成横队或勾肩搭背占据道路，尤其是在移动电梯或狭窄之处。有急事要超过前面的行人时，不得硬挤，应道歉示意，快步超过。

四、蹲姿的种类及禁忌

（一）蹲姿的种类

1. **高低式蹲姿**

男士通常会选用这个蹲姿，比较自然方便，女士在一般情况下也可以使用。下蹲时一脚在前，一脚稍后，前脚应完全着地，小腿基本上垂直于地面，后脚则应脚掌着地，脚跟提起。后脚膝盖靠在前脚小腿内侧，形成一高一低姿态。臀部必须向下，不可翘起，避免使身体这块部位暴露在别人视线底下。女性应并拢两腿，膝盖相抵，男性双腿可以适度分开。这种蹲姿的特征就是双膝一高一低，服务人员选用这种蹲姿既方便又优雅（见图 2–3–26）。

2. **交叉式蹲姿**

这个姿态通常适用于女士，尤其是女士在穿着短裙时，用这个蹲姿不易走光，显得非常优雅，通常用于各类合影、礼仪小姐在正式场合需下蹲的时候。

下蹲时，右脚在前、左脚在后，右小腿垂直于地面，全脚着地。右腿在上，左腿在下，两者交叉重叠。左膝由后下方伸向右侧，左脚脚跟抬起，并且脚掌着地。两腿前后靠近，合力支撑身体。上身略向前倾，臀部朝下。这个动作要注意上身需要保持直立状态，两手交叠轻放在膝盖上（见图 2–3–27）。

图 2–3–26

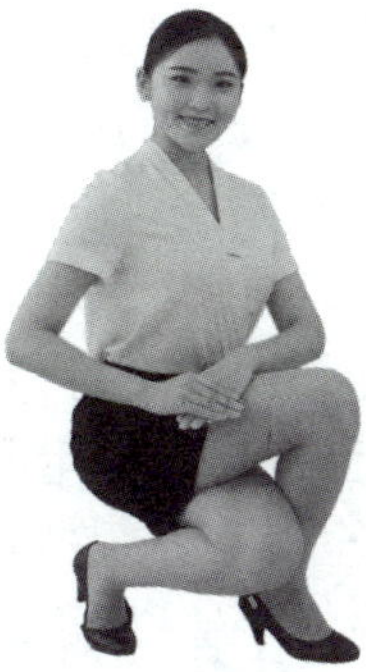

图 2–3–27

（二）蹲姿禁忌

1. 不可随意滥用

蹲姿是在特殊情况下的姿势，所以不可随意滥用。通常是在整理工作环境、给予客户帮助、捡拾地面物品或提供必要服务时采用的姿态，如无故频繁使用，只会让人感觉过犹不及。

2. 不可速度过快

使用下蹲姿态的时候，应尽量使动作从容大方，切勿速度过快，尤其是在行走的过程中下蹲时更要注意这一点，以免让不明就里的人以为在抢着捡东西，引起误解。

3. 不可距人过近

下蹲时应注意和别人保持一定距离，以免给他人造成干扰。如果两人同时下蹲，更不能忽略双方距离，避免彼此迎头相撞。

4. 不可方位失当

在他人身边下蹲时，最好是与之侧身相向。正面面对他人或是背部对着他人下蹲，通常都是不礼貌的。另外，职场人员在工作时也不可蹲在椅子上或蹲在地上休息。

5. 不可毫无遮挡

蹲姿优雅非常重要的关键点就是不可因为下蹲而暴露身体。大庭广众之前下蹲时，身着裙装的女性一定要避免个人的隐私暴露在外，弯腰捡拾物品、下蹲拍照，和给客户服务等切勿出现两腿叉开、臀部向后撅起、胸口内衣暴露等现象。

迎客礼仪

五、手势规范

职场人员在工作时的手势除了自然、得体等基本要求，具体的还要根据所处场合及所做动作进行变化，有一点尤其要注意的是：职场人员的手势必须遵从该行业的行为规范，这就让一些日常生活中看似微不足道的手势有了特定的要求。

1. 手持物品

⑴ 干净卫生。在和客户交往的过程中，如遇到取拿递送物品时，务必要注意卫生。尤其是食品，取送的过程都有基本的动作规范。如敬茶、斟酒、上菜等，千万不要让手指碰触到杯子盘子边沿；冲泡茶水时不能用手去抓取茶叶，需用茶匙舀取；手持酒瓶倒酒时需用白色餐巾裹住酒瓶，手不能碰触酒瓶口。工作时如需要递送文件也应保持手部干净，不能在文件上留下手印。

⑵ 到位自然。有不少物品，在需要手持时，应该将手置于特定之处，即手持物品要到位。比如提箱子应当拎提手，拿杯子应握杯耳，男士的皮包除了夹包之外不可夹在腋下，需拎住手环等。持物时若手不能到位，不但不自然、不方便，而且也容易引起操作失误。手持物品时，职场人员可依据个人能力与实际需要，斟酌采用不同的手势，但持物时一定要避免手势夸张，从而失去自然美。

⑶ 安全稳当。手持物品时，还要保证持物人和所持物品的安全。如敬茶时需采用最保险的手势，不可动作过大，以免茶水四溅烫伤对方。具体在工作中可以根据物体的重量、形状及易碎程度来采取相应的手势，切记确保物品的安全，尽量轻

拿轻放，防止伤人或伤己。

2. **递接物品**

递物和接物是工作中不可避免的举动，虽然很小，但是做好了却能给人留下难忘的印象。递物接物的基本原则是尊重他人。

(1) 双手为宜。按照中国人的习惯，一般情况下递接物品用双手为最佳，双手递接物品表示对人的尊重(见图 2–3–28)。比如职场递送名片、递送文件等，都要求用双手。在一些特定场合，如不需用双手去接时则一般选用右手，用左手递接物品，通常被视为是失礼之举。尤其是一些地区有着特殊的风俗禁忌，比如印度、泰国都忌讳用左手递送物品，会被别人认为极不尊敬对方。

(2) 尖、刃内向。将带尖、带刃或是其他易于伤人的物品递给他人时，切忌以尖、刃部位直指对方，一来显得对对方不尊重，二来也容易出危险。合乎服务礼仪的做法是，应使尖、刃朝向自己或是朝向他处，双手递送给对方，然后加以语言提醒(见图 2–3–29)。

图 2–3–28

图 2–3–29

(3) 递于手中。递给他人的物品，应直接交到对方手中为宜。同时，在递物时应遵循让对方便于接取的原则。如果双方相距过远，不能把物品直接丢给对方，或者在桌上直接滑过去，应主动走近对方，用双手递送过去。在将带有文字的文件物品递交给他人时，要注意使文字的正面朝向对方，方便对方阅读。如需对方签字，应用标准手势，而不是用食指或中指指点。另外如自己是就座状态，而对方是站立状态，在递接物品时应尽量起身，以示尊重(见图 2–3–30)。

图 2–3–30

3. **展示物品**

工作中如遇向客户展示物品的情况，在手势上也有三点需要注意：

(1) 便于观看。展示物品时，一定要方便现场的观众观看，并且尽可能兼顾到所有观众的视线。因此，一定要将被展示的物品正面朝向观众，举到一定的高度，如果产品需要多角度展示或者四周都站着参观者，那就需要变换不同的角度，让所有的观众都看清需展示的物品。另外展示的时候还要注意展示的时间，以便能让观众充分观看，不可“草草收场”。

(2) 手位正确。不同的手位姿态形成的展示效果会有所不同，而场地、人员、物品等相关条件反过来也制约着展示效果，因此，职场人员要根据不同情况学会不同的展示方法。被人围观时，可将物品举至高于双眼之处展示物品。如果要给人以稳重大方的感觉，则双臂持物向前伸出，活动范围自肩至肘之处，物品展示方位上不过眼部，下不过胸部。要让人看清展示之物，目光聚集于展示品，则可以将物品举至双臂横伸时肘部以外。将物品放置在腰部以下展示，会显得异常小气，有偷偷摸摸之嫌，而且观众的目光也无法聚焦展示品。

(3) 操作标准。工作人员在展示物品时，不论是口头介绍还是动手操作，均应符合有关标准。解说时，口齿清晰、语速适中、要点明确；动手操作时，干净利索，速度适宜，并根据需要进行必要的重复。此外还应注意展示时的个人表情，要面带微笑，眼看观众，落落大方，诚实可信。

4. 引领手势

经常有人在指示方向或者引导客户时，伸出食指单指指向方位，然后告诉对方“你要找的就在那边”“往那边走”等。这其实是非常不礼貌的手势，在职场，引领手势有其严格的规范。标准的引领动作和所用的场合要求如下：

(1) 横摆式。迎接来宾做“请进”“请”时常用横摆式。其动作要领是：右手从腹前抬起向右横摆到身体的右前方，腕关节要低于肘关节。脚站成右丁字步，或双腿并拢，左手自然下垂或放置腹前。头部和上身微向伸出手的一侧倾斜，目视宾客，面带微笑，表现出对宾客的尊重、欢迎（见图 2–3–31）。

(2) 直臂式。适用于引导或者指示物品所在之处。需要给宾客指方向且该方向位置较远时可用直臂式，表达“请往前直走”的意思。其动作要领是：将右手由前抬到与肩同高的位置，前臂伸直，用手指向来宾要去的方向或要指向的物品。注意指引方向，不可用一根手指指出，显得不礼貌。

(3) 斜臂式。请来宾入座表达“请坐”意思时常用该手势。手先从身体的一侧抬起，到高于腰部后，再向下摆去，使大小臂成一斜线，手势应摆向座位的地方（见图 2–3–32）。

图 2–3–31

图 2–3–32

(4) 双臂横摆式。当举行重大庆典活动，接待较多来宾时表达“诸位请”的意思或指示方向时可采用的手势。其动作要领是：将双手由前抬起到腹部，再向两侧摆到身体的侧前方，这是正面朝向来宾时的动作。若是站在来宾的侧面，则两手从体前抬起，同时向一侧摆动，两臂之间保持一定距离。表示“请”的意思时动作可以稍大一些，以示热情。

知识拓展

手势禁忌

手势是人的第二面孔，具有抽象、形象、情意、指示等多种表达功能，在职场活动中，常有一些人员在不经意间带出一些日常生活中的惯用手势。这些手势若不雅观容易让人观之不快，若表达不清容易引起误解。不同的文化背景、风俗习惯，人们对手势的理解也不尽相同，一些相同的手势被赋予了不同的含义。因此，作为职业人不能随意做出一些不合礼仪的手势语，必须理清职场禁用手势基本范围，否则会给别人造成没有教养的印象。下面的手势需要在职场慎用或禁止：

(1) 指指点点：工作中绝不可随意用手指对服务对象指指点点，与人交谈更不可这样做。指着别人说话，往往引起他人较大的反感。

(2) 随意摆手：在接待服务对象时，不可将一只手臂伸在胸前，指尖向上，掌心向外，左右摆动。这个动作的一般含义是拒绝别人，甚至还有极不耐烦之意。

(3) 端起双臂：双臂抱起，然后端在胸前这一姿势，往往暗含孤芳自赏、自我放松或置之度外、袖手旁观、看他人笑话之意。

(4) 双手抱头：这一体态的本意是自我放松，但在服务时这么做，则会给人以目中无人之感。

(5) 摆弄手指：工作无聊时反复摆弄自己的手指，活动关节或将其捻响，打响指，或是手指动来动去，在桌面或柜台不断敲扣，这些往往会给人不严肃、很散漫之感，令人望而生厌。

(6) 手插口袋：这种表现会使客人觉得服务人员忙里偷闲，在工作方面并未尽心尽力。

(7) 搔首弄姿：这种姿态，会给人以矫揉造作、当众表演之感。

(8) 抚摸身体：在工作之时，有人习惯抚摸自己的身体，如摸脸、擦眼、挠头、挖鼻、剔牙，这会给别人缺乏公德意识，不讲究卫生、个人素质较低的印象。

(9) 勾指手势：请他人向自己这边过来时，用一只食指或中指竖起并向自己怀里勾，其他四指弯曲，示意他人过来，这种手势对人极不礼貌。

课后探究

1. 仪态礼仪与个人气质和魅力之间的关系是什么？如何通过仪态礼仪来提升自己的气质和魅力？

2. 非言语沟通在人际交往中占据了很大的比重，请谈谈仪态如何作为一种非言语沟通方式，在职场中发挥作用。

3. 请拍摄一段自己日常的仪态视频，包括站姿、坐姿、走姿等动作。然后，与标准仪态进行对比，找出自己的不足并制定改进计划。

4. 尝试设计一种新颖、有趣的仪态训练方式，可以是结合现代科技（如VR、AI等）或是融合其他展现形式（如舞蹈、瑜伽等）。请详细描述你的设计方案并预测其效果。

实战演练

实训项目①：魅力之眸，微笑之美

1. 实训目标

掌握正确的眼神和微笑礼仪，提升个人形象和交际能力，为日常生活和工作中的有效沟通奠定基础。

2. 实训步骤

（1）理论知识：整理表情礼仪的知识要点，内容包括眼神的交流方式和微笑的表达方法。

（2）基础训练：

① 眼神训练。

睁大眼睛训练：有意识地练习睁大眼睛的次数，增强眼部周围肌肉的力量。

转动眼球训练：头部保持稳定，眼球尽最大的努力向四周做顺时针和逆时针360°转动，增强眼球的灵活性。

视点集中训练：点上一支蜡烛，视点集中在蜡烛火苗上，并随其摆动，坚持训练可使目光集中、有神，眼球转动灵活。

目光集中训练：眼睛盯住3米左右的某一物体，先看外形，逐步缩小范围到物体的某一部分，再到某一点，再到局部，再到整体。这样可以提高眼睛明亮度，使眼睛十分有神。

影视观察训练：观看录像资料，注意观察和体会优秀影视剧中的演员和节目主持人是如何通过眼神表达内心情感的。

② 微笑训练。

情绪记忆法：在生活中，遇到高兴的事件，情绪就会储存在记忆中。当需要微笑时，可以想起那件最使你兴奋的事件，脸上就会流露出笑容。注意练习微笑时，要使脸颊肌肉用力向上抬，嘴里念“一”音，用力抬高口角两端，注意下唇不要过分用力。普通话中的“茄子”“田七”“前”等的发音也可以辅助微笑口型的训练。

对镜训练法：对着镜子练习微笑，调整自己的嘴形，注意与面部其他部位及眼神的协调，做最使自己满意的微笑表情，到离开镜子时也不要改变它。

（3）模拟演练：分组进行模拟场景练习，如商务谈判、社交聚会等，练习正确的眼神和微笑表达。通过角色扮演的方式,体验不同情境下的眼神和微笑表达方式。

(4) 个人展示并进行互评,教师点评。

3. **考核评价(见表 2-3-1)**

表 2-3-1 魅力之眸,微笑之美实训项目考核评价

评分项目	标准与要求	分值	得分	总分
表情礼仪知识	准确理解表情礼仪的内涵和定义	20		
眼神交流	眼神自然,与交流对象保持适度的目光接触,表现出尊重和关注	20		
微笑表达	微笑自然,能根据不同情境调整微笑的程度和表达方式,具有亲和力	20		
礼仪规范	在模拟场景中展现出正确的表情礼仪	20		
汇报展示	准确地运用表情礼仪传达情绪	20		
实训项目评价				
自我评价				
同学评价				
教师评价				

实训项目②:优雅仪态,职场之旅

1. **实训目标**

深入了解仪态的基本要求,亲身体验和实践仪态礼仪,培养应对各种场合的能力,全面提升仪态素养。

2. **实训步骤**

(1) 理论知识:整理仪态礼仪的知识要点,包括站姿、坐姿、走姿、蹲姿、手势等动作规范及运用技巧。

(2) 基础训练:

① 站姿训练。

面向镜子按照动作要领体会标准的站姿,为了使双腿站直,可两腿之间夹一本书进行训练;靠墙站立,要求后脚跟、小腿、臀、双肩、后脑勺都紧贴墙,进行整体的

直立和挺拔训练，每次训练20分钟左右(应坚持每天1次)；在头顶放一本书使其保持水平，促使人把颈部挺直，下巴向内收，上身挺直，每次训练20分钟左右(应坚持每天1次)。

② 坐姿训练。

面对镜子，按坐姿基本要领，着重对脚、腿、腹、胸、头、手部位的训练，体会不同坐姿，纠正不良习惯，尤其注意起座、落座练习，每次训练20分钟(应坚持每天1次)；利用器械训练，增强腰部、肩部力量和灵活性，进行舒肩展背动作练习。

③ 行姿训练。

在地面上画一条直线，行走时手部掐腰，上身正直，双脚内侧踩在线上，行走时按要求走出相应的步位与步幅，可以纠正行走时摆胯、送臀、扭腰以及"八字步态"、步幅过大过小的毛病。训练时配上行进音乐，音乐节奏为每分钟60拍；头顶书本行走，进行整体平衡练习。重点纠正行走时低头看脚、摇头晃脑、东张西望、脖颈不正、弯腰弓背的毛病；进行原地摆臂训练。站立，两脚不动，原地晃动双臂，前后自然摆动，手腕进行配合，掌心要朝内，以肩带臂，以臂带腕，以腕带手，纠正双臂横摆、同向摆动、单臂摆动、双臂摆幅不等的现象；对着镜子行走，进行面部表情等的整体协调性训练。

④ 蹲姿训练。

加强腿部膝关节及踝关节的力量和柔韧性训练，具体方法是压腿、踢腿、活动关节；有意识地、主动经常地进行标准蹲姿训练，形成良好习惯。

⑤ 手势训练。

先观看视频资料，调整体态，保持良好的站姿，然后开始训练。每两人一组，面对镜子练习常用手势，包括：招呼他人、挥手道别、指引方向、递接物品(如剪刀、文件等)、鼓掌、展示物品等手势，并互相纠正。

(3) 模拟演练：分组进行模拟场景练习，如对客服务、社交聚会等，练习规范的仪态姿势。通过角色扮演的方式，体验不同情境下的仪态的表达方式。

(4) 小组展示并进行互评，教师点评。

3. 考核评价(见表2-3-2)

表2-3-2　优雅仪态，职场之旅实训项目考核评价

评分项目	标准与要求	分值	得分	总分
仪态礼仪知识	准确理解仪态礼仪的内涵和规范	20		
仪态动作规范	站姿、坐姿、走姿、蹲姿、手势等动作符合标准要求	20		
自信程度	展现出自信的态度和气质	20		
场景应对能力	在不同场景中能灵活运用仪态礼仪	30		
团队协作精神	在小组讨论和场景模拟中表现出良好的团队协作精神	10		

续表

实训项目评价	
自我评价	
同学评价	
教师评价	

自测题

模块三

面试礼仪

面试是求职者展示自身能力和素质的关键时刻，而面试礼仪则是展现个人修养和职业素养的重要方式。面试是一种在特定的场景，通过考官对考生的面对面的交谈、观察等主要手段，由表及里地测评考生的知识、能力、经验等有关素质的考试活动，是一种企业挑选员工的重要方式，是进入公司非常重要的考核过程。面试对求职者就业而言，是其人生发展中一次重要的转折点，是能否顺利完成从学生角色到社会角色的转变，逐步走向成功的关键。通过良好的面试礼仪，求职者可以给面试官留下深刻而良好的印象，提高自身的就业竞争力。

本模块包含面试礼仪的重要性、面试前的准备工作、面试着装规范、面试仪容要求、面试材料设计原则、面试自我介绍与沟通技巧、面试姿态与动作规范、面试结束礼仪、不同面试场景的应对策略等。

项目一　面试准备

学习目标

- 知识目标：了解面试的一般流程和注意事项；
  了解面试形象礼仪的设计要点和重要性；
  掌握求职材料的核心要素以及使用策略。
- 能力目标：能根据不同职位和场合选择合适的着装和形象；
  能结合自身特点，有针对性地准备面试材料；
  具备有效展示自身能力和素质的技巧。
- 素养目标：培养自信、冷静的心态，提升职业素养和专业素养，增强自我认知和自我推销能力。

本项目主要包括：了解面试的一般流程和注意事项、了解面试形象礼仪的设计要点和重要性、掌握求职材料的核心要素以及使用策略。这些准备能帮助求职者建立自信、培养职业素养，增强竞争力。了解面试流程能让求职者把握时间节点，提高面试效率；掌握面试礼仪有助于求职者展现良好的个人形象，赢得面试官的信赖；掌握求职材料的核心要素有助于求职者精准定位自身，展现优势，提升求职成功率。

实训任务一　面试形象

引导案例

面试着装风波

程芳菲要到一家外企去应聘秘书职位。在去面试之前，她对自己进行了精心的修饰：身着时下最流行的牛仔套裙，脚蹬一双白色羊皮短靴，手拎橘色皮包。为了和这身打扮配套，程芳菲还特意化了彩妆。她对自己的打扮相当满意。来到公司后，程芳菲发现自己在众多应征者中显得是那么与众不同，她甚至感到一点得意。正在这个时候，程芳菲碰见了恰好来此处办事的好朋友徐美瑞。“你也来找人吗？”徐美瑞问。“我是来应聘的。”“应聘？你的这身打扮更像约人去喝下午茶。”快人快语的徐美瑞说道。“是吗？”程芳菲疑惑起来，她扫描了一下四周，果然其他人穿的都是素色职业套装。程芳菲的心情一下子变得不安起来，最初的自信也被动摇了。在后来的面试中，程芳菲完全因为这次不合时宜的着装乱了阵脚，面试结果也就不言而喻了。

案例思考：在面试中，着装对面试结果有多大的影响？

职场着装得体，关乎个人形象与专业素养。应提前准备，了解公司文化，明确场合需求，面试应着正式职业装，留意细节，如颜色搭配等避免随意夸张影响整体形象。

知识点

面试准备

印象是求职的第一块敲门砖。得体的仪表、文雅的举止，是一个人基本素质的外在表现，不仅能赢得他人的信赖，给人留下良好的第一印象，还能增强人际吸引力。在招聘过程中，越来越多的用人单位开始意识到求职者的仪表、举止与个人素质之间的联系，不注重面试形象必然会影响求职择业。

一、男士着装礼仪

当你参加求职面试时，应当适当地打扮自己，总的原则是：不一味追求华丽时髦，以端庄得体的职业服装为宜。

在职场中男士职业装一般以西装为主，女士则以套装、套裙为主，整体要求是着装必须庄重、整齐，给人以信赖感，同时职业着装也要注意它的实用性、艺术性和标识性。充分体现对他人的尊重，显示行业、企业风貌。

（一）西装的选择

西装是男士通用的职业服装，也是现代社交活动中最得体的服装之一。许多涉外机构，包括国内一些大企业，明文规定职员不能穿短裤、休闲装上班，要求男士必须穿西服打领带。一些剧院也规定了观看者须着西服。男士服装的流行式样变化较小，因而应准备几套做工考究的西装以应对各种社交场合。

男士西服一般分为美式、英式和欧式三类。男士西装也分西服套装和西服便装。西服套装有两件套和三件套（外套、马夹、裤子）、双排扣和单排扣、三个扣眼和两个扣眼之分。

一般男士最好备三套正式西装，应选用较好的毛织品或毛涤混纺织物，采用不鲜艳、没有明显图案的单色。做工要精细，裁剪要合体，式样可趋于保守。为了提高每套西装的利用率，可选偏暗的色彩，适用于办公室、会议、宴会等多种场合。平时上班或参加不太正式的社交活动，可以不穿马夹，只穿套装。有条件的，西装不妨多备一两套，暗色、中性色均有，以分别用于不同场合。

西装的上衣如果是双排扣，不管在什么场合都应把纽扣全部扣上；单排扣西装则可因场合而定，一般两个扣眼的只扣上面一个；三个扣眼的可扣第二个。如全部扣上显得拘谨；扣第一个显得土气；只扣第三个显得不雅；在非正式场合全部敞开却既潇洒自由，又不失礼。但参加宴会、婚礼等正式场合必须扣上扣子。

西服套装要与领带、衬衫配套穿。在社交场合，穿西服套装一定要系领带，穿衬衫。在正式场合穿西服套装不仅要配领带与衬衫，而且衬衫领子要挺括、合体，颜色一般为浅色，白色衬衫能搭配多种色彩的西装。西装衬衫领子的式样分为标准领、立领、宽角领等。

与西装配套穿的毛衣、毛背心应是“V”形领，领带应放在“V”领毛衣里面。一身得体的西装，配上一条精致的领带，会使男士尽显风度，领带对西装有“烘云托月”的作用。

（二）西装的搭配

男士穿着西服套装时应注意：合体上衣应长过臀部，四周下垂平衡，手臂伸直时上衣的袖子恰好过腕部。领子应紧贴后颈部。衬衫领子稍露出外衣领。衬衫的袖口也应长出外衣袖口 1~2 厘米。领带结需贴在衣领上，但不能勒住脖子，也不能太往下，显得松松垮垮、不精神。领带系好后，垂下的长度应触及腰带上，超过腰带或不及腰带都不符合要求。领带用领带夹固定，西装上衣左胸部的装饰袋，有时用来插放绢饰，不可用来放钢笔之类的其他东西，钢笔应放在衣服内袋中。西装的裤子要合体，要有裤线，裤长要离脚面 1~2 厘米。西服套装要配皮鞋穿，式样要稍保守，颜色与衣服相协调。在日常工作中及非正式场合的社交活动中，男士可穿西服便装。西服便装上下装不严格要求配套一致，颜色可上浅下深，面料也可以上柔下挺。可以衬衫、领带配西裤，也可以不扎领带，不穿衬衫，而穿套头衫或毛衣。

此外，男士参加社交活动也可穿中山装、民族服装或夹克。尤其是在国内参加活动时，如出席庆典仪式（包括吊唁活动）、正式宴会、领导人会见国宾等隆重活动，可穿中山装与民族服装，在一些非正式场合也可以穿夹克衫。

男士在社交中穿中山装应选择上下同色同质的深色毛料中山装，一般配以黑色皮鞋。中山装衣服要平整、挺括，裤子要有裤线。穿着时要扣好领扣、领钩、裤扣。在非正式社交场合中，男士也可穿夹克衫等便装，但同样应注意服装的清洁与整齐。男士外出还可准备一件大衣或风衣，虽然在正式场合一般不宜穿风衣或大衣，但在需要室外活动的场合，大衣或风衣既可保暖挡风，又可增添不少风采。

二、女士着装礼仪

相对男士来说，女性的职业服装在色彩、款式上比男性更具个性特色，选择的余地也比较大。所有适合职业女士在正式场合穿着的服装中，套裙是首选，即西装套裙，上半身是女式西装，下半身是半截式裙子。也有三件套的款式，即女式西装上衣、半截裙外加背心。职业女性穿着套裙，马上就能让她区别于一般女性形象，在工作场合穿着套裙，能够恰如其分地展示女性认真的工作态度和温婉的知性美，体现出专业的职业形象。其次为套裤，即上半身为西装，下半身为裤子。和男士西装相比，女性西装套裤更注重展示女性线条，职业女性穿着后能体现出刚柔并济之美，显得非常干练洒脱，目前也很受职场女性的欢迎。

（一）职业套装的选择

女性职业套装的选择大体上必须注意以下四个方面：

1. 面料

总体来说，女性职业装面料选择着重在质地上乘、纯天然。要用不起皱、不起毛、不起球的，且悬垂挺括，手感较好的面料来凸显服装品质。如果是三件套的西装套裙，上衣裙子和背心等必须用同种面料。

2. 色彩

在色彩方面,传统女性职业套装的基本要求为:应当以冷色调为主,以体现出着装者的典雅、端庄与稳重。黑色、藏青、烟灰、雪青、米色等颜色都是比较好的色彩。另外,还要考虑肤色、形体、性格,年龄等自身条件。更要注意的是着装的色彩最好与具体环境协调一致。若想让自己的形象丰富动感一些,则可以考虑上下用不同色彩搭配或者使用亮色点缀来强化服装色彩和印象。需要提醒的是正规的职业装最好与正在风行一时的各种"流行色"保持一定距离,以示传统与持重。在配色中也尽量简约,套裙的全部色彩一般不要超过两种,不然就会显得杂乱无章。

3. 图案

职场服装讲究的是端庄、简洁、大气。在选择服装时,务必要考虑到服装的图案问题。按照一般理解和要求,职场人员的服装以纯色不带图案为佳,但是如果企业没有特定要求,也可以根据个人爱好选择圆点、条纹、方格等不是特别夸张的图案。这些图案让人感觉稳重又不失活力,也比较适合女性职场人员。

特别要提醒的是诸如文字、符号、人物、动物等夸张图案最好不要出现在服装上。要记住职业装传递的信息永远应该是积极的,一些不得体的、令人有歧义的文字和图案最好不要出现,一些英文单词最好也先识别其意,以免破坏自身形象。

4. 尺寸

女性职场选择套装还需注意大小相宜,显现女性特有的身段美。女性职业装套裙在整体造型上的变化,主要表现在它的长短与宽窄两个方面。商界女士的套裙要求上衣不宜过长,下裙不宜过短。传统观点认为套装的上衣最短可以齐腰,裙子最长可以达到小腿的中部,裙子下摆恰好位于着装者小腿肚子上的最丰满处。随着时代的发展和审美观点的改变,现代职场女性的裙长逐渐缩短,有些职场女性甚至穿着超短裙和裙裤。但必须强调的是套裙中的短裙并非越"迷你"越好,职场女性的着装还是有一些特定的要求和原则,比如过多裸露身体的穿着是令人难以接受的。一般情况下,女士裙长以及膝为宜,膝上裙子离膝盖的距离不能短于15厘米。

以宽窄肥瘦而论,职业装套裙之中的上衣分为紧身式与松身式两种。一般认为,紧身式上衣显得较为传统,但这个紧身也有一定尺度,要以不影响工作为基础。松身式上衣则更加时髦潇洒,但也要注意上衣或裙子均不可过于肥大或包身。着装时上衣的袖长以恰恰盖住着装者的手腕为好。

(二) 职业套装的穿着

穿着职业套装时,必须注意一些基本的穿着礼仪。穿套裙时,必须依照职场常规的穿着方法。尤其要注意:不允许将上衣披在身上,或者搭在身上;上衣的领子要完全翻好,衣袋的盖子都要拉出来盖住衣袋;裙子要穿得端正,不能歪扭斜拉。特别需要指出的是,职场女士在正式场合露面之前,一定要仔细地检查自己所穿衣裙的纽扣是否系好,拉锁是否拉好。

穿衬衫时,衬衫的下摆必须掖入裙腰之内,不得任其悬垂于外,甚至很随意地在腰间打结;衬衫纽扣除去最上端的一粒纽扣允许不系外,其他纽扣均不得随意解开;不可在外人面前脱下上衣,直接以衬衫面对对方。

穿裙子时一般建议穿衬裙,尤其是夏天会比较雅观。衬裙的裙腰切不可高于套裙的裙腰,从而暴露在外;应将衬衫下摆掖入衬裙裙腰与套裙裙腰二者之间,切不可将其掖入衬裙裙腰之内。内衣要选择合体有形的,在穿着时不应当使内衣的轮廓在套裙之外展现出来。职场女士千万不能受当下内衣外露的"时尚风"影响,把原本应该是很隐秘的内衣外显,这可能造成不好的影响。

穿职业装还要兼顾举止。套裙最能够体现女性的柔美曲线,但同时对着装者的举止仪态有较高要求。穿上套裙之后,女士站姿要稳当而挺秀,不可以双腿叉开,双手叉腰,或东倒西歪、倚门靠墙。就座以后,也切记双腿不要分开过大,跷腿抖动脚尖,更不能用脚尖挑鞋直晃,甚至当众脱鞋。行走时注意步幅和步态,除特殊情况外,不可大步流星地奔向前去,而只宜以小步行走,俯身、下蹲、探头拿物品时动作需谨慎,以免使套裙开裂或者出现露胸、露底等不雅状况。

能力点

一、男士领带系法

正式场合的领带以深色为宜;非正式场合的领带以浅色、艳丽为宜。领带的颜色一般不宜与服装颜色完全一样(参加凭吊活动穿黑西装、系黑领带除外),以免给人以古板的感觉。具体做法是:领带底色可与西装同色系或邻近色,但两者色彩的深浅明暗不同,如米色西装配咖啡色领带;二是领带与西装同是暗色,但色彩要形成对比,如黑西装配暗红色领带;三是一色的西装配花领带,花领带上的一种颜色尽可能与西装的颜色相呼应。

领带有如下五种系法:

1. 平结

平结(见图 3-1-1)为男士最多选用的领结打法之一,几乎适用于各种材质的领带。要诀:领结下方所形成的凹洞需让两边均匀且对称。

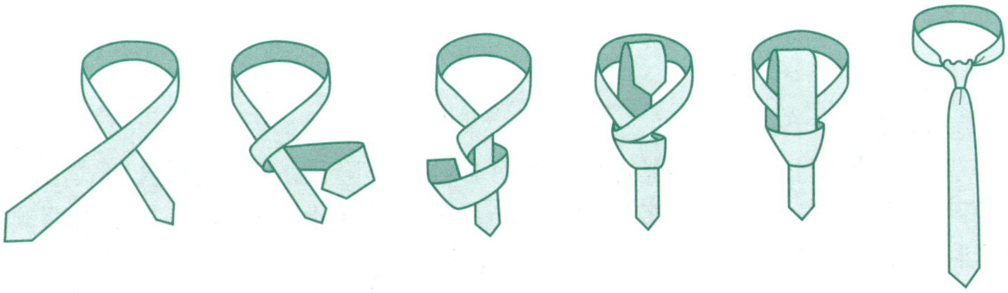

图 3-1-1

2. 交叉结

交叉结(见图 3-1-2)是单色素雅且质料较薄的领带适合选用的领结。对于喜欢展现流行感的男士不妨多加使用。

3. 双环结

双环结(见图 3-1-3)能营造时尚感,适合年轻的上班族选用该领结。完成的特色就是第一圈会稍露出于第二圈之外,但别刻意盖住。

图 3-1-2

图 3-1-3

4. 温莎结

温莎结(见图 3-1-4)适用于宽领带型的衬衫,该领结应多往横向发展,应避免材质过厚的领带,领结也勿打得过大。

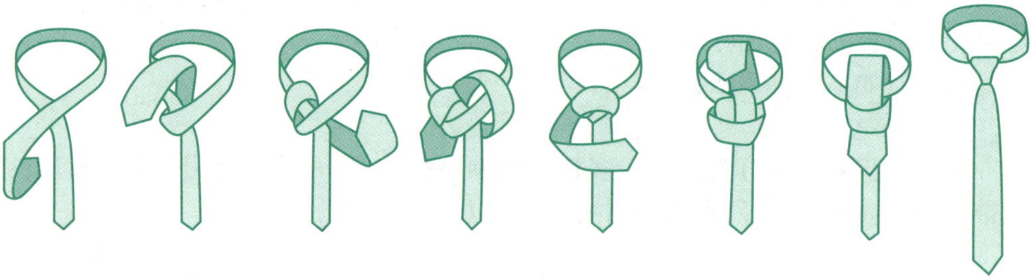

图 3-1-4

5. 双交叉结

双交叉结(见图 3-1-5)很容易让人有种高雅且隆重的感觉,适合正式活动场合选用该领结。这种系法应多运用在素色的丝质领带上,不但适合搭配大翻领的衬衫而且有种尊贵感。

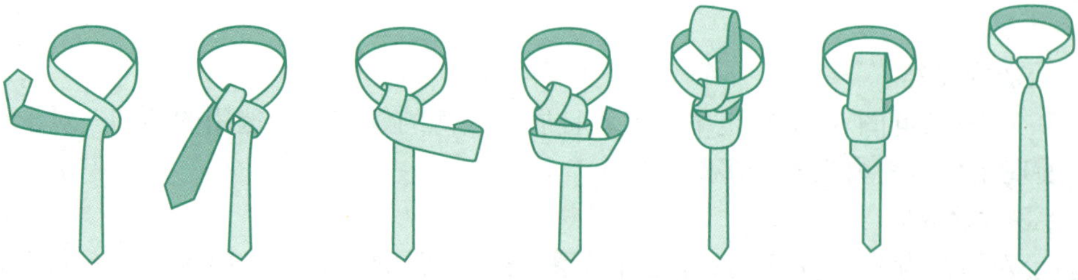

图 3-1-5

二、女士职业妆容塑造

（一）打粉底

打粉底是以调整面部皮肤颜色为目的的一种基础化妆。选择与肤色较为接近的粉底，借助海绵，做到取用适量、涂抹细致、薄厚均匀，与脖颈部做好衔接，才不会使自己面部与颈部“泾渭分明”。粉底抹完后要达到调整肤色、掩盖瑕疵，使皮肤显得细腻光洁的目的（见图 3-1-6）。

（二）描眉形

个人眉毛的浓淡与形状，对其容貌发挥着重要的烘托作用。眉形应具有立体感，具体手法注意两头淡，中间浓；上边浅，下边深。首先用眉刷自下而上将眉毛梳理整齐。然后用眉笔顺眉毛生长方向描画，眉毛从眉头起至 2/3 处为眉峰，描至眉峰处应以自然弧度描至眉尾，眉尾处渐淡。最后用眉刷顺眉毛生长方向刷几遍，使眉毛自然、圆滑（见图 3-1-7）。

图 3-1-6

图 3-1-7

（三）施眼影

施眼影的主要目的是强化面部的立体感，以凹眼反衬隆鼻，并且使化妆者的双眼显得更为明亮传神。施眼影时，首先要选对眼影的颜色。鲜艳的眼影一般仅适用于晚妆，工作妆通常选用大地色系眼影，施眼影时浅色刷在眉骨下、中间色刷在稍高处向眼尾处晕染，深色刷在最贴近上睫毛处，画出眼影的层次感。

（四）画眼线

画眼线的最大好处是可以让化妆者的眼睛生动而精神，并且更富有光泽。在画眼线时需紧贴眼睫毛根部，先粗后细，由浓而淡，要注意避免眼线画得呆板、锐利、曲里拐弯。上眼线应从内眼角朝外眼角方向画；下眼线则从外眼角朝内眼角画，并且在距内眼角约 1/3 处收笔。

（五）上腮红

上腮红的好处是，使化妆者的面颊更加红润，面部轮廓更加优美，并且显示出其健康与活力。腮红的颜色与唇膏或眼影应属于同一色系，以体现妆面的和谐之美。上腮红时以小刷蘸取腮红，先上在颧骨下方，即高不及眼睛、低不过嘴角、长不到眼长的 1/2 处，然后略做延展晕染（见图 3-1-8）。

（六）涂口红

化妆时，唇部的地位仅次于眼部。涂口红，既可改变不理想的唇形，又可使双唇更加娇媚迷人。先用唇线笔画好唇廓，再用口红涂在唇廓内，可用唇刷涂抹，也可用棒式唇膏直接涂。口红的颜色应与服装及妆面相协调。为了使口红色彩持久，可用纸巾轻抿一下口红，然后扑上透明粉饼，再抹一次唇膏（见图 3-1-9）。

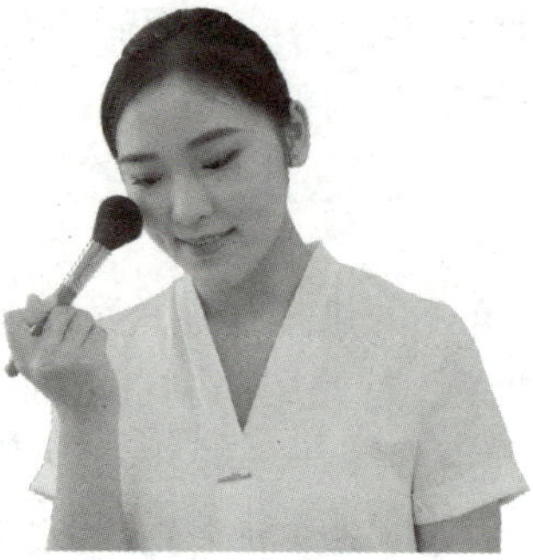

图 3-1-8

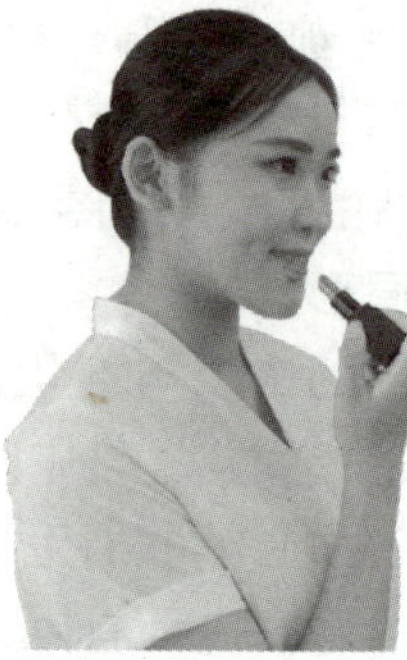

图 3-1-9

知识拓展

求职前思想认识的准备

1. 了解市场的就业信息

了解市场就业信息的途径主要有五种：① 学校。不少学校都成立了专门的学生就业指导办公室，其发布的就业信息应算是学生求职信息最重要的渠道之一，因为它不仅是最新最快的政策和就业市场信息的新闻报道，而且其招聘广告更是巨大的信息源，从中可以拓宽求职者的就业思路、令求职时有的放矢。② 新闻媒介。例如报刊的就业信息就非常广泛，很多报刊上都开辟了“求职广场”“招聘指南”“今日择业”和“人才大市场”等求职专栏，此外《中国人事报》《毕业生就业指导》《毕业生就业指引》等报纸的求职信息也种类繁多，包罗万象。③ 各式各样的需求见面会。④ 非公开就业。其途径主要包括亲戚朋友推荐或个人直接联系企业前去求职。这种方式中隐含的途径实际上很多，实用性很强。也可以自己写信或打电话前去应征。

2. 知道用人单位的情况

了解用人单位的情况：① 近期报刊上有关该单位的内容，单位所属行业的基本知识。② 单位近期主要产品或经营项目。③ 单位的用人结构。④ 单位的用人方式及对人才的重视程度。⑤ 单位的历史及发展前景。⑥ 单位的性质、位置、福利待遇等情况。

3. 研究面试时的题目

研究面试时的题目：① 你认为你的强项和弱点是什么？② 你能用几个词语形容一下你自己吗？③ 如果你被聘用，你有哪些要求？④ 你为什么应聘这项工作？⑤ 你的生活目标是什么？⑥ 你觉得你能胜任这份工作吗？

4. 清楚求职的主要方式

清楚求职的主要方式：① 借助职业中介机构。② 参加招聘洽谈会。③ 人才交流市场和学校的就业指导办公室。④ 刊登求职广告。⑤ 亲自上门，毛遂自荐。⑥ 拨打求职电话。⑦ 网上求职。⑧ 根据对口专业报纸、杂志上的招聘广告发放求职资料。

课后探究

1. 在求职过程中，个人品牌形象的重要性是什么？请结合实例进行分析。

2. 领会丝巾和领带在不同文化和国家中的象征意义，以及它们在职场中的重要作用。

3. 为不同的职场场合（如面试、商务会议、休闲聚会等）设计一套合适的着装，包括丝巾或领带的搭配。阐述你的选择理由和搭配技巧。

4. 调查不同行业或职位的职场人对于职场形象的要求和看法。总结调查结果，并提出建议或启示。

实训任务二　面 试 资 料

引导案例

简历折痕导致求职坎坷

大学应届毕业生小陈因为一份简历在应聘时栽了跟头。事情的经过是这样的，参加招聘会的那天早上，小陈不慎碰翻了水杯，将放在桌上的简历浸湿了。为尽快赶到会场，小陈只将简历简单地晾了一下，便和其他东西一起，匆匆塞进背包。在招聘现场，小陈看中了一家深圳房地产公司的广告策划主管岗位。按照这家企业的要求，招聘人员先与应聘者简单交谈，再收简历，被收简历的人将得到面试的机会。轮到小陈时，招聘人员问了小陈三个问题后，便向他要简历。小陈受宠若惊地掏出简历时，这才发现，简历上不光有一大片水渍，而且放在包里一揉，再加上钥匙等东西的划痕，已经不成样子了。小陈努力将它弄平整，递了过去。看着这份伤痕累累的简历，招聘人员的眉头皱了皱，还是收下了。那份折皱的简历夹在一叠整洁的简历里，显得十分刺眼。

三天后，小陈参加了面试，表现非常活跃，无论是现场操作 Photoshop，还是为虚拟的产品做口头推介，他都完成得不错。在校读书时曾身为学校戏剧社骨干社员的小陈，还即兴表演了一段小品，赢得面试负责人的称赞。当他结束面试走出办公室时，一位负责的人员对他说："你是今天面试者中最出色的一个。"然而，面试过去一周后，小陈依然没有得到回复。他有点着急，忍不住打电话询问情况。对方沉默了一会儿，告诉他："其实招聘负责人对你是很满意的，但你败在了简历上。一个连简历都保管不好的人，是管理不好一个部门的。你应该知道，简历实际上代表的是你的个人形象，将一份凌乱的简历投出去，有失严谨。”

案例思考：简历在求职过程中扮演了怎样的角色？为什么一份简历能对求职结果产生如此大的影响？

在职场之中，首要之务是重视细节，简历的状态可彰显对细节的关注，而细节决定职场成败，疏忽则会对求职造成影响。

面试礼仪——面试现场礼仪

知识点

“工欲善其事，必先利其器”，必要的材料准备是求职的基本前提。如果连相关的书面材料都没准备，就去应聘，百分之百是会落选的。资料准备主要包括求职信和简历。

一、求职信

求职信简便易行，是沟通“双向选择”的主要桥梁。向目标单位呈交求职信，其主要目的是能充分引起用人单位对自己的注意和兴趣。所以，在求职信中，要尽情地表现自己，把自己刻画成最符合用人单位需要的人。当然，写求职信和个人简历要遵循“诚实”的原则，实事求是，切忌浮夸滥造。一封朝气蓬勃的优秀的求职信，会使用人单位的决策者拍案叫绝或欲舍不忍，使求职者稳稳地抓住时机，达到成功推销自己的目的。

求职信的格式要求：求职信的写作格式大致包括：称呼、正文、附件、署名和日期。

(1) 称呼：求职信的称呼要礼貌周全，可以写单位全称，也可以直接写单位负责人的职务称呼，要顶格写。

(2) 正文：一般包括求职者的基本情况简介，求职的原因，求职的目标，个人条件及结尾。

求职者的基本情况包括年龄、性别、专业、获得何种奖励、有哪些论文著作，或者有几年的工作实践经验。要根据实际情况决定介绍内容，以便让对方对自己有个大致的了解。

求职信一般都要向用人单位说明求职原因，或是毕业后求职，或是为了发挥专长。求职目标即求职者愿意到该用人单位做什么工作，任什么职务，这一点最好明确提出来。

求职条件即自己适合做这个工作的理由，如专业特长，实践经验，工作作风，甚至设想等。这里既要表现出自信心、进取心，又要表现出稳重、踏实的作风。结尾应强调求职者的愿望及要求。如希望用人单位给你一个面试或者面谈的机会，盼望用人单位给予你一个肯定的答复，或等候用人单位的回音等，并以此致、敬礼等习惯用语结束，以示对对方的尊重。

(3) 附件：附件是证明个人成绩与成果的材料，如学历证书、资格证书、奖励证书、发表的论文专著以及为谋求这个职位而写的论文和设想等。这些材料不在多，而要有分量，要引起用人单位的注意及录用的兴趣。

在正文或附件右下方，写明求职者姓名，求职日期，并写明自己的联系地址，邮政编码、联系电话、电子信箱等，以便对方回复联系。

二、简历

简历主要是针对应聘的工作，将相关经验、业绩、能力、性格等简要地列举出来，以达到推荐自己的目的。由于毕业生就业推荐表栏目和篇幅的限制，多数毕业生更希望有一份个性突出、设计精美、能给用人单位留下深刻印象的简历。

在众多的求职者中，你的简历凭什么脱颖而出？实际上，简历只需突出两点就可以了：① 你是优秀的；② 证明第一点成立。

简历并没有固定的格式，对于社会经历较少的大学毕业生，一般包括以下几方面：

(1) 个人基本情况：包括姓名、出生年月、性别、家庭住址、生源地、政治面貌、身体状况、联系方式(电话号码和 E-mail)等。顺序是按时间先后，但实际上用人单位更重视现在的学历，最好从现在开始往回写，写到中学即可。学习成绩优秀，获得奖学金或其他荣誉称号是学习生活中的闪亮点，可一一列出，以加重分量。

(2) 求职意向：包括向往职业的地域、行业、岗位等方面的意向。

(3) 教育背景：包括毕业院校、所学专业、学位、学历、主要学习科目(把重点放在与申请职位有特殊关系的科目上)等。

(4) 本人简历：大学以来的简单经历，主要是学习、社会职务或活动、义务性工作(志愿者)、社会性工作、社会实践以及在这些工作中学到的工作经验等。

(5) 知识、技能和品质：主要包括知识结构、技能优势、外语和计算机水平及其他技能证书等。

(6) 个人特长及所获荣誉：包括个人兴趣、特长以及参加各种竞赛所获奖项、各种资格证书和奖金等。

(7) 自我评价：总结自己良好的个性品质。如学习能力、沟通能力、解决问题的能力、适应能力、好奇心或创新能力、团队合作精神、积极主动的工作态度、责任心、敬业精神等。

能力点

一、求职信内容及写作要求

1. 内容要求

(1) 介绍个人的基本情况：包括姓名、性别、年龄、民族、籍贯、毕业学校、学历、专业以及在校职务、政治面貌等。

(2) 说明求职动机：主要说明自己期望到该单位工作的理由，要写得诚恳、可信。

(3) 讲清应聘的工作岗位，让对方清楚你愿意并能胜任哪方面的工作。当然，岗位不能说得过于具体，只能表明除胜任某类工作外还胜任哪种工作，这样可以扩大求职范围，提高命中率。

(4) 阐明具体的应聘条件。这是求职信的核心，最能打动决策者。要向对方说明你的专业知识、专业技能、经历、兴趣特长（具体而充分）和能力等都很切合所要申请工作岗位的需要，还要写上奖励和表扬情况。通过这部分的申述，要给对方以深刻的印象，使其觉得无论从哪个角度看，你都能够胜任这一工作，是应聘者中的佼佼者。

(5) 表示希望对方回复的愿望，即希望能有一次面谈的机会，切记不要限制对方回复的日期。写这一部分要字斟句酌，不要使对方感到有压力，也不能过分地客气和谦虚，如用“请高抬贵手”等低人一等的字眼。因为，所谓的“双向选择”，本身就是单位选择你、你选择单位的过程。

(6) 写清自己的详细通信地址、邮编和电话号码等。书写求职信一般用楷书，用黑色钢笔书写，字迹要工整。为了表示对对方的尊重，在求职信中应适当选用一些谦辞、敬语，如“恳请”“敬请”“您”“贵公司”等。求职信应热情洋溢，真诚自然，保持良好的形象，尽可能缩小对方与你的距离。个人简历最好设计成表格式，使用印刷体书写，这样显得整齐、干净、一目了然。求职信和个人简历写好后，一定要认真检查，准确无误后方可递交给用人单位。这不仅是对用人单位的尊重，同时也是一个优秀员工必备的品质之一。

求职信应使用白色信纸。写好的求职信应用信封装好，使用的信封应是正规的私人函件信封，而使用下边印有某单位字样的公函信封，则是对对方的不敬。

2. 写作要求

(1) 既要实事求是，又要投其所好。写求职信需要向对方介绍自己，学历、专长、资历、成果等都必须实事求是地介绍给对方，不能弄虚作假。所谓投其所好，就是尽可能根据用人单位的要求介绍自己。

(2) 态度不卑不亢。写求职信措辞要适当。过于自谦，自贬身份，会给人以碌碌无为的不良感觉；过于高傲，狂妄自大，则给人以轻佻浮夸的恶劣印象。所以，推销自己时的态度要不卑不亢，要让对方从信中看出你是个既有才能又踏实肯干的人。

(3) 语言简明得体，书写端正。求职信要写得简明得体，切忌冗长累赘。简明得体，不仅反映了自己的写作水平，同时也会给人留下精明练达的好印象。书写端正，则是向用人单位证明你的实力和认真的求职态度，从另一个角度看，端正的书写也是对人的尊重。

求职信范文

尊敬的 ×× 先生：

您好！

去年众多新闻媒体曾报道过贵公司股票上市的消息。昨天，我在《经济生活报》第七版读到贵公司的招聘广告，获悉贵公司正在招聘会计人员，特冒昧写信自荐。

两个月后，我将从 ×× 职业技术学院会计专业毕业。在校三年学习，我曾经学过会计基础、商业会计、工业会计、成本会计、经济法和会计法规等专业课程，以及计算机、英语等基础文化课程。我的各科学习成绩优秀，连续两年获得“校级一等奖学金”，并已取得珠算一级证和财会电算化证。我参加过计算机培训、取得了计算机文字录入处理员初级证书。我认为，从事会计工作还应当懂一些金融知识，以方便公司与银行之间的业务来往。因此，我还参加了高等教育自学考试金融专业的学习，并已通过三门课程的考试。现冒昧地寄上自荐信及其英文副本，请您指正。

目前我正在学习计算机的有关知识，准备参加明年的国家计算机等级考试。我的英文水平有限，但在 ×× 公司实习期间有幸得到注册会计师 ×× 先生的点拨，学习过用英文进行财务处理，并熟悉该公司的财务管理软件。

我举止稳重，办事认真，喜爱硬笔书法，由我负责的班级板报曾多次受到学校表扬。我父母的工作也与财务有关，因此我从小就喜欢会计工作。欣闻公司招聘会计人员，为我提供了难得的机会。我十分希望参加贵公司的面试，希望您能给我这个机会。如果会计工作已有其他合适人选，我还愿意从事贵公司招聘广告中提到的出纳员、打字员等工作。

兹奉上履历表，毕业证书，财会电算化证，计算机文字处理员，高等教育自学考试 ××、×× 课程单科合格证与成绩单，获奖证明和注册会计师 ×× 先生的推荐信等资料。如蒙约期面谈，请惠告时间、地点，我将准时拜见。如还需其他证明材料，请您赐告，我将迅速寄上。

我的联系方式是：电话：×××××××××××

通信地址：×× 省 ×× 市 ×× 路 ×× 号，邮编：××××××

此致

敬礼

×××

×××× 年 ×× 月 ×× 日

二、简历的撰写技巧

（一）简历的设计原则

1. 10 秒钟原则

一般情况下，简历的长度以一张 A4 纸为限；简历越长，被认真看的可能性越小。高级人才在某些时候可以准备 2 页以上的简历，但是也需要在简历的开头部分有简洁清楚的资历概述，以方便阅读者在较短时间内掌握基本情况，产生进一步阅读的欲望。当你的简历写完以后，权衡一下，是否能够在 10 秒钟内看完所有你认为重要的信息？

2. 清晰原则

清晰的目的就是要便于阅读。就像是制作一份平面广告作品一样，简历排版时需要综合考虑字体大小、行和段的间距、重点内容的突出等因素。要使用简单、清晰易懂的语言，而不要写一些晦涩难懂的语言。尽量不使用缩略语或学生中流行的网络语言。

3. 针对性原则

如果对于不同的行业、不同的公司和不同的职位，你提交的都是同样的简历，那么这样的简历所欠缺的就是针对性。如果A公司要求你具备相关行业经验和良好的销售业绩，你在简历中清楚地陈述了有关的经历和事实并且把它们放在比较突出的位置，这就是针对性；如果B公司要求你具备良好的英语口语能力，你在简历中描述了自己做过业余涉外商务翻译的经历，这就是针对性；如果C公司明确要求应聘者具备江苏省南京市户口，你在简历中说明自己是江苏省南京市玄武区居民，这就是针对性。

4. 客观性原则

"我是个工作严谨而且认真负责的人，在过去的工作经历中我有着十分出色的工作表现。"在许多人的简历中常常可以看到类似的句子。或许你说得没错，但理智的人事经理们没有理由要相信你的主观表白。所以，简历上应该提供客观的可以证明或者佐证你的资历、能力的事实、数据。比如，"2022年因销售业绩排名第一获得公司嘉奖"，或者"因为在××促销活动中表现出良好的协调组织能力而获得主管经理赞扬"。后一个例子虽然客观性也有欠缺，但毕竟是别人的赞扬。为了尽可能客观，你的简历甚至要避免使用第一人称——"我"。

5. 真实性原则

不要试图编造工作经历或者业绩，谎言不会让你走得太远。多数谎言在面试过程中就会被识破，更何况许多大公司（特别是外企）在提供入职通知前会根据简历和相关资料进行背景调查。但是真实性并非就是要把我们的缺点和遗憾和盘托出，许多专业人士认为适当的隐讳甚至采用一些文字、排版方便的小技巧还是十分必要的，毕竟我们需要在下一份工作中不断完善自己。

（二）简历制作中应该避免的问题

1. 过多着墨于工作任务

最常见的简历误区之一就是把简历变成一长串令人厌烦的工作任务和责任的清单。很多人甚至用公司的工作描述作为写简历的指导。在简历中最好提供具体的例子，说明公司将会如何从你的工作中得到效益。当描述成就时，考虑以下几个问题：你如何把它做得比别人更好？你或者你的小组面临的困难或挑战是什么？你是如何克服这些问题的？你努力的结果是什么？公司是如何从你的努力中得到效益的？作为你劳动的回报，你得到奖励、特别的赞赏或者提升吗？

2. 目标陈述花哨或过于普通

有些求职者的简历让人在最开始的地方——目标陈述部分就失去兴趣。如果你正在沿着你职业的轨迹求职，不妨考虑把求职目标明确一下，即关于你所做的或者你的专业的描述。

3. 太短或者太长

很多人试图把他们的经历压缩到一页纸上，因为他们听说简历不要超过一页纸。当在一页纸的范围内排版简历时，一些求职者不得不舍弃了一些动人的成就。

反过来也一样，设想一下求职者一页又一页地写着无关的经历，这很容易让阅读的人感到厌烦。当写简历的时候，问问自己："这些描述对我获得面试有帮助吗？"简历多长才合适是没有规则的。决定简历长度的因素包括：职业、行业、业绩的范围和教育。最重要的方针是简历中的每一个字都帮助你推销自己。

4. 使用人称代词和冠词

简历是商业信息的一种格式，所以应该简洁，用电报格式书写，不要出现"我"之类的代词，尽量减少使用代词。

5. 列出私人或无关的信息

有些人喜欢把他的爱好写进简历，比如阅读、旅行、滑雪等。其实当这些爱好与求职目标有关时才应当被写进去。如果是应聘滑雪教练，就应当把滑雪的爱好写进简历。

6. 有好的工作经历却按功能分类

一个常被人事经理提到的令人气恼的例子是：求职者详细描写他的技能和成就，却不涉及具体的工作，看不到求职者在每个职位所取得的进步和效果。除非你有特殊情况，比如没有实际工作经历或频繁地跳槽，否则应避免功能简历的格式。

7. 没有摘要或概览部分

摘要是求职者最伟大的利器之一，是非常重要的。摘要应反映直接与求职有关的技能与经历。列出与职位匹配的技能、经验、教育，把所有这些"卖点"揉进你的简历中。

8. 关键词

大多数大中型公司都建立有简历库。求职者的简历被阅读的唯一希望就是在简历中加入相关的关键词。这不是一个独立的部分，而是可以分布于整个简历的，决定关键词的一个好方法是阅读你感兴趣职位的职业描述。

9. 参考资料

雇主知道如果你是在寻找工作，你应该有专业上的参考资料，所以这一部分完全是浪费笔墨。仅仅是为了使简历好看一点才加上去，也可作为一份长简历的结束标志或出于页面设计的需要。

10. 拼写错误

一个拼写错误就会让你的简历被扔进垃圾桶。两个以上的错误会让你的机会完全消失。校正、校正、再校正，并让你的朋友帮你一起校正。这份文件是你的反映，个人简历必须非常完美。供参考的简历见表 3-1-1。

表 3-1-1　个人简历范文

姓名	王 ××	性别	女	出生年月	2000.5	
身高	170 cm	体重	54 kg	籍贯	江苏省	
毕业院校	南京 ×× 大学	专业	工商管理	学位	管理学学士	照片
政治面貌	中共党员	学历	本科	电话	189××××××××	
在校任职	手工艺协会外联部部长			邮箱	wss××@163.com	

续表

技能证书	职业技能：三级企业人力资源管理师 外语技能：英语四级 495 分 计算机技能：全国计算机等级考试二级证书 驾车技能：C1 驾驶证书
学习经历	2016.9—2019.6 南京市第一高级中学 2019.9—2022.6 南京 ×× 大学经济管理学院工商管理专业
实践经历	在校担任职位：2019—2020 担任班长 2020—2021 担任生活委员 2021—2022 担任团支书 课外活动：在校期间担任英语家教（小学、初中） 所获奖励：2019—2020 学年获得“文明大学生”称号 2020—2021 学年在优秀团员评选中被评为“优秀团员” 2021—2022 学年因工作表现突出获得“优秀团干部”称号
自我评价	我是一个性格活泼、开朗自信、沉着稳重，不轻易服输的人。在校期间，学习刻苦认真，成绩优秀。诚实做人、踏实做事是我的人生准则，天道酬勤是我的信念，自强不息是我的追求。我积极参加各种课外活动和社会实践活动，以增加自己的阅历，提高自己的能力。在这些活动中，我不仅锻炼了口才，提升了自己的人际交往能力，还培养出了吃苦耐劳的精神，从工作中体会到竭尽全力所带来的乐趣和成就感
求职意向	人事专员或人力资源相关岗位的全职工作

知识拓展

招聘单位面试程序

第一阶段，征集宣传与应聘者资格审查。

这一阶段的任务，主要是利用多种渠道传播招聘录用信息，广泛动员符合报考条件的人员参加录用考试，并完成考试录用的第一次竞争，即报考者的资格审查。

第二阶段，筛选申请表，了解个人简历。

对申请表及个人简历的初审及评价是评选系统的重要组成部分。这种初审的目的是要选择有希望的求职者，在其余的选择过程中再收集有关求职者的更详细的情况。

第三阶段，组织多种形式的考试和测验。

通过对应聘人施以不同的考试和测验，可以就他们的知识、能力、性格、职业倾向、个人素质等多方面加以评定选择，从中选出优良者，进入到面试候选人的范围。

第四阶段，包括两方面的工作：一是最后确定参加面试的人选，并发出面试通

知书;二是进行面试前的多项准备工作。其中包括:

(1) 确定面试考官。面试考官应由三部分人员组成:人事部门主管、用人部门主管和独立评选人。但是,无论什么人担任面试考官,都要求他们能够独立、公正、客观地对每位面试者做出准确的评价。

(2) 选择合适的面试方法。面试方法有许多种类,面试考官应根据具体情况选择最合适的方法组织面试。

(3) 设计评价量表和面试问题。面试过程是对每位参加面试的应聘者的评价,因此,应根据要求和每位应聘者的实际情况设计评价量表和有针对性的面试问题。

(4) 面试场所的布置与环境。要选择适宜的场所供面试使用,许多情况下,不适宜的面试场所及环境会直接影响面试的效果。

第五阶段,面试过程的实施。

这一阶段是面试工作程序中最主要的环节,它依靠面试考官的面试技巧有效地控制面试的实际操作。

第六阶段,分析和评价面试结果。

这部分工作主要是针对应聘人在面试过程中的实际表现做出结论性评价,为录用人的取舍提供建议性依据。

第七阶段,依据上一阶段的结果确定人员录用的最后人选。

这里需要注意的一个原则是:如果人事部门与用人部门在人选上意见有冲突,应尊重用人部门的意见。

第八阶段,面试结果的反馈。

面试结果的反馈有两条线路:一是由人事部门将人员录用结果反馈到组织的上级用人部门;二是逐一将面试结果通知应聘者本人,其中既包括录用人员,也包括未录用人员,对未录用人员表示组织的感谢。

最后,将所有面试资料存档备案,以备查询,录用人员接受岗前培训。至此面试招聘与评价工作全部完成,重新回到人员选聘与录用的主程序之中。

课后探究

1. 简历在求职过程中的重要性是什么?如何理解“一份好的简历是成功求职的第一步”?

2. 分析在撰写简历时,如何有效地突出个人的核心竞争力?请提供具体的策略和建议。

3. 请根据自己的专业背景和职业规划,选择一个你感兴趣的目标职位,制作一份有针对性的求职简历和求职信;注意表达你对该职位的热情和对公司文化的认同,并突出个人的核心竞争力和与目标职位的匹配度。

4. 假设你已经提交了一份求职申请,但迟迟没有收到回复。请设计一封跟进邮件,向招聘方表达你的诚意和期待,同时了解申请的进展情况。

实战演练

实训项目①:启航职场——魅力形象

1. 实训目标

掌握职场中系丝巾和领带的技巧,提升审美意识和个人气质,并能根据不同服装和场合的需要,灵活选择合适的系法。

2. 实训步骤

(1) 整理丝巾与领带系法的知识要点,包括平结、三角形结、环形结等丝巾系法,以及标准结、温莎结、平结等领带系法。

(2) 小组成员共同商议,分析不同系法的特点,领带的搭配技巧及适用场合。

(3) 分组进行实操演练,练习各种系法,并根据不同场合及服装,搭配适合的丝巾或领带。

(4) 个人展示,小组互评,教师点评。

3. 考核评价(见表 3-1-2)

表 3-1-2 启航职场——魅力形象实训项目考核评价

评分项目	标准与要求	分值	得分	总分
丝巾系法	熟练掌握至少三种丝巾系法(女生)	30		
领带系法	熟练掌握至少两种领带系法(男生)			
系法的正确性	系法正确,符合规范	30		
搭配技巧的运用	能够根据不同服装和场合选择合适的系法和搭配	20		
审美意识	展现出良好的审美品位和个人气质	20		
实训项目评价				
自我评价				
同学评价				
教师评价				

实训项目②:启航职场——求职计划

1. 实训目标

了解准备求职过程中所需的材料,掌握简历撰写、求职信撰写、面试准备等方面的技能,提升个人求职竞争力。

2. 实训步骤

(1) 根据个人的兴趣和职业规划,确定目标职位和公司,并收集关于目标职位和公司的信息,包括招聘要求、公司文化、业务范围等。

(2) 根据目标职位的要求,制作有针对性的简历和求职信;如需准备作品集,挑选最具代表性的作品进行整理;修饰个人形象,保持整洁、大方的外表,展现专业素养。

(3) 按照招聘要求,提交求职资料;并模拟 HR 对求职者简历进行筛选。

(4) 个人展示,小组互评,教师点评。

3. 考核评价(见表 3-1-3)

表 3-1-3　启航职场——求职计划实训项目考核评价

评分项目	标准与要求	分值	得分	总分
简历撰写	格式规范、描述清晰、重点突出、突出个人特点、与目标职位相关	20		
求职信撰写	格式正确、礼貌得体、符合规范、与目标职位匹配,体现个人优势、有吸引力	20		
资料收集	全面、准确、有针对性	20		
形象整理	整洁、大方、符合职业要求	20		
提交申请	按时、按要求提交,无遗漏内容	20		
实训项目评价				
自我评价				
同学评价				
教师评价				

项目二 面试模拟

学习目标

- 知识目标：掌握面试中的基本礼仪和注意事项；
  熟悉不同类型面试的特点和应对方法；
  学习如何有效地展示自己的优势和特长。
- 能力目标：提高自我表达和沟通能力，能够清晰、流畅地回答问题；
  培养应变能力，灵活应对面试中的各种情况；
  提升分析问题和解决问题的能力。
- 素养目标：建立自信心，保持积极的心态面对面试；
  培养良好的职业素养和道德品质；
  提高自我认知和自我评价的能力；
  具备较强的抗压能力和情绪管理能力。

本项目旨在通过模拟真实面试情境，帮助求职者熟悉面试流程，提高面试应答技巧。项目包含简历筛选、模拟面试、问题解析与技巧培训等环节，确保实训内容的实用性和针对性。通过此项目，求职者能够清晰、流畅地表达自我，展现个人优势，增强自信，从而提高求职成功率。整个项目注重实战效果，帮助求职者在求职道路上更加从容应对。

实训任务一 自我介绍

引导案例

面试礼仪——面试应答礼仪

精心准备下的小瑕疵

刘晓晓去应聘某传媒公司，面试在一间大型会议室进行，五人为一小组，围绕话题自由讨论，面试官要求每位应聘者先做自我介绍。刘晓晓是第二位，与前面应聘者一句一停顿的介绍不同，她早做了准备，将大学期间的学习和生活进行了详细说明，还做了一些修饰，注重韵脚，听起来有些押韵。刘晓晓的介绍极为流利，但美中不足的是给人以背诵的感觉，较为生硬。

案例思考：如何在面试中更好地掌握情感和节奏，在准备与自然表达之间找到平衡？

充分准备、重视表达、展示优势、关注细节、自然真诚、建立印象、发挥魅力、应对压力、持续提升。这些是在职场中取得成功的关键要素。

知识点

自我介绍，就是在必要的社交场合，把自己介绍给其他人，从而使对方认识自己，恰当的自我介绍是打开交往大门的一把钥匙，有助于自我展示、自我宣传，能够扩大交际圈，还能创造出意料之外的商机。

一、自我介绍的时机

在以下这些有代表性的时机需要进行自我介绍：

(1) 应试求学时或应聘求职时。

(2) 在社交场合，与不相识者相处时或与他人不期而遇，并且有必要与之建立临时接触时。

(3) 在社交场合，有不相识者表现出对自己感兴趣或被要求自己做介绍时。

(4) 在公共聚会上，与身边的陌生人组成了交际圈或者打算介入陌生人组成的交际圈时。

(5) 交往对象记不清自己或担心这种情况可能出现时。

(6) 有求于人，而对方对自己不甚了解或一无所知时。

(7) 拜访熟人遇到挡驾，或是对方不在，需要请不相识者转告时。

(8) 前往陌生单位进行业务联系时。

(9) 在公共场合对公众进行自我推荐、自我宣传或业务推广时。

二、自我介绍的分寸

自我介绍要恰到好处、不失分寸，必须重视下面几个方面的问题：

1. 注意时间

自我介绍要简洁明了，一般以半分钟左右为佳。为了节省时间，还可利用名片、介绍信加以辅助。自我介绍还要在适当的时间进行，要在对方有空闲、有兴趣、有要求而且情绪好、无其他事情干扰时做自我介绍。如果当对方无兴趣、无要求、心情不好，或正在休息、用餐、忙于处理事务时，切忌打扰，以免尴尬，可以另择时机。

2. 强调态势

“态势”二字可以理解成态度和气势。职场的自我介绍尤其要注意这两点，既要彬彬有礼，又要不卑不亢。

(1) 自我介绍要态度亲切、自然、友善、随和。要充满信心和勇气，落落大方，彬彬有礼，不卑不亢。

(2) 注意语气要亲切，语速要适中，语音要清晰，表情要自然，既不要羞羞答答、畏畏缩缩，又不要虚张声势、矫揉造作。

3. 真实诚恳

自我介绍的内容要实事求是，真实可信，准确清楚。既不可过于谦虚贬低自己，也不可自吹自擂、夸大其词，更不可无中生有、欺骗别人。

三、自我介绍的方式

在职场活动中，想要结识某个人或某些人却无人引见的情况下，主动将自己介绍给对方，这叫主动介绍。如有他人代为引见后进行自我介绍则被称为被动介绍。自我介绍的时候内容非常重要，可繁可简，也要有主有次。采用哪种方式效果最佳在实践中要根据具体环境和条件来定。

1. 应酬式

这种自我介绍的方式最简洁，往往只包括姓名即可。如“您好！我叫李 ×。”它适用于一些公共场合和一般性的社交场合，如宴会现场、途中邂逅、舞会、通电话时。它的对象是一般接触之人，主要是表达礼貌之意。

2. 工作式

工作式自我介绍的内容，包含本人姓名、供职的单位及部门、担任的职务或从事的具体工作三项。

(1) 姓名。应当一口气报出，不可有姓无名，或有名无姓，两者都有敷衍之嫌。

(2) 单位。供职的单位及部门，具体工作部门有时可以暂不报出。

(3) 职务。担任的职务或从事具体工作，无职务者，则可报出目前所从事的具体工作。例如“我叫张 ×，是 ×× 广告公司的公关部经理。”如担任的职务较高，自我介绍时要注意语气，不可让人有居高临下之感。

3. 交流式

这是一种刻意寻求交往对象并进行进一步交流沟通，从而希望对方认识自己、了解自己、与自己建立联系的自我介绍。

适用于职场活动及社交活动中，介绍内容大体包括本人的姓名、工作、籍贯、学历、兴趣以及与交往对象的一些渊源等。自我介绍不一定面面俱到，否则会使人厌烦，而应该依照具体情况而定。例如“我是陆 ××，×× 公司副总裁，也是您先生的大学同学。”

4. 礼仪式

这是一种表示对交往对象友好、敬意的自我介绍。适用于庆典、仪式、讲座、报告等正规的场合。内容包括姓名、单位、职务等。

自我介绍时，还应多加入一些适当的谦辞、敬语，以示自己尊敬交往对象。例如“女士们、先生们，大家好！我叫陈 ××，是 ×× 公司总经理。值此公司开业之际，我谨代表公司对莅临的各位领导、嘉宾、朋友表示热烈的欢迎和衷心的感谢！谢谢大家的关怀与支持！”

5. 问答式

针对对方提出的问题，做出自己的回答。这种方式适用于应试、应聘和公务交往。在普遍交际应酬场合，也时常出现。举例来说，对方发问：“这位先生贵姓？”回答：“免贵姓章，立早章。”

能力点

在面试之际，求职者务必文明礼貌、言辞标准、语言连贯、内容简洁，要遵守如下礼仪规范。

1. 自信大方

自我介绍要充满自信，落落大方，态度诚恳。只有自信的人才能让人另眼相看，才能有魅力并使人产生信赖的好感。

2. 表达要富有幽默感

自我介绍中，适时融入幽默的语句，易于赢得欢笑与好感，诙谐的笑话，比庄重严肃的表白更深入人心。

3. 注意自谦

说“我”时语气平和，目光亲切，神态自然，才能从“我”字中让人感受到你的自信，自立、自尊和自谦。

4. 内容要有针对性

求职者必须针对应聘岗位有针对性地重点介绍自己的相关学历、经历、能力及个性特征，而且要言之有物，切忌用鉴定式的语言或大而空的套话来描述自己，切忌有自我炫耀之嫌。

5. 缺点要点到为止

求职者自我介绍主要是展示自身优势，从而赢得主考官的好感、信任与支持。如果自身缺点介绍太多、过细，则容易导致求职失败。

6. 举止庄重

举止要庄重，姿势要端正、大方。自我介绍时可以将右手放在自己的左手上，不要用手指着自己。表情应亲切、自然，眼睛应看着对方，不要显得不知所措，慌慌张张，面红耳赤，更不能表现出一副随便、毫不在乎的样子。要做到落落大方，一是要准备充分，二是要把自我介绍写好，背得滚瓜烂熟，并转化为口语化状态。

知识拓展

求职时最容易被“刷掉”的三种人

HR（人事）作为企业人才选拔环节中的重要人员，每天浏览简历无数，面试过形形色色的人，哪些人才最符合公司的需求，哪些人被列为淘汰人选，当过第一关面试时，答案已藏在HR心中。许多求职者广撒简历找工作，马不停蹄地赶场面试，但迟迟没能收到Offer（录取通知）。到底是自己技不如人还是因为学历、经历比不上别人呢？相信在漫漫求职路上的求职者，都十分想知道到底是哪个环节出了问题。下文总结出HR们最喜欢“刷掉”的三种人。

第一种：隐瞒真实情况的求职者

“诚信第一”是很多HR最先考虑的要素。然而，很多求职者为了顺利进入自己梦寐以求的单位，不惜杜撰个人情况和相匹配的工作经历，以博取HR的眼球。殊不知，看清楚这些表面上的注水，对于在职场上练就了“火眼金睛”的HR而言，简直是轻而易举。结果，适得其反，反而给HR留下了不诚实的印象，即便工作能力再强、岗位再适合，也不会被公司所用，因为对于公司来说，人品尤为重要。

第二种：不注重个人形象的求职者

职场中流行这么一句话，第一眼投不投缘决定今后发展的路线。好不容易在网上投递简历等来面试的消息，对于求职者来说，已经成功了一半。选择一套最合体的衣服和妆容，在规定的时间内到达面试公司，是基本的礼貌。然而，总有一些马虎者，不仅迟到，穿着也极为随意，导致给HR的第一印象比较糟糕。HR们表示：不注重个人形象者，通常是态度不够端正，对投递岗位不够在乎，一般不会进一步考虑。因此，适当地包装自己，不仅是个人素质的体现，还是对他人的一种尊重。

第三种：薪水漫天要价的求职者

如今，刚毕业的求职者居多，受到北京、深圳、上海等大城市的影响，固执地认为自己所在的小城市薪酬可以与其相匹配。以至于在面试过程中，很多求职者不切实际，漫天要价，往往开出的薪水比公司该职位部门的主管还高。面对这种情况，HR们表示爱莫能助，即使能力再强，也不会给予考虑。因此提醒求职者们：无论是刚毕业的大学生，还是工作经验丰富的职场老手，在谈薪水时，一定要打听市场行情，以免适得其反。

课后探究

1. 你认为一个成功的自我介绍应该具备哪些要素？为什么？

2. 如何根据不同的面试场合和目标职位的要求，灵活调整自我介绍的内容和重点，突出个人的特点和优势？

3. 观看一些成功的面试自我介绍视频案例，分析其特点和优点，并尝试总结出一套适合自己的自我介绍方法。

4. 结合实训目标和自身情况，制定一份个性化的职业规划方案，并说明如何通过提升自我介绍能力来实现这一规划。

实训任务二 面 试 应 答

引导案例

谦虚与“陷阱”

今年即将毕业的大学生李明铭经学校推荐，去参加一家大型企业的招聘。在最初的笔试中，李明铭凭借自己扎实的基本功、丰富的专业知识，遥遥领先于其他竞争者。大家都以为这份工作非他莫属，结果却出人意料。原来，在面试的过程中李明铭表现得过于谦虚。当主考官问：“你觉得你的英语水平怎么样？”时，他回答：“还行。”问：“你能胜任这份工作吗？”时，他回答：“应该可以吧。”几个回合的问答，李明铭都是如此的谦虚、谨慎，结果便失去了这次工作机会。

案例思考：对于求职者来说，此案例有什么启示？在求职过程中，应该注意哪些细节？

在职场中，适度的谦虚是必要的，但过度的谦虚可能会成为“陷阱”，导致主考官对其能力产生怀疑，从而错失了工作机会。所以，在职场中，展现自己的实力和自信是很重要的。

知识点

与日常交往不同，面试应答是一种检测性的被动交谈。尽管你在事前可能进行了充分的准备，但面试官仍然可能提出各种各样令你难以回答的刁钻问题，以此来了解你的品德修养、思维水平和协调应变能力。

一、面试中应注意的问题

(1) 口齿清楚，语言流畅，文雅得体。应聘者在与面试官交谈时要注意使用普通话，也可根据用人单位要求，使用英文。叙述或回答问题时，发音准确，吐字清晰，控制语速，为了增添语言的魅力，还应注意语言修辞，忌用口头禅，不能出现不文明语言。

(2) 语气平和，语调恰当，音量适中。应聘者在面试交谈时要注意正确运用语调和语气，让人感觉到应聘者的修养程度。

(3) 语言要含蓄、机智、幽默。面试交谈时，除了表达准确清晰以外，视情况可以适当加入幽默的语言，增加谈话轻松愉快的气氛，以展现出自己优雅的气质和机敏从容的风度。

(4) 注意主试者的反应。在求职面试中，除应聘教师岗位的试讲外，应聘者与主试人的交谈更接近于一般的交谈。在交谈中应多注意听者的反应，如果听者心不在焉，可能是对你的这段话没兴趣，需要设法转移话题；如果侧耳倾听，说明说话的音量太小，难于听清；如表现出皱眉、摆头，说明可能有语言不当之处等。根据对方的这些反应，要随时调整自己说话的语气、语调、音量、措辞以及陈述内容，这样才能取得良好的面试效果。

(5) 回答问题要把握重点。在面试过程中，应聘者必须要回答主试人提出的各种问题。在回答之前应稍做考虑，不要急于回答。一般情况下回答问题要结论在先、议论在后，也就是要先将自己的中心意思表达清晰，然后再做叙述和论证。叙述时要把握重点、简洁明了、条理清楚、有理有据。

(6) 讲述问题避免抽象。主试人提问总是想了解一些应试者的具体情况，切不可只简单地以“是”或“不是”作答。应针对所提的各种问题，该说明原因的说明原因，该强调程度时强调程度。不讲原委，过于抽象地回答，往往会给主试人留下不好的印象。

(7) 切忌答非所问。在面试过程中，如果主试人提出的问题让你一时摸不着边际，不知从何答起或难以理解对方回答的含义时，可将问题复述一遍，可以先谈自己对这一问题的理解，请教对方自己的理解是否有误，对不太明确的问题，一定要搞清楚。这样才能有的放矢,不致南辕北辙、答非所问。

(8) 回答问题要有个人见解。一般来说,主试人总要接待若干名应聘者,相同的问题也要提若干遍,类似的回答要听若干回,难免有枯燥乏味感。因此有个人见解的,独具特色的回答才会引起对方的注意和兴趣。

(9) 知之为知之,不知为不知。在面试过程中,碰到自己不知,不懂和不会的问题也属正常。诚恳坦率地承认自己的不足之处,反倒会赢得主试人的信任和好感,千万不能回避闪烁,默不作声,牵强附会,不懂装懂。

二、面试中可能会提到的问题

(1) 你为什么选读此专业?这个问题主要考察你对专业的热爱程度,以及你将来从事该项工作的态度。

(2) 你学过的科目与我们的工作有什么关系?回答时要简明扼要地将所学的主要课程,特别是其与用人单位所需能力之间的关系讲清楚。

(3) 你喜欢你的母校吗?一般而言,对这个问题应持积极的态度,一个不爱母校,不尊敬老师的求职者是不会受欢迎的。

(4) 你有什么特长和爱好?对这个问题要如实回答,不可无中生有,也不可过分谦虚。一般来说,爱好广泛、多才多艺的毕业生是备受欢迎的。

(5) 你还打算继续深造吗?有的用人单位希望你继续深造,而有的单位希望你将坚守岗位,应试者应对该单位的情况有所了解,考虑好后正面回答。

(6) 你还有什么疑问?这暗示着面试即将结束,应把握住机会,通过提问或表态等方式强化主试人对你的印象。

(7) 其他问题。不同的主试人会对应聘者提出不同的问题。例如,大学四年你最得意的事是什么?你谈恋爱了吗?你身体状况如何?你计划如何取得事业上的成功?你的理想是什么?你对待遇有什么要求?上岗前让你先到基层锻炼两年,你愿意吗?等等。

能力点

在面试前我们需要了解什么?面试前需要做什么准备?应聘者的回答将成为面试官考虑是否接受他的直接依据,了解面试的内在逻辑,对我们的面试起着决定性的作用,从中“悟”出面试的规律及回答问题的思维模式。面试时有以下几种常见问题。

问题一:请你自我介绍一下。

提问目的:了解应聘者的心理承受能力、逻辑思维能力、演讲能力,自我介绍是其次。

回答要求:(1) 介绍内容要与个人简历相一致。

(2) 表达方式上尽量口语化。

(3) 要切中要害,不谈无关、无用的内容。

(4) 条理清晰,层次分明。
(5) 较好的演讲语气和肢体语言。

问题二:谈谈你的家庭情况。
提问目的:了解应聘者的人格与品德等。
回答要求:(1) 简单地罗列家庭人口。
(2) 宜强调温馨和睦的家庭氛围。
(3) 宜强调父母对自己教育的重视。
(4) 宜强调各位家庭成员的良好状况。
(5) 宜强调家庭成员对自己工作的支持。
(6) 宜强调自己对家庭的责任感。

问题三:你有什么业余爱好?
提问目的:了解应聘者的性格、观念、心态、思维的深度等。
回答要求:(1) 事先做好此类问题准备。
(2) 最好不要说自己没有业余爱好。
(3) 不要说自己有哪些庸俗的、令人感觉不好的爱好。
(4) 最好不要说自己仅限于读书、听音乐、上网,否则可能令面试官怀疑应聘者性格孤僻。
(5) 最好能有一些户外的业余爱好来"点缀"你的形象。

问题四:你最崇拜谁?
提问目的:了解应聘者的性格、观念、心态。
回答要求:(1) 不宜说自己谁都不崇拜。
(2) 不宜说崇拜自己。
(3) 不宜说崇拜一个虚幻的或是不知名的人。
(4) 不宜说崇拜一个明显具有负面形象的人。
(5) 所崇拜的人最好与自己所应聘的工作有关系。
(6) 最好说出自己所崇拜的人的哪些品质、哪些思想感染着自己、鼓舞着自己。

问题五:谈谈你的缺点。
提问目的:了解应聘者是否认真思考、分析、反省过自己。
回答要求:(1) 不宜说自己没有缺点。
(2) 不宜把那些明显的优点说成缺点。
(3) 不宜说出严重影响所应聘工作的缺点。
(4) 不宜说出令人不放心、不舒服的缺点。
(5) 对于自己真正的缺点,会认真剖析,并用积极的心态去面对和修正。

问题六:举一个人生中最失败的经历。

提问目的:了解应聘者的胆量和勇气,面对失败能否进行反省,接受教训。

回答要求:(1) 不宜说自己没有失败的经历。

(2) 不宜把那些明显的成功说成是失败。

(3) 不宜说出严重影响所应聘工作的失败经历。

(4) 宜说明失败之前自己曾信心百倍、尽心尽力。

(5) 明确说明失败主要是由于外在客观原因导致。

(6) 失败后曾做深刻反省,以更加饱满的热情面对以后的工作。

问题七:你为什么选择我们公司?

提问目的:了解应聘者求职的动机、愿望以及对此项工作的态度。

回答要求:(1) 建议从行业、企业和岗位这三个角度来回答。

(2) 参考答案:我十分看好贵公司所在的行业,我认为贵公司十分重视人才,而且这项工作很适合我,我相信自己一定能做好。

问题八:对这项工作你有哪些可预见的困难?

提问目的:应聘者的预测能力,并有应对方法。

回答要求:(1) 不宜直接说出具体的困难,否则可能令对方怀疑应聘者能力。

(2) 从技术、知识、经验等方面预见困难。

(3) 说出自己对困难所持有的态度:工作中出现一些困难是正常的,也是难免的,但是只要有坚忍不拔的毅力、良好的合作精神以及事前周密而充分的准备,任何困难都是可以克服的。

问题九:在工作中,与上级意见不一致,你将怎么办?

提问目的:了解应聘者的执行能力,人际关系的沟通能力和协调能力,对工作的责任心。

回答要求:(1) 首先对上级私下解释和提醒,在无效的情况下,又不会给公司造成重大损失,我会服从上级的意见。

(2) 如果上级的决定会给公司造成重大的损失,而解释和提醒无效时,希望能和更高层的领导反映。

问题十:我们为什么要录用你?

提问目的:应聘者是否能够站在招聘单位的角度来回答,善解人意。

回答要求:(1) 我觉得企业会录用这样的应聘者:基本符合条件,对这份工作感兴趣、有足够的信心。

(2) 说出自己的观点,如“我符合贵公司的招聘条件,凭我目前掌握的技能、高度的责任感和良好的适应能力及学习能力,完全能胜任这份工作。我十分希望能为贵公司服务,如果贵公司能给我这个机会,我一定能成为贵公司的栋梁!”

问题十一：如果我录用你，你将怎样开展工作？

提问目的：应聘者是否了解工作形式。

回答要求：(1) 如果应聘者对于应聘的职位缺乏足够的了解，最好不要直接说出自己开展工作的具体办法。

(2) 可以尝试采用迂回战术来回答，如“首先听取领导的指示和要求，然后就有关情况进行了解和熟悉，接下来制定一份近期的工作计划并报领导批准，最后根据计划开展工作。”

问题十二：你是应届毕业生，缺乏经验，如何能胜任这项工作？

提问目的：重点不在“经验”，而在于考核应聘者的心态，是否有克服自身困难的信心和决心，工作是否有责任心。

回答要求：(1) 体现出应聘者的诚恳、机智、果敢及敬业的态度。

(2) 说出自己的观点：我的工作经验确实有所欠缺，因此在读书期间一直在做兼职弥补。我有较强的责任心、适应能力和学习能力，而且比较勤奋，在兼职中均能圆满完成各项工作，从中受益匪浅。最后表达一定能胜任职位的决心。

问题十三：你希望与什么样的上级共事？

提问目的：通过应聘者对上级的“希望”，判断应聘者对自我要求的意识。

回答要求：(1) 最好回避对上级具体的希望，多谈对自己的要求。

(2) 提出作为刚步入社会的新人，应该多要求自己尽快熟悉环境、适应环境，而不应该对环境提出什么要求。

问题十四：您在前一家公司离职的原因是什么？

提问目的：应聘者是有感恩的心态，还是有仇恨的心态。

回答要求：(1) 避免把“离职原因”说得太详细、太具体。

(2) 不能掺杂主观的负面感受去评价前任公司。

(3) 不躲闪、回避，如“想换换环境”“个人原因”等。

(4) 不涉及自己负面的人格特征，如不成熟、懒惰、缺乏责任感、不随和等。

知识拓展

求职面试的后续礼仪

许多求职者只重视面试时的礼仪，而忽略了面试后的善后工作，但往往面试后的礼节也能加深聘用方对应聘者的印象。面试结束，并不意味着求职过程的结束，更不意味着你可以袖手以待结果的到来。从某种意义来说，面试后的礼仪更显重要。

1. 不忘感谢礼仪

面试后，应聘者对面试官表示感谢是十分重要的，因为这不只是礼貌之举，还能让主试人在最后决定前加深对你的印象。表示感谢的方式多种多样，可以通过传统信函表示感谢、电话感谢、发邮件表示感谢，如时机合适，还可以到办公室当面感谢。

2. 查询结果的礼仪

一般来说，在面试结束两周后，或面试官许诺通知结果的时间过了，应聘者还没有收到对方答复时，可以发电子邮件或打电话给招聘单位或面试官询问面试结果，但不可操之过急。应聘者如打电话询问，结果无论成功与否，都要向对方表示感谢。结束电话交谈，一般要由对方先提出，然后彼此客气地道别，说一声“再见”，再挂电话。

应聘者也可以采取到应聘单位直接面谈的形式查询结果，这种查询方式一般适用于比较有成功把握的应聘者，但一定要先约定时间，拜访时要先自我介绍。查询结果的面试要注意礼仪和细节，不要因为在最后的细节上出问题而导致前功尽弃。

3. 调整面试后的心情

一次面试结束，只说明完成求职过程的一个阶段，如果你打算多面试几个单位，则必须调整心情。认真回顾面试的全过程，总结经验和不足，全身心准备第二家的面试。

总之，在没有收到聘书或正式通知前，应聘都不能算成功，绝不能放弃最后的机会，这也是对自己的尊重和负责。

课后探究

1. 面试应答中，如何有效地展示自己的专业技能和经验？

2. 面试问题的设计往往反映了哪些核心评估标准？请分析几个常见的面试问题，并探讨它们背后的评估意图。

3. 假设你是一名HR，请设计三个面试问题，用于评估求职者的沟通能力、团队合作能力和解决问题的能力。

4. 选择一场模拟面试的视频或录音，分析其中的面试过程，指出自己在面试中的优点和不足，并提出改进建议。

实战演练

实训项目①：面试实战——自我展示

1. 实训目标

锻炼自我推销能力，积累应聘经验，掌握有效的求职面试技巧，增强自信心，全面认识自我，为顺利进入职场做好准备。

2. **实训步骤**

(1) 整理自我介绍礼仪的基本知识和技巧,认识自己的优点、特长、职业兴趣和价值观,明确自我定位。

(2) 小组成员共同商议,选取成功求职案例,分析市场需求,明确求职目标,讨论如何制定合理的职业规划。

(3) 分组进行角色扮演,模拟面试官和求职者,亲身体验面试过程。

(4) 小组展示并进行互评,教师点评。

3. **考核评价(见表 3-2-1)**

表 3-2-1　面试实战——自我展示实训项目考核评价

评分项目	标准与要求	分值	得分	总分
自我介绍内容	内容有针对性,与求职目标相关,突出个人特点和优势	20		
自我介绍表达	语言简洁明了,表达流畅自然,肢体语言和面部表情适度	20		
面试礼仪	着装得体,保持良好的姿态和态度,尊重面试官和其他参与者	20		
应变能力	灵活应对问题,善于思考和解决问题,能够从模拟面试中吸取经验	20		
职业规划合理性	职业目标明确,规划具有可行性和可持续性,与自我认知相符合	20		
实训项目评价				
自我评价				
同学评价				
教师评价				

实训项目②:面试实战——应对自如

1. **实训目标**

熟悉面试流程,克服紧张情绪,提高面试应答技巧和应变能力,增强自信心,提高求职成功率。

2. 实训步骤

(1) 整理面试应答礼仪的知识要点，内容包括面试中的礼仪、面试问题分析、应答技巧以及求职面试的后续礼仪等。

(2) 小组成员共同商议，对常见面试问题进行分析，了解面试问题背后考察的能力与素质，讨论如何组织语言、如何展现个人优势等。

(3) 模拟真实面试情境，分组进行角色扮演，模拟求职者和人力资源(HR)，进行面试应答环节，亲身体验面试过程。

(4) 小组展示并进行互评，教师点评。

3. 考核评价(见表3-2-2)

表3-2-2 面试实战——应对自如实训项目考核评价

评分项目	标准与要求	分值	得分	总分
面试问题回答	理解问题准确，回答内容有针对性、逻辑性强，展示相关能力和经验	30		
应答技巧	组织语言流畅、恰当，善于运用实例和数据支持观点，表现出自信和积极态度	30		
面试礼仪	形象得体、礼貌谦逊，保持良好的姿态和态度，尊重面试官和其他参与者	10		
情绪控制	保持冷静、沉着，有效应对紧张情绪	10		
整体表现	与面试官良好互动，展现出较强的求职意愿	20		
实训项目评价				
自我评价				
同学评价				
教师评价				

自测题

模块四

职场礼仪

礼仪是每一位职场人士的身份牌，是我们进行职场交往、建立信任、合作共赢的基础，是建立良好、正向的人际关系的重要前提。在职场，礼仪不仅表达了个人的修养，也体现了公司的文化、团队的素质。本模块旨在通过系统、实用的课程内容，帮助同学们掌握职场中常见礼仪规范，提高与同事、客户、合作伙伴之间的沟通与协作效率，建立和谐、融洽的人际关系，为职业发展创造更多机会，提升职业竞争力。

本模块主要内容有：会面礼仪、接待与拜访礼仪、会议礼仪、会议服务、邀请礼仪、接打电话礼仪、网络礼仪。

项目一　交往礼仪

学习目标

- 知识目标：了解会面礼仪要点；
  了解拜访与接待的一般流程和礼仪规范；
  掌握职场会面与交流的语言礼仪、行为礼仪要点。
- 能力目标：掌握问候与称谓礼仪及常用见面礼节；
  掌握自我介绍、陪同与引导、入座、交谈的基本礼仪。
- 素养目标：培养良好的职业习惯、加强服务意识、养成言行一致、重诺守信的品德。

职场打拼，依靠的既是学识专长，工作态度，也是为人处世的水平。职场情商和智商同样重要，很多时候情商甚至更能影响职业发展。在职场人际交往中，我们既要掌握基本的交往礼仪，也要懂得行为、语言、往来礼仪所体现的企业文化与职场文化。

实训任务一　会面礼仪

引导案例

职场会面礼仪

在某大型跨国公司的总部，两位来自不同分公司的部门经理——张经理和李经理，即将进行一场重要的会面。这次会面旨在讨论即将开展的一个新项目。

会面时间安排在上午十点，张经理提前五分钟到达会议室，整理好自己的服装与资料，确保仪态端庄、准备充分。当李经理准时走进会议室时，张经理立即起身，面带微笑，主动伸出右手，用礼貌而热情的语气说："李经理，您好！很高兴与您会面。"李经理同样以微笑回应，并紧紧握住张经理的手，表现出同样的尊重和热情。双方就座后，张经理首先询问了李经理的近况和部门的工作进展，李经理礼貌回应。接着，两人进入正题，开始讨论即将开展的新项目。张经理详细介绍了项目的背景、目标以及预期成果，同时认真听取李经理的意见和建议。在谈话过程中，张经理始终保持着专注和礼貌，不断点头表示赞同或记录重要信息。

整个会面过程中，两人都保持着适当的距离和姿态，认真倾听并做好记录。交谈过程中没有打断对方的发言，也没有表现出不耐烦的态度。他们的谈话内容既专业又富有建设性，充分展现了职场人士的素养和礼仪。这次会面不仅让两位经

会面礼仪

理加深了彼此的了解和信任，也为新项目的顺利推进奠定了坚实的基础。

案例思考：上述案例中，两位经理有哪些做法是可取的？职场会面基本礼仪有哪些？

在职场交往中，良好的第一印象是非常重要的，学习会面礼仪，在职场交往中给对方留下良好的第一印象，将有助于双方建立相互信任的合作关系。

知识点

一、致意与问候

公共场合人们相遇时，应主动问候对方，并伸手相握，也有时行鞠躬礼、拥抱礼。在西方，男子戴礼帽时还可施脱帽礼。具体礼节应取决于文化环境和对象。

（一）行礼的方式

（1）公共场合遇到相识的人，远距离时（3~5 米）一般是举右手打招呼并微笑致意。

（2）与相识者在同一场合多次见面，点头致意即可。对一面之交的朋友或不相识者在社交场合均可点头或微笑致意。如需结识对方，可请活动主办方或双方都熟悉和信任的人代为引荐。

（3）在社交场合遇见身份较高的人，应有礼貌地微笑致意，不宜主动上前握手问候。只有在对方主动伸手时，才向前握手问候。

（4）如遇到身份高的熟人，一般也不要径直去问候，而应找到恰当的时机，比如在对方应酬活动告一段落之后，再上前问候致意。

（二）问候礼

1. 问候的先后顺序

问候时，讲究“位低者先行”，即通常应当由双方之中地位较低的一方首先问候地位较高的一方。一般而言，主人应当首先问候客人，职务低者应当首先问候职务高者，晚辈应当首先问候长辈，男士应当首先问候女士。

2. 问候的方式

问候他人时，一要正视对方的双眼，以示自己全神贯注；二要声音清晰；三要面带微笑，传递出愉快的情绪。

常用问候语如“您好”“各位好”“早上好”“下午好”“先生您好”“女士您好”等。在职场或其他正式场合，称呼有身份的人需要用“姓氏 + 职称”来问候，如“王教授好”；或者用“姓氏 + 职务”来问候，如“周经理早上好”。

二、称呼

称呼是人们在日常交往中所采用的称谓语。在人际交往中，选择正确的、恰当的称呼，体现自身教养和对对方的尊敬，是社交的起始点，也是关键点。日常生活中，称呼应当亲切、准确，入乡随俗。称呼是交谈前的“敲门砖”，具有“交际语言先行官”的美誉。一声充满感情而得体的称呼,能使对方产生愉快、亲切、易于双方交流的情感。

(一) 尊称

“尊”,如:尊姓大名;“贵”,如:贵公司;“高”,如:高寿;“芳”,如:芳名;对德高望重的长者,可在其姓氏后加“老”字或“公”字相称,如:李老、张老、郑公,以示尊敬。现代常用尊称:“您”“老”等。

具体用法有以下三种,见表 4–1–1。

表 4–1–1　尊称和具体用法

称呼的表达	举例
A. 您 + 老	您老近来如何?
B. 姓 + 老	“王老”“李老”
C. 双音名字中的第一个字 + 老	“望老”(对著名语言学家陈望道先生的尊称)

(二) 泛尊称

在工作岗位上,为了表示庄重、尊敬,可按职业相称,如“王老师”“张医生”“周律师”等;也可以按职务、职称、学衔相称,如“陈主任”“孙教授”“王博士”等。

在社交场合,对陌生人的称呼,男子不论婚否,可统称为“先生”;女子则视婚姻状况而定,对已婚的女子称“夫人”“太太”“女士”,对未婚的女子称“小姐”。如不知其婚姻状况,以称“小姐”“女士”为宜。

常用的泛称有以下几种,见表 4–1–2。

表 4–1–2　常用的泛称种类

场合类别	称呼的表达	举例
正式	A. 姓或姓名 + 职称 / 职衔 / 职务	李教授、陈将军、刘厅长、王警官
	B. 姓名	张逸飞
	C. 泛尊称或职业称	同志、先生、小姐、大使先生
	D. 老 / 小 + 姓	老王、老邢、小张
非正式	E. 姓 + 辈分称呼或辈分称呼	许伯伯、李叔叔或叔叔
	F. 名或名 + 同志	许长安可称呼为长安或长安同志

三、介绍

(一) 介绍的类别

1. 自我介绍

自我介绍时尽量先递名片再介绍,介绍要简单明了,基本信息包括:姓名称谓、社会身份(职业、职务名称)。

2. 介绍他人

介绍人的身份主要有以下几种：

(1) 专职接待人员：秘书、办公室主任、接待员。

(2) 双方的熟人。

(3) 重要人物(一方职务最高者)。

3. 业务介绍

有两点要注意：一要适时。要在客人想知道或感兴趣的时候再介绍，避免引起对方反感。二要适当。要注意技巧，从对方的需求出发。

(二) 介绍的顺序

介绍遵循先向尊者做介绍的原则，这是因为，受到尊重的一方有首先了解对方的“优先权”。

1. 把男士介绍给女士

如果男士为尊长，则需要把女士介绍给尊长的男士。

2. 把晚辈介绍给长辈

一般来说，需要先将晚辈介绍给长辈，以示对长辈的尊敬。

3. 把主人介绍给客人

适用于来宾众多的场合，尤其是主人未必与客人个个相识的时候。

4. 把职位低者介绍给职位高者

适用于比较正式的场合，特别适用于职业相同的人士之间。

5. 把迟到者介绍给先到者

适用于多种集会场合，出于对先到者的尊重。

6. 把家人介绍给朋友和同事

当家人和同事相遇时，一般是先将家人介绍给同事或朋友。

(三) 介绍的方式

1. 应酬式

这种方式最简洁，往往只介绍姓名一项即可。适合于一些公共场合和一般性的社交场合，如酒会、剧院、舞会等场合，对象主要是一般接触的人。

2. 工作式

工作式介绍适用于正式场合，内容包括本人姓名、供职的单位以及部门、担负职务或从事的具体工作等三项。对象有客户、同事、上级等。

3. 交流式

交流式又称社交式，是一种寻求与交往对象进一步交流沟通，希望对方认识、了解自己，与自己建立联系的介绍方式。包括本人姓名、工作、籍贯、学历、兴趣以及与交往对象的某些熟人的关系等。

4. 礼仪式

表示对交往对象友好、敬意的自我介绍。如“尊敬的来宾，晚上好！很荣幸担任今晚庆典活动的主持人，我是 ×××。”适用于晚宴、仪式、讲座、报告等场合。

5. 推荐式

介绍者经过精心准备再将某人举荐给某人，介绍者通常会对前者的优点加以重点介绍。通常，适用于比较正规的场合。如“这位是欧阳先生，这位是吴董事长。欧阳先生是经济学博士，管理学专家。”

（四）介绍他人的礼仪

(1) 介绍者为被介绍者做介绍之前，要先征求被介绍者的意见。

(2) 被介绍者在介绍者询问自己是否有意愿认识某人时，一般应欣然表示接受。如果实在不愿意，应向介绍者说明缘由，取得谅解。

(3) 当介绍者走上前来为被介绍者进行介绍时，被介绍者双方均应起身站立，面带微笑，大大方方地目视介绍者或者对方，要注意态度。

(4) 介绍者介绍完毕，被介绍者双方应依照合乎礼仪的顺序进行握手，并且彼此使用“您好”“很高兴认识您”“久仰大名”“幸会”等语句问候对方。

能力点

一、职场常用见面礼节

仪态礼仪——鞠躬礼仪

职场行见面礼要符合场合因素、身份因素，身份较低者、年轻人或男士首先向尊者及女士表达问候之意，根据对方的示意行礼，主要方式有：鞠躬礼、欠身礼、点头礼、注目礼、握手礼、拥抱礼等。

1. 鞠躬礼

鞠躬礼系下级对上级或同级之间的礼节。行礼时须脱帽，右手（如右手持物可用左手）握住帽前檐中央将帽取下。右手垂下后身体对正，用立正姿势，双目注视受礼者，身体上部向前倾斜约十五度，之后恢复原状。脱帽时所用之手和敬礼方向相反，即向左边的人敬礼，以右手脱帽；向右边的人敬礼，以左手脱帽。

2. 欠身礼

身体的全部或上部向前微倾，以表达敬意。

3. 点头礼

点头礼系同级或平辈间的礼节，也须脱帽。如在路上行走间相遇，可在行进中施礼；如在路上遇见长官或长者，则须立正行鞠躬礼，但长官对部下或长者对幼者的答礼，可在行走中点头答之或伸右手或手触帽檐答之。

4. 注目礼

泛指以目注视对方的见面礼节，也是军礼之一，行礼时身体直立，眼睛注视对方。

5. 握手礼

握手礼是职场最常见的礼节，在世界多数国家都通行。行礼时距对方约一步，上身稍前倾，伸右手，四指并齐，拇指与之分开伸向受礼者。男士和初次见面的女性见面通常行鞠躬礼，如女方主动伸手相握，男士方可行握手礼。

6. 拥抱礼

拥抱礼是熟人、朋友之间表示亲密感情的一种礼节。见面或告别时互相拥抱，表示亲密无间。

二、礼貌用语

常见的礼貌用语见表 4-1-3。

表 4-1-3 常见的礼貌用语

类别	内容	特点	示例
问候语	见面时向他人问好、对他人表示善意的一种最为常规的致意方式	格式较固定，通用性比较强	“您好。” “陈女士，早上好。” “王教授好。” “周经理，早上好。”
告别语	与人分别时的语言，含有祝福、嘱托、道别、不舍等不同的含义	具有感情真挚、委婉谦恭的特点	“非常高兴认识你，希望以后多联系。” “咱们后会有期。” “您慢走。” “一路平安。” “请多保重。”
感谢语	在他人给予帮助、支持时，或他人表现出对我们的尊重和礼貌时，表达自己的真挚谢意的语言	具有及时、态度真诚恳切的特点	“谢谢。” “劳驾您。” “让您费心了。” “给您添麻烦了，真过意不去。” “拜托了。” “感谢您的配合。”
道歉语	请求他人谅解时的语言。当给他人造成不便、打扰别人、需要别人帮忙时，用于表达对他人的尊重和对他人权益的重视	语言清晰，简明扼要，态度诚恳	“对不起。” “请原谅。” “很抱歉。” “请稍等。” “麻烦您。” “请多包涵。”
请托语	向他人提出某种要求或请求时应使用的语言	“请”字当先，而且态度语气要诚恳而礼貌	“劳驾。” “请问。” “拜托您，请帮个忙。” “麻烦您关照一下。”
征询语	在交往中，尤其是在接待的过程中，希望征得他人同意或了解他人意见时应使用的语言	清晰简明，礼貌亲切	“您需要我帮忙吗？” “我能为您做些什么？” “您还有什么需要吗？” “我可以进来吗？” “您不介意的话，我可以看一下吗？” “您看这样做行吗？”

续表

类别	内容	特点	示例
赞美语	向他人表达称赞时使用的语言	适时、真挚	“您安排得很周到。” “我非常喜欢。” “真不错。” “很有格调。”
应答语	答复他人时的用语	专心回答； 回答问话应耐心、细致	“好的，您请说。” “是的，这里可办理。” “先生，我们这里是问询处，请去总服务台办理您的业务。” “您好王总，张总现在在会议室，我将记下您的来电，请他会后给您回电可以吗？” “好的，女士，请稍等，我这就给您确认您的航班信息。” “不客气，很高兴能为您服务。”
委婉语	用好听、有礼的话，来代替那些禁忌、粗鲁、刺耳的词语	典雅、含蓄、符合地方语言礼俗和习惯用语	“抱歉，我离开一下。” “208 房的客人腿脚不方便，麻烦安排专人陪同。”

知识拓展

部分国家的称呼

在英国、美国、加拿大、澳大利亚、新西兰等讲英语的国家里，姓名一般由两个部分构成，通常名字在前，姓氏在后。对于关系密切的，不论辈分可以直呼其名而不称姓。

俄罗斯人的姓名有本名、父名和姓氏三个部分。妇女的姓名婚前使用父姓，婚后用夫姓，本名和父名通常不变。

日本人的姓名排列和我们一样，不同的是姓名字数较多。日本妇女婚前使用父姓，婚后使用夫姓，本名不变。

法国人的吻面礼

法国的吻面礼是在朋友伙伴间、女孩之间、男孩和女孩间以及长辈和晚辈间行使的礼节。男孩之间一般互相握手，只有在特别的场合，比如颁奖或庆祝节日，表示特别亲密的时候才互相亲吻。一般行礼时双方先贴右面颊，再贴左面颊，同时发出亲吻的声音。如果表示特别亲密，例如老人对小孩，年长的女性对年轻女性，也可以直接用嘴唇亲吻对方的面颊。

贴面颊的次数讲究也很多。一般是两下，左右两边一边各一下。但是经常见面的家人朋友之间，往往简化成一下。从法国自北向南，天气越来越热，人们也越来越热情，贴面礼往往就变成了四下，左一下，右一下，再回来左一下，右一下才算结束。吻面礼并不是法国独有，在西班牙或卢森堡人们也用这样的方式打招呼，可能次数上稍有变化。

去朋友家做客，客人们陆续到来，到的时候分别和主人贴面颊表示打招呼。走的时候也有礼仪，客人之间再贴面颊或者握手互道晚安，然后再排队和主人行礼道别，同时感谢主人的盛情招待，自己度过了一个愉快的夜晚。

在学校的毕业典礼上，颁发证书的嘉宾们将文凭交给一个个获学位的同学，然后以长辈的身份亲吻同学的两颊表示祝贺和鼓励，比起我们的庄严隆重的典礼，台上台下的距离一下拉近了许多。说到这里，再提个小细节：法国人不讲究双手接递东西，即使在隆重的典礼上，嘉宾们也是单手将证书发给同学，这和我们讲究的“毕恭毕敬”的双手接递截然相反。

课后探究

1. 结合所学内容，自己设计常用礼貌用语。
2. 职场会面时的礼仪要素包括哪些？

实训任务二 拜访礼仪

引导案例

拜访的礼仪

小张是市外事办公室的一名干事。一天，他接到了一项工作任务：领导让他负责与来本市参观访问的英国代表团进行联络。小张拟定了一个拜访行程，并将谈话事项一一列出。之后，他通过该代表团的外事接待专员小李联系了该代表团团长汤普森先生，并预约了拜访的时间。

到了约定的日子，小张穿着得体地如约来到了代表团所在酒店，见到了汤普森先生及部分团队成员。他主动向对方问好并做了简要的自我介绍，然后双手递上自己的名片。简单寒暄后，小张将预先构想好的谈话主题一一和对方做了交流，并了解了对方的想法与要求，仔细做了记录。半小时时间很快就过去了，双方聊得很融洽，对代表团接下来的行程安排也达成了一致。这时，小张拿出预先准备好的礼物：被列入本市非物质文化遗产名目的剪纸礼盒作为礼物送给团员们。汤普森先生送别小张时，微笑握手道：“谢谢您今天能来，我相信此次访问会很愉快！”

案例思考：你觉得汤普森先生为什么会说“我相信此次访问会很愉快！”呢？他的依据是什么？

知识点

拜访，是“访问他人”的敬辞，指短时间看望并谈话。拜访是商务活动的重要形式，是双方建立信任开启合作的基础。

代表公司去拜访重要客户，意味着你正式成了公司的形象代表。那么你会如何开始这项重要的工作呢？安排接访日程？了解客户信息？还是立刻就开始打电话？提前做好准备，让自己更优雅一些，更专业一些，这对于每一位期待有杰出表现的职场人士来说都是非常重要的。与交流、谈判和激励等技巧一样，礼仪是一项“软技巧”。如果对自身行为的影响力缺乏了解，很可能会损害到一些非常有价值的商业关系。

良好的举止和优雅的社交魅力都不是天生就具备的，而是后天学习得来的。正如有人所说：“准备好适应这个世界，就像运动员适应他们的日常训练一样。让你的思想更灵活，举止更得体，赋予他们必要的敏捷和弹性，仅仅拥有力量是不够的。”

一、准备工作

（一）形象准备

一个好的商务形象包含多方面的要素，如干练得体的仪容仪表，友善亲和的音容笑貌，优雅美观的体态语言等。

1. 着装要求

仪态礼仪——着装礼仪

职业装在穿着要求上有以下几点需要引起注意：

(1) 确保所有衣物熨烫妥帖，没有褶皱。

(2) 西服套装多用于会见客户、会议、面试等正式场合。

(3) 购买商务装时，尽量考虑不易产生褶皱的面料。选购颜色、面料、款式等便于搭配的衬衣、裙子和鞋子。

(4) 配件（例如钢笔、领带、丝巾、首饰、包等）的选择和保养与套装同样重要。

2. 男士商务着装要领

(1) 鞋子、腰带、包色彩一致、协调。

(2) 黑色鞋子配黑色、深蓝色、灰色的套装。

(3) 棕色鞋子配深橄榄色、棕色或棕褐色的套装。

(4) 领带要能展现个性，但变化有度。

3. 女士商务着装要领

(1) 选择颜色、材质统一的套装。

(2) 正式场合，裙装比裤装更好。

(3) 裙装的长度宜在膝盖以下 2~3 厘米。

(4) 无论是鞋子还是皮包，都尽可能选择纯色简洁的款式，避免过多的金属装饰品。

(5) 耳环、戒指的选择须符合着装的整体风格，通常而言，金银、宝石、珍珠、水晶都是不错的选择，但它们不宜同时出现。首饰对于商务装而言只是装饰并非重点。

(6) 皮鞋如果露脚趾或脚跟，那么就不必穿丝袜，其他情况下，贴近肤色的薄丝袜是女士商务装的必备元素。

4. 不合适的服装类别

以下几类服装则不适合在办公区域穿着，且会使我们的商务形象大大减分：

(1) 运动服、运动鞋（除非参加体育活动时）。

(2) T 恤、牛仔服。

(3) 沙滩服、户外装。

(4) 凉鞋、拖鞋、雨鞋、塑料鞋。

(5) 民族服饰或非主流装扮（特殊节日及活动除外）。

（二）工作准备

1. 工作清单

首先，商定日程安排及人员名单。

其次，安排场地、了解客户信息、整理商谈资料等具体工作的落实。

再次，双方再次确认来访接待事宜。

2. 拜访礼节

(1) 强调时间观念。拜访者应在约定时间前 15 分钟到达，以便留些余地。通晓职场礼仪的人一定会把交通拥堵等因素也计算在内。万一时间上出了差错，应在约定时间之前及早通知对方，并告知新的到达时间。

拜访时间也应控制好，正式的拜访一般以半小时为宜，如需超过一个小时，需要提前告知对方预计拜访时间。因此，工作日上午 9 点至 11 点，下午 2 点至 4 点都是比较好的时间。如临近下班或是用餐时间，可能会对双方的心理造成一定影响。

(2) 自身形象。综合考虑这次商务会见中你的角色和身份，选择合适的服装。男士注意着装的正式性，女士注意发型、色彩与配饰应显得简洁干练。微笑是最好的名片，保持积极和愉快的态度是拜访者最佳的形象礼仪。

(3) 赠送礼品。并不是所有商务拜访都需要准备礼品，但由于拜访活动含有一定的礼节性，因此，在双方第一次正式见面的情况下，选择商务馈赠是商务活动中的常见环节。注意突出礼品的纪念意义，或选择具有地方、民族特色的礼品。拜访者在见面时赠送礼品，而接待方一般在临别时赠送礼品。

二、拜访中的礼仪

基础仪态礼仪

（一）言谈礼仪

(1) 交谈时仪态大方得体，表情自然亲切。

(2) 多人交谈时，应尽量与在场所有人交谈，不要只和一、两个人说话，而不理会其他人。

(3) 表达自己的态度或者观点时，应对他人的评价、反应持开放态度，正确对待他人的质疑甚至反对。避免当面争执。

(4) 要善于聆听对方谈话，不要轻易打断或补充、纠正别人的发言，应尊重对方的观点。

（二）仪态礼仪

1. 目光语言

柔和亲切地看着谈话方，注视区域以眉、眼、颊区为主。

2. 站立仪态

站立时体态挺拔，忌双臂抱胸，或叉腰式站立。女士应双腿并拢，男士分腿站立时双脚间距不宜超过一脚宽，与女士交谈时更应注意这个问题。

3. 坐姿仪态

交谈时的坐姿，应尽量使身体朝向谈话者，上身略向前倾斜，表现出对谈话的专注与兴趣。在交谈中不宜将身体向后靠着椅背，或者向旁倾斜靠在一侧扶手上。

（三）举止礼仪

(1) 商务拜访宜提前预约，出发前宜再次确认。

(2) 到顾客办公室访问，应由秘书或接待人员引领，不宜自行寻找。

(3) 主动向在场人都表示问候或点头示意。

(4) 如需接听电话，应对在场人员表示歉意，离开座位并到谈话区域以外接听电话。接电话时间不应过长，一般不超过 3 分钟。回座位时应再次向周围的人致歉意。

(5) 当主人起身或离席时，应同时起立示意，或有他人加入交谈时，应起身示意（如对方是年长者宜起身），随对方一同入座。

(6) 告辞时，应主动起身，感谢对方的热情接待，到达门口时请对方留步。

能力点

一、拜访中的行为禁忌

（一）拜访人员应避免的八种行为

(1) 开口常以“我”字打头。过于强调自己的诉求、感受、想法，却无意了解对方的意见。对对方关心的问题不感兴趣。

(2) 一问三不知。无论对方问到什么问题，都以“这个我不清楚。”“是吗？我好像没听说。”“我要问一下我们老板。”“这是我之前的那位销售主管负责的事，后来他辞职了。”来回应对方。这会令交谈无法开展。

(3) 态度过分严肃，不苟言笑。

(4) 语气单调，表情呆滞。

(5) 反应过度，语气浮夸。

(6) 过分热衷于取得别人的好感。

(7) 在人前整理头发、衣服，照镜子、补妆等。

办公室礼仪

（二）商务交流中损害个人魅力的九种言谈方式

(1) 不注意自己说话的语气，经常以不悦或对立的语气说话。

(2) 应该保持沉默的时候偏偏爱说话。

(3) 打断别人的话。

(4) 嘲笑别人或批评社会不良现象。

(5) 以傲慢的态度提出问题，给人一种只有他自己才最重要的印象。

(6) 在谈话中说一些显示自己的人脉、能力，但与拜访主题并无关联的事情。

(7) 在谈话中随意接电话。

(8) 不管自己是否真的了解，而任意地对任何事情都发表意见。

(9) 公然质问他人意见的可靠性。

二、拜访中的行为礼仪

（一）等候时的行为礼仪

(1) 面带微笑，向前台接待说明身份、拜访对象和目的。

(2) 从容地等待接待人员将自己引到会客室或受访者的办公室。

(3) 如果是雨天，不要将雨具带入办公室，而应使用伞套或放在门外指定区域。

(4) 在会客室等候时，不要做与此次拜访无关的事，比如打私人电话、查询股票行情、玩手机游戏等。

(5) 接待人员奉茶时，要表示谢意。

(6) 等候超过 15 分钟，可向接待员询问有关情况。

(7) 如受访者因故无法约见，则留下自己的名片和相关资料，请接待人员转交。

（二）办公室行为礼仪

(1) 即便拜访对象的办公室开着门，也应在门口先行问候，对方邀请后再行入内。

(2) 见到拜访对象时，确保包和资料放在左手，空出右手，方便与对方握手。

(3) 拜访对象请人奉上茶水或咖啡时，应表示谢意。

(4) 交谈中如有其他人进入办公室，应听候主方安排，无须自行回避。

(5) 约定的拜访时间到了就应礼貌告辞，哪怕还有未尽事宜也不宜单方面延后结束时间，应与对方商议后共同决定是推迟结束时间还是另行约定。

(6) 拜访结束时应礼貌致谢。

知识拓展

茶水咖啡礼仪

喝咖啡礼仪

一、上咖啡的方式

咖啡应该用小咖啡杯装，底下垫咖啡碟，并附一个小咖啡匙。

（一）餐后咖啡

餐后咖啡通常在就餐处喝，应倒好咖啡再把咖啡杯连同碟子放在客人席位桌面的右侧，咖啡匙摆在碟上右端。倒咖啡或送咖啡应像倒酒和其他饮料一样，站在客人右手边进行，然后从客人左手边端上装有奶精和糖的托盘。

(二) 休息室 / 茶室的半自助咖啡

若在休息室 / 茶室用咖啡，可以先把咖啡倒好放在一个大托盘里，让客人自己加奶精或糖。另一种做法是把装有咖啡壶、杯子、碟、咖啡匙、糖和奶精罐的托盘放在沙发前的咖啡桌上，主人坐在沙发上为客人服务。客人来拿咖啡时，主人应该问他加多少糖或奶精，然后依客人的喜好将调好的咖啡递给客人。

二、杯碟使用

盛放咖啡的杯碟一般都是特制的，这种杯子的杯耳较小，手指无法穿过去。但即使用杯耳较大的杯子，也不要将手指穿过杯耳端杯子。咖啡杯的正确拿法，应是拇指和食指捏住杯耳将杯子端起。

添加咖啡时，不需要把咖啡杯从咖啡碟中拿起来。

站着喝咖啡并与他人交谈时，要将咖啡杯、咖啡碟全部拿在手上。落座时，可以只将咖啡杯轻轻拿起。

三、加糖的方法

加糖要轻。给咖啡加糖时，有两种情况：一种是加砂糖，可用咖啡匙舀取，直接加入杯内，同时，为避免咖啡溅出，添加时位置应尽量低。另一种是加方糖，可先用糖夹子把方糖夹在咖啡碟的近身侧，再用咖啡匙把方糖放在杯子里。如果直接用糖夹子把方糖放入杯中，可能会使咖啡溅出。

四、咖啡匙使用

咖啡匙是专门用来搅拌咖啡的。通常，将咖啡匙立于咖啡杯中央，顺时针由内向外划圈，到杯壁再由外向内逆时针划圈至中央，然后重复 2~3 次。也可以在杯中画直线，例如从 10 点方向到 4 点方向重复 2~3 次。这两种方式的目的都是在充分搅拌的前提下尽可能减小搅拌的幅度。

课后探究

1. 请谈谈拜访同辈及长辈的异同。

2. 拜访既可以是纯礼节性的拜望，也可以是公务性的，很多时候是两者兼备的。如何在拜访中既做好礼节性沟通，又完成好工作沟通？

实训任务三 接 待 礼 仪

引导案例

墨尔本第一天

经过 11 小时的飞行以及一个小时车程，我和同事于早上 7 点来到墨尔本北区的临时住处：一个为国内旅行公务者提供租房服务的家庭旅社。正当我们在门口犹豫,不知此刻敲门是否太早影响主人休息的时候,门开了,一个热情的笑脸顿时扫除了我们的陌生感:"欢迎欢迎!是南京的两位老师吧!出租车停下的时候我们就知道是你们到了!""您好,张女士!我们是南京旅游职业学院的,我是陈小丽,这位是我的同事杜大伟。"我向女主人做了简单的介绍,然后抱歉地说:"飞机抵达时间有点早,我们还担心会打扰你们。"张女士笑着说:"没关系,我们起得早,叫我阿玲吧!"走进院子,男主人迎出来说:"哪里会是打扰呢!我们期待你们好久了!快坐下休息一下,喝杯柠檬红茶吧!这个柠檬就是院子里这棵柠檬树上摘的。喝完茶我再带你们去房间。"我们惊叹地看着满树的柠檬果,手捧清香四溢的茶,顿时就喜欢上了这个"临时的家"。

(案例来源:笔者根据自身经历编写。)

案例思考:男女主人是如何消除第一次见面时的陌生感,并让宾客喜欢上这个"临时的家"的?结合自身经历,谈一谈让你难忘的接待经历。

知识点

接待,是指迎接、接洽、招待。在职场交往中,接待礼仪是工作人员基本礼仪,也是员工代表企业对来访人员表示欢迎、表达尊重的行为。

一、接待人员形象礼仪

(一) 接待人员着装原则

着装,它既是一门技巧,更是一门艺术。它不仅单只穿衣戴帽,更由此而折射出的人们的教养与品位。接待人员着装,需体现职业特点和专业能力。在力所能及的前提下,对服装所进行的精心选择、搭配和组合,将给他人以良好的印象。得体的着装,必须遵守"TPOR"原则,体现着装的特性。

1. 着装的"TPOR"原则

TPOR 原则,指着装选择要考虑时间"Time"、地点"Place"、场合"Occasion"和角色"Role"这四大因素,力求使自己的着装与环境、场合、身份相和谐。不考虑上述要素,仅凭个人喜好选择着装,很可能给他人带来身份认知的困惑,同时也是对对方的不尊重。

2. 着装的特征

(1) 个体性。着装的个体性主要体现在要照顾自身特点,做到量体裁衣,使之适应自身,扬长避短;保持自己独有的风格,勿随波逐流。

(2) 整体性。着装的整体性主要体现在着装的和谐。要恪守服装本身约定俗成的搭配,使服装各部分相得益彰,力求展现着装的整体之美。

(3) 整洁性。着装的整洁性主要体现在着装应整齐、完好、干净卫生。各类服装要勤于换洗,不应有污渍和异味。

(4) 文明性。着装的文明性主要体现在符合社会道德传统和常规。

(5) 修饰性。着装的修饰性主要体现在着装应符合穿着者的体态、年龄、身份等特点，能体现出良好的品位与气质。

（二）着装场合

1. 公务场合

公务场合指的是人们在工作地点中的公务活动时间。公务场合对于服装款式的要求是庄重、保守、传统。符合公务场合的服装款式为：制服、套装、套裙、工作服等。

2. 社交场合

社交场合，是指人们置身于交际地点，在上班之外的公共场合与人交往、共处的时间。如聚会、拜会、宴会等，都是典型的社交场合。社交场合对于服装款式的要求是典雅时尚个性。适用于社交场合的服装款式为：时装、礼服、民族服装，以及个性化服装等。

3. 休闲场合

人们在闲暇时间，在公务、社交之外，如居家、健身、旅游、娱乐、逛街等，都属于休闲活动。休闲场合对于服装要求是舒适、方便、自然。适用休闲场合的服装为：家居服、运动装、沙滩装、牛仔裤等。

（三）着装搭配技巧

1. 男士着装

一套完整的西装包括上衣、衬衫、领带、西裤、腰带、袜子和皮鞋。

(1) 西装。西装上衣要求衣长在臀围线以上 1.5 厘米左右；袖长至腕部。正装西裤要求：裤线清晰笔直，裤脚前面盖住斜面中央，后至鞋跟中央。

(2) 衬衫。长袖衬衫是搭配西装的唯一选择，颜色以白色或淡蓝色为宜；领子要挺，下摆束在裤内；衬衫领口和袖口要长于西服上装领口和袖口 1~2 厘米。

(3) 领带。领带图案以几何图案或纯色为宜；系领带时领结要饱满；长度以系好后垂到皮带扣处为准。

(4) 腰带。腰带材质以牛皮为宜；皮带扣样式和图案不宜夸张。

(5) 鞋与袜。搭配造型简单、鞋面光滑亮泽的样式，可以是系带或是不系带的鞋。袜子与鞋同色或与裤同色。公务场合切忌黑皮鞋配白袜子。

2. 女士套装

女性的着装比男性更具个性，女性要树立一种最能体现自己个性和品位的风格。值得一提的是，在正式场合，女士着装一定忌短、忌露、忌透。

(1) 套装。首选为西服套装裙，最佳面料是高品质的毛纺和亚麻，色彩宜选择黑色、灰色、棕色、米色等单一色彩。商务套装一般为长袖。裙长及膝，这样，落座或下蹲时裙边靠近膝盖处，较为雅观。

(2) 衬衫。衬衫的颜色与套装相匹配即可，如：白色、黄白色和米色。丝绸衬衫是不错的选择；另一种选择是纯棉衬衫，但要熨烫平整。

(3) 鞋、袜。黑色高跟或半高跟鞋船鞋是社交和职场女性的必备基本款，可搭配任何颜色和款式的套装。接近肤色的长筒袜和连裤袜是穿套裙的标准搭配，袜边切忌暴露在裙子外面。丝袜极容易破损，因此，可随身准备备用丝袜，以备不时之需。

(4) 丝巾。丝巾可使女性显得柔和雅致，是职场女性常用配饰。丝巾的妙用在于衬托着装整体效果，是彰显女性服装完美搭配的点睛之笔。生活中，把不同颜色、不同图案的丝巾以不同的方式打结，并配以适合的发型和衣着，如衣深巾浅、衣素巾艳。

(5) 戒指。戒指不仅是一种装饰品，还有特定的含义。接待人员不宜佩戴太过夸张的戒指，可选择款式简洁的戒指。戒指一般戴在左手，通常只佩戴一枚。

二、接待人员语言礼仪

(一) 言语得体

1. 善用礼貌用语

接待人员应善用礼貌用语。交谈是人与人之间情感交流的重要方式，以人为本、尊重理解的交往信条可以促进交谈沟通良好效果的达成，礼貌用语则是其具体表现中的重要一环。如“您好”“请”“谢谢”“对不起”“再见”等基本礼貌用语。同时，要合理恰当地使用敬语和自谦语，礼让对方。不得以自我为中心，忽略对方感受。

2. 时机合宜

接待人员在交谈过程中一定要注意时机合宜、言语有度。在接待过程中，不可随意打断、打扰宾客，不可在别人谈话时交头接耳。在陈述己见时，要委婉表述，力求和缓、中听。即使是提出建议，也应注意时机的选择和语气语态。

3. 不卑不亢

接待人员在交谈过程中要做到不卑不亢，主要体现在交谈的态度和语气上。在与别人交谈时，态度要诚恳谦恭，语气要热情友好，不可唯我独尊、盛气凌人。但也不可唯唯诺诺、一味迁就，必须给人以双方平等、相互尊重之感。

(二) 事先准备

接待宾客之前应事先了解宾客信息，做好交流准备。在交谈中主动提出一些对方感兴趣的问题是必要的，内容应体现自己的知识层次，同时使对方并不难于回答。若对方对你的问题一时答不上来或不愿回答，应尽快转移话题，避免让对方难堪。对于别人的提问，若是不便回答的，可避实就虚。

(三) 善于倾听

善于倾听，是接待人员必备的素养，也是成功交谈的诀窍之一。通过提问和交谈中的响应，使对方在感兴趣的话题上畅所欲言。在倾听时表现出耐心而会意的态度，往往能给对方留下谈话很愉快的印象。

善于倾听对方的言谈，寻找对方的兴趣点和关注的问题。选择谈话内容时照顾对方感兴趣的话题，让对方觉得与你谈话很愉快，避免在自己不懂的领域说得太多，也避免在别人不懂或不感兴趣的领域说得太多。

能力点

职场礼仪——要客服务礼仪

一、接待中的礼貌用语

接待中的常用礼貌用语包括问候语、欢迎语、征询语、致谢语、致歉语、告别语等。

（一）问候语

见到宾客时应主动问候。要面带微笑，正视对方的双眼，声音清晰，以“姓氏+职务”称呼，传递出愉悦的情绪。

（二）欢迎语

说欢迎语时要注意情声合一，表达对贵宾到来的真诚欢迎。同时可辅以30°鞠躬礼及简要自我介绍。

（三）征询语

接待宾客时，应主动征询要客需求。宜采用封闭式提问，如“王经理，为您准备了普洱茶和绿茶，请问您喜欢哪一种？”也可以是开放式提问，如“您还有什么需要吗？”征询性的语言会使他人感受到尊重。

（四）致谢语

对于他人的帮助，即便是举手之劳也要诚恳地道谢。道谢时要专心面向对方，看着对方的眼睛然后致谢，必要时可辅以30°或45°鞠躬礼。

（五）致歉语

无论是工作发生过失、疏漏，还是没有听清客人的要求，或者仅仅有可能打扰客人时，都可以使用致歉语。致歉时可辅以15°鞠躬礼。

（六）告别语

送别客人时应向客人友善道别。道别语主要表达祝福、不舍等含义。与客人告别时神情应友善温和，语言要有分寸，具有委婉谦恭的特点。如“王经理，祝您一路平安！”告别时可辅以30°鞠躬礼。

二、接待人员的语言艺术

有了标准的服务流程和规范用语，还应注重语言艺术。同一段话，不同的人说，用不同方式说，效果都不一样。接待中的语言表达要素主要包括声音、形象、动作、视线、手势等等要素。

（一）声音

声音的特性包括音调、音色、音量。服务人员的声音要柔和、悦耳，语词表达清晰简洁。不宜音调过高或语速过快，以免让听者产生不适感或听不清楚。

（二）形象

在口语表达过程中，视觉形象是很重要的因素，包括衣着、形体、容貌等。尤其在较为正式的口语表达环境中，良好的形象能有效塑造表达者的专业度。因此，服务人员要注重自己的职业形象。

（三）动作

讲话时的行为动作一般称为肢体语言，影响着听者的感受。在描述一些抽象的事物或者表达情感的时候，可以利用动作来演绎我们日常中的行为，从而促进语言的表达。

（四）视线

与客人交流时应望着客人的眼睛，如果交流时间较长可注视客人双眉到口唇的"面部三角区"。

迎接客人时,4 米以外视线可看客人整体,2~3 米看肩部以上,小于 2 米时看面部三角区。迎接多位宾客时,可用散点柔视法,即视线看向宾客所在方向,并微笑致意。

(五) 手势

交谈过程中的手势主要有两种功能,一是表示礼貌,如"王总,您请进。"二是指示方位或具体信息,如"王总,您的车到了,请这边走。"

手势应配合服务语言,做到清晰明确,幅度适中。

三、接待礼仪要点

宾客来访,要礼貌周到。对宾客要求要认真听、记;面对宾客咨询,要如实回答;宾客特来拜访,要表示诚挚的谢意;宾客告辞时,要起身相送。

(一) 电话接待礼仪

(1) 电话铃响,两声至三声时接起,问候且报单位名称,然后聆听来电方的诉求,认真记录。

(2) 电话交流要认真理解对方意图,并对对方的谈话做必要的重复和确认,如数字、日期、名字、地点等。

(3) 应备有电话记录本,重要的信息及时记录并通报相关部门、人员。

(4) 电话内容讲完,应等对方结束谈话再以"再见"为结束语。对方放下话筒之后,自己再轻轻放下,以示对对方的尊敬。

(二) 引见礼仪

到办公室来的客人与领导见面,通常由办公室的接待人员引见、介绍。在引导客人去领导办公室的路途中,接待人员要走在客人左前方 2~3 步远的位置,稍侧身而行,避免只把背影留给客人。在陪同客人去见领导的这段时间内,可以问候客人稍做寒暄,或作简单介绍。

在进领导办公室之前,要先轻轻叩门,得到允许后方可进入。叩门时应用手指关节轻叩。进入房间后,应先向领导点头致意,再把客人介绍给领导,介绍时要注意措辞和手势语。如果有好几位客人同时来访,就要按照职务的高低,按顺序介绍。介绍完毕走出房间时应自然、大方,保持较好的行姿,出门后应回头轻轻把门带上。

(三) 乘车礼仪

接待人员陪同宾客乘车时要注意以下要点:

(1) 让领导和客人先上,自己后上。

(2) 要主动打开车门,并以手示意,待领导和客人坐稳后再关门。四门轿车以后排右座为上,所以应先开右后门。

(3) 陪同客人时,要坐在副驾驶位置。

(四) 递物与接物

接待人员接物或递物时须用双手,表示对对方的尊重。递送名片时,应用双手恭敬地递上,且名片的正面应对着对方。在接受他人名片时也应恭敬地用双手捧接。接过名片后要仔细看一遍或有意识地读一下名片的内容，并妥善收好。递送文件等纸质物品时，也应双手递送，文字正面朝向对方。

知识拓展

读懂客人的身体语言

一、何时不便打扰

（一）客人在交谈时

客人在交谈的时候经常会用到一些身体语言，例如用手表示强调、整理衣服或者轻抚头发。指尖向上搭成尖塔形表示正在发表一个观点；而指尖向下则表示在倾听。如果两个客人在交谈时，最好和他们保持一定的距离，直到他们觉察到有他人在场为止。他们很自然会停止交谈，接受这次礼貌地打断。

（二）客人全神贯注时

全神贯注的表现方式有很多种。通常来说，用手支住头、以手托腮或者皱眉都可以表示这种状态。遇到这样表现的客人，你要问问自己是不是应该打断他们。另外，快速地做出判断非常必要。

二、何时需要帮助

需要帮忙的客人常常会向四处张望，而且可能会挥手示意。

三、何时应该走开

如果和某个客人站在一起，别忘了注意一下他们双脚所指的方向。当人们觉得谈话已经结束，脚尖就会不自觉地指向他们要离去的方向。如果两人意见不一致，他们会不经意地转过身去，表示不悦。

课后探究

1. 接待中，如果遇到未预约就来访的客人，而所访之人暂时不便接待，接待人员应如何处理？

2. 接待人员自身的礼仪素养，是接待工作得以顺利完成的重要保证。接待人员需具备什么样的礼仪素养？

实战演练

实训项目：职场交往礼仪

1. 实训目标

掌握职场会面、拜访和接待的礼仪

2. 实训步骤

(1) 分配角色，包含A公司实习生、新员工、资深员工、部门领导，B公司员工、部门领导等。

(2) 设计职场交往情景，演示职场自我介绍、介绍同事、拜访客户并介绍公司业务、接待合作公司来访等环节。

(3) 小组成员共同演示职场见面与介绍礼仪、拜访礼仪、接待礼仪。

(4) 小组互评，教师点评。

3. 考核评价(见表 4-1-4)

表 4-1-4 职场交往礼仪实训项目考核评价

评分项目	标准与要求	分值	得分	总分
团队形象	精神饱满，态度积极，符合专业形象要求	30		
讲解效果	普通话标准，声音清晰； 称呼、问候语、介绍词准确； 生动体现职场人敬长敬贤、礼貌待人的品质	30		
演示效果	角色分工明确，情节合理； 展示内容包括见面礼节、介绍、访客接待等； 能运用多媒体进行演示	40		
实训项目评价				
自我评价				
同学评价				
教师评价				

项目二　会议礼仪

学习目标

● 知识目标：了解会议一般流程；
了解参加会议和会议发言的礼仪；
了解会议位次礼仪；
了解会议服务人员的接待、引导、茶会服务礼仪。

● 能力目标：掌握大型会议、中型会议、小型会议的座次排序规范，并能按序安排座次；
掌握会议引导及茶会服务礼仪；
能根据会议主题、参加人员及人数，设计会议的流程。

● 素养目标：培养团队协作意识和主动服务意识。

会议是职场中最常见的活动，是团队沟通的重要形式和渠道。要树立良好的主体形象必须遵循相关的礼仪规则。本项目关键技能点主要有会议流程、会议准备、会议位次排序等。通过本项目的学习，职场人员要学会应用会议礼仪、会议服务的基本规范。

实训任务一　参会礼仪

引导案例

某知名科技公司业务部张经理派技术骨干小李作为部门代表参加公司会议。会前，小李仔细研究了会议通知和议程，精心选择了一套职业装并提前到达会场。会议中，小李认真听会，并在需要时给予适当的回应；在讨论环节中，他积极参与讨论，并在适当的时候举手示意发言。会议结束后，小李向主持人和其他参会人员表达了感谢，并对他们的贡献和付出表示敬意。回到公司后，小李根据会议中讨论的结果和决策，制定了相应的行动计划，并及时向张经理做了汇报。

案例思考：参加会议的基本礼仪有哪些？

知识点

一、会议的一般流程

会议是人们有组织、有领导、有目的地通过集会形式商讨问题、制定决策、交流经验、发布信息、研究或解决某一事项的活动。会议的种类很多,但不管其目的如何、规模大小,作为会议的组织者都要精心策划,严密组织,保证会议取得应有的效果。会议的成功,固然取决于会议的主题、内容确定是否恰当,以及组织者的管理水平和管理能力,但与会者是否遵守会议礼仪也有很大的关系。政府、企事业单位会议,特别是大中型会议都有一套完整的工作流程,它保证了会议管理的科学性和规范性。会议前准备流程一般包含以下几个方面:

1. 确定会议主题与议题

要有切实的依据,同时必须要结合本单位的实际情况,要有明确的目的。

2. 确定会议名称

会议名称一般由"单位+内容+类型"构成,内容应根据会议的议题或主题来确定。

3. 确定会议规模与规格

本着精简效能的原则,会议的规模有大型、中型、小型之分。会议的规格有高档、中档和低档之分。

4. 确定会议时间与会期

会议的最佳时间,要考虑主要领导是否能出席,应确保会期的长短与会议内容紧密联系。

5. 确定会议所需设备和工具

(1) 必备用品是指各类会议都需要的用品和设备,包括文具、桌椅、茶具、扩音设备、照明设备、空调设备、投影和音像设备等。

(2) 特殊用品是指一些特殊类型的会议,例如谈判会议、庆典会议、展览会议等所需的特殊用品和设备。

6. 建立会议组织机构

主要指会务组、宣传组、秘书组、文件组、接待组、保卫组等。

7. 确定与会人员名单

包括出席会议和列席会议的有关人员。应根据会议的性质、议题、任务来确定与会人员。

8. 选择会议地点

应根据会议的规模、规格和内容等要求来确定会议地点,有时也要考虑政治、经济、环境等因素。

9. 安排会议日程

会议日程是指会议在一定时间内的具体安排,包括对会议所要通过的文件、所要解决的问题的概略安排,并冠以序号将其清晰地表达出来。

10. 制发会议通知

会议通知的内容包括会议的名称、时间、地点、与会人员、议题及要求等。会议通知的种类有书信式和柬帖式。会议通知的发送形式有正式通知和非正式通知。会议通知的方式有书面、口头、电话和信件。

11. 制作会议证件及准备会议文件资料

(1) 会议证件包括会议正式证件和工作证件。会议正式证件主要有代表证、出席证、列席证、来宾证;会议工作证件主要有工作证、记者证、出入证。会议证件的内容有会议名称、与会者单位、姓名、职务、证件号码等。有些重要证件还会贴上本人照片,加盖印章。

(2) 会议文件资料主要有议程表和日程表、会场座位分区表和主席台及会场座次表、主题报告、领导讲话稿、其他发言材料、开幕词和闭幕词、其他会议材料等。

12. 会场的布置

(1) 主席台。主席台的布置一要对称,二要简化。

(2) 会场内外的布置。主要有会标、会徽、台幕、标语、桌签、座签、色调、灯光、旗帜、花卉等。

二、会议礼仪

会议礼仪

(一) 参会人员的基本礼仪

1. 会议组织者的礼仪

会议组织者的礼仪主要体现在尽职尽责地为与会人员服务上。会议开始前,要精心做好准备工作(包括明确会议内容、确定与会代表、选择会议地址、做好申请工作等);与会者到达会场,要热情接待并做好现场记录;会议结束后,要做好会议文件的整理和归档,要做好送行工作。

2. 主持人礼仪

主持人是会议的具体组织者和领导者,其礼仪表现对会议能否圆满成功有着重要的影响。因此,在主持会议期间,主持人态度要认真严谨,应熟知会议的议题、时间及各项安排等相关内容,注意把握会议的节奏、气氛和时间;主持人发言要口齿清楚,思维敏捷,简明扼要。主持人应衣着整洁,大方庄重,精神饱满,忌不修边幅;走上主席台的步伐要稳健有力。如果是站立主持,要双腿并拢,腰背挺直。持稿时,右手持稿件的中部,左手五指并拢自然下垂。双手持稿时,要与胸齐平。坐姿主持时,应身体挺直,双臂前伸,两手轻按桌沿。主持过程中,不要出现挠头、揉眼、抖腿等不雅动作。

此外,主持人在会议期间,还应尊重全体与会代表,尊重发言人。当发言人结束发言时,主持人应引导与会人员鼓掌致意。主持人对会场上的熟人不宜招呼,更不能寒暄闲谈,可在会前或会议休息时向熟人点头、微笑致意。

3. 主席团成员礼仪

主席团是会议所设立的最高决策领导机构,对于整个会议的成功负有重要的组织责任,因此应以身作则,严格遵守会议纪律,准时到会,按序就座,会议中要精力集中,认真倾听代表的发言。如果会议参会者鼓掌致意,主席团成员应微笑鼓掌作答。如有急事要离开会场,应与主持人打招呼,征得主持人同意后再离席,别人发言时不要退席。散会时,依照秩序退场。

4. 发言人礼仪

发言代表是会议的中心和主角,是与会人员注意力的集中点。会议发言人要衣冠整齐,走上主席台时步态自然,刚劲有力,体现出成竹在胸的自信风度和气质。

职场汇报礼仪

发言前，要环顾全场，分别向会议代表和主席团行礼致意，如有掌声应鼓掌还礼。发言时，一般应使用普通话，要掌握好语速、音量，保证发言内容简明扼要。如果是书面发言，要时常抬头扫视一下会场，注意与会者的反应。如果与会者提问，要礼貌作答。发言时间一般不超过大会规定的时间，最后致谢。

5. 与会代表礼仪

对与会代表来说，重要的是遵守会议纪律，按时入场。在发言人发言时要认真倾听，做好记录，发言人发言开始和结束时，应鼓掌致意。会议进行时，不私下交谈，不在会场内使用手机，衣着要整洁，仪表要大方。如需提前离开会场，应向有关人员讲明原因并表示歉意，离席时不要影响其他人。

（二）会议的座次之礼

举行正式会议时，通常应事先排定与会者的座次，尤其是其中重要身份者的具体座次。越是重要的会议，它的座次排定往往就越受到社会各界的关注。在实际安排会议时，由于会议的性质和规模多有不同。因此，具体的座次排定便存在一定的差异。

1. 小型会议座次安排

小型会议，可以把会场布置成圆桌型或者方桌型，领导和会议成员可以互相看得见，大家可以无拘无束地自由交谈，这种形式适合于召开 15~20 人的小型会议，如工作周例会、月例会、技术会议、董事会。它的主要特征是全体与会者均排座，不设立专用的主席台。小型会议的排座，目前主要有以下两种具体形式：

⑴ 面门设座。它一般以面对会议室正门之位为会议主席之座，即尊位。通常会议主席坐在离会议门口最远的桌子末端。主席两边为参加会议的客人和拜访者的座位，或是给高级管理人员、助理坐，以便他们能帮助主席分发有关材料、接受指示或完成主席在会议中需要做的事情。

⑵ 依景设座。所谓依景设座是指会议主体位置不面对会议室正门，而是应当背依会议室之内的主要景致所在，如字画、讲台等。

2. 大型会议座次安排

大型会议即与会者多、规模较大的会议。大型会议在会场上要设主席台和听众席。

⑴ 主席台。一般面对会场主入口，面对听众席。主席台成员的桌上要放置正反两面的桌签。主席台排座，具体分为主席团排座、主持人座位、发言者席位等。

第一，主席团排座。会议主席台就座者都是主办方的负责人、贵宾或主席团成员，安排座位时应注意以下惯例：依职务的高低安排座次。职务最高者居中，然后按先左后右（这是国内公务会议的特例，国际惯例则是先右后左）、由前至后的顺序依次排列。正式代表在前，列席代表在后。

第二，主持人座席。会议主持人（即大会主席）的具体位置一是居于前排中央，二是居于前排的两侧，三是按其身份排座，但不应就座在后排。

第三，发言者席位。在正式会议上，发言席的常规位置，一是主席台正前方，二是主席台的右前方。

(2) 听众席。在大型会议上，主席台下的一切座位都是听众座席。听众席排座，可以按以下方式进行：

① 汉字笔画排列。② 按汉语拼音字母排列。③ 按行业系统排列。④ 自由式择座。

如果分为前排和后排，以前排为高，后排为低。如果分为不同楼层，楼层越高，排序越低。

3. 会议常见布置形式

(1) 剧院式。特点：会议厅内面向讲台成排摆放座椅，中间留较宽的过道。最大限度利用空间，最大限度容纳人数。座次同大型会议。

(2) 教室式。特点：会议室内将桌椅按排端正摆放或成"V"形摆放；参会者可有放置资料记笔记的桌子。座次原则为中间高于两侧，前排高于后排。

(3) 方形中空式。特点：会议室内桌子摆成方形中空，椅摆在外围，常用于学术研讨等会议，容纳人数较少，对会议室空间有一定的要求。座次参见小型会议。

(4) U形。特点：会议桌摆设成一面开口的"U"形状，椅子在周围；如需投影设备可在U形开口处放置。能容纳的人数较少。一般适合小型会议。座次参见小型会议。

知识拓展

服务的技巧

在市场经济发展过程中，顾客已经开始用质量、价格和售后服务综合起来选择产品了。服务技巧与服务艺术对企业的生存发展，具有与产品质量、价格、技术创新同等重要的意义。

一、服务中的询问技巧

询问在服务技巧上扮演极为重要的角色，人们不但可以利用询问技巧来获得所需的信息并确认顾客的需求，而且能主导顾客的主题。询问是最重要的沟通手段之一，它能使客户因自由表达意见而产生参与感。开始提供服务之前，了解顾客的需求非常重要。不了解顾客的需求，好比在黑暗中走路，既白费力气又看不到结果。通过询问问题来发现客户的真正需求，并在询问过程中认真倾听，同时让客户尽量发表真实的想法。有些服务人员一见到顾客就滔滔不绝地说个不停，让顾客完全失去了表达意见的机会，这种做法往往会使客户感到厌烦。发现顾客的需求，究竟应该花费多少时间来向顾客提问呢？这需要看服务本身，价值越大的服务，所需的时间越长，反之则越短。

在服务礼仪中，要求服务人员每问完一个问题，总是以专注的态度倾听顾客的回答。这种做法可以使顾客有一种被尊重的感觉。许多服务人员常常忘记这一点，要知道，倾听是确保沟通有效的重要手段。如果在顾客面前滔滔不绝，完全不在意顾客的反应，你很可能会失去发现顾客需求的机会。

二、服务中的道歉艺术

古语云:“人非圣贤,孰能无过?”在服务礼仪中,服务人员需要掌握的道歉技巧主要有以下几种:① 道歉语应当文明而规范。有愧对他人之处时宜说:“深感歉疚”“非常惭愧”;望见谅时需说:“多多包涵”“请您原谅”;一般场合可以讲:“对不起”“很抱歉”“失礼了”。② 道歉不要拖延时间,要越早越好,面对对方清晰地表明。若是事过境迁,一是难以启齿表达歉意,二是听者将会怀疑你的诚意。③ 对自己所做的事情勇于承担责任,不推托,不找借口,更不要文过饰非,也不要采取大事化小、小事化了的态度。④ 向对方道歉时要倾听对方的诉说,了解他的内心需求,有针对性地道歉。不可不视具体情况就千篇一律地使用“对不起”“请原谅”等语言,而是要具体问题具体分析。⑤ 主观上要真心,充分显示出内心的悔意和爱人之心。如果将道歉视为息事宁人的手段,而漫不经心、敷衍了事,不但起不到相互沟通的作用,反而会失去别人的尊敬,使关系向恶化方向发展。⑥ 要给对方时间以接受你的道歉。你的错误使对方产生不快,对方对你从不满到谅解需要一个过程。如果你马上请他原谅没有当场被接受,稍后再过去表达你的歉意和不安也可,也可以相互回顾当时的情况,仔细分析发生不快的背景、起因和当时的处境。经过冷静的分析,可以更好地增进双方的关系,弥补已经产生的裂缝和过失。

三、化解顾客不满的艺术

美国营销专家珍尼尔·巴诺在他的著作《抱怨是福》一书中写道:“当顾客对服务不满时,他们有两种选择:一是他们可以说点儿什么;二是一走了之。如果他们一走了之,就等于根本不给企业消除对他们不满的机会。不满的顾客仍在和我们沟通,在给我们机会让我们的服务回到令人满意的状态,顾客也更有可能再次光顾本企业。所以,尽管我们不愿听逆耳之言,但顾客的抱怨实为一种赠予。”

服务人员要注意:① 细心观察,发现不满。顾客对企业的产品或服务感到不满意时通常会有两种表现:一是显性不满,即顾客直接将不满表达出来;二是隐性不满,即顾客不说,但从此以后可能再也不来消费了。调查显示,隐性不满往往占到顾客不满意的70%。因此,服务人员应对这种隐性不满多加注意,多观察、感知顾客表情、神态、行为举止,做到未雨绸缪。很多大型的超市商场对这种不满都比较注意。他们一旦发现商场收银台排队过长,顾客有左顾右盼、自言自语、发牢骚等行为的出现,就会立即做出反应,增开收银口,疏导顾客,将顾客的不满化解于无形之中。② 虚心倾听,安抚不满,化解不满。顾客在开始陈述其不满时,往往都有一腔怒火,我们应在倾听过程中不断地表达歉意,同时允诺事情将在最短时间内解决,从而使顾客逐渐平静下来,怒火平息。控制局面,防止节外生枝、事态扩大。有许多顾客往往因自己的不良动机而故意夸大自己的不满意,以求“同情”,实现自己的“目的”。如某一顾客家中冰箱出现问题,他在陈述中就说冰箱是多么耗电、保鲜室与冷冻室设计是多么不合理、容易出现异味、容量太小等。这时就需要工作人员在倾听过程中准确判断顾客的“真正”不满之处,有针对性地进行处理,从而防止处理失当。③ 沟通过程中保持微笑。一般情况下,保持微笑,一可以调节顾客情绪;二可以消除隔阂,利于化解不满。

课后探究

1. 深入复习本节课所学流程安排、座次安排、问候交流、主持人礼仪、发言人礼仪等内容。

2. 会议礼仪的内容包括哪些方面？参会者应注意哪些礼仪？

实训任务二 会议服务

引导案例

待客之心

前段时间，我出席了一个为礼仪讲座而开的会议，会议室位于某大厦二十楼。我刚准备坐到离门较远的客座上，对方工作人员却走来对我说：“如果可以的话，麻烦您这边请。”然后让我坐到一个明显的下位上。我很诧异，难道这个公司不懂得基本的待客礼仪吗？但既然对方这么说，我也不便拒绝，就坐到了那个位子上。这时，不期然地望向窗外，只见外面的美景近在眼前。我情不自禁地感叹道：“真是太美了！”这时，工作人员走上前解释说：“让您坐下位真的很过意不去，但只有坐这个座位才最方便欣赏美景，所以只好失礼了！”那天，我怀着喜悦饱览了窗外的美景，与这美景同样深印脑海的，是对这个公司的美好印象。本是违反常规的做法，但却出自诚挚的待客之心，如此因地制宜、顺势而为的礼仪，才能真正产生令他人感动、快乐的魔力！

（节选自《一周快乐礼仪》，有改动）

案例思考：在上述案例中出现的“下位”一词，应如何理解？作者所说的“因地制宜、顺势而为的礼仪”是指什么？

知识点

一、待客“三S”原则

在接待来宾时，要熟知“三S”，即“See(看见)”“Smile(微笑)”“Stand up(起立)”。

(1) 看见：目光应正视客人，令客人感觉受到重视。

(2) 微笑：面带微笑，微笑是世界上最好的沟通方式，也是服务人员的基本礼貌。

(3) 起立：看到客人应起身相迎，表达重视之意。

二、待客真诚与宽容

古人云：“百行以德为首。”说的是一切行为都应去掉卑劣粗俗的东西，以体现出高尚的道德情操。真诚指的是服务人员真心诚意地为顾客服务。待客的基本要求就是真诚，这能更多地获得顾客的信赖、理解，能得到更多的支持与合作，容易获得更多的成功机遇。心理学认为，每个人的思想深处都有内隐闭锁的一面，同时又有开放的一面，希望获得他人的理解和信任。但开放是定向的，即向自己信得过的人开放。以诚待人，能够获得人们的信任，用真诚换来真诚。

宽容也是待客的要点。宽以待人就是在人际交往中有较强的相容度，相容就是宽厚、容忍、心胸宽广、忍耐性强。人们往往把宽广的胸怀比作大海，能“广纳百川之细流”；也有人把忍耐性比作弹簧，具有能伸能屈的韧性，相容接纳、团结更多的人，进而增加成功的力量，创造更多的成功机会。反之，相容度低则会使人疏远，减少合作力量，人为地增加阻力。宽以待人，还要有主动“让道”的精神，“礼让三分”能避免发生冲突、避免产生矛盾，于己于人都有利。

三、学会使用敬语

敬语是表示尊敬礼貌的词语。服务行业的敬语主要是指服务过程中表示服务人员自谦、恭敬之意的一些约定俗成的语言及其特定的表达形式。主要特征包括主动性、约定性和亲密性，通常分为问候用语、迎送用语、请托用语、致谢用语、征询用语、应答用语、赞赏用语、祝贺用语、推托用语、道歉用语这十类。

普遍适用的敬语分别是：“同志、先生、小姐、师傅”“老同志、老先生、老师傅”“军人同志”“外地朋友”“请注意了”“请您小心”“请您别着急”“请稍候，我找别人问问。”“对不起，我没说清楚”“人多车挤，请大家互相让一让。”“刚才我说话急了，请原谅。”“别着急，有意见请您提出来。”“请您慢慢看，随意选购。”“您别着急，我给您参谋一下。”“我马上来，请稍等。”“这个问题 ×× 部门负责解决，我帮您联系。”“请让一让”“我给您换一个质量好的。”“只要是质量问题，我们都负责退换。”“我们工作有缺点，欢迎提意见。”“需要我帮忙吗？”“按规定，这种商品不能退换，请原谅。”“不明白的地方我再介绍，买不买没关系。”“抱歉，我不清楚这事，可以帮您问问。”“请稍等，马上就到上班时间。”“客人较多，请您抓紧时间。”“请排队等候。”“我再帮您想想办法。”“请提前准备好。”“您还有什么不清楚的吗？”等。

四、学会赞美顾客

美国心理学家马斯洛的需求层次理论认为，人都有获得尊重的需要。即对力量、权势和信任的需要；对名誉、威望的向往；对地位、权利、受人尊重的追求。赞美会使人对这一需要得到极大的满足。心理学的研究认为，每个人都有渴求别人赞扬的心理期望，人一被认定其价值时，总是喜不自胜。由此可知，要想取悦顾客，最有效的办法就是热情地赞扬他。赞扬的方法主要有两种：① 具体明确地赞扬顾客。所谓具体明确地赞扬，就是在赞扬顾客时，有意识地说出一些具体而明确的事情，而不是空泛、含混地赞美。② 观察不同点赞扬顾客。人都有一种希望别人注意他不同凡响之处的心理。赞扬顾客时，如果能适应这种心理，去观察发现他异于别人的不同之点来进行赞扬，一定会取得出乎意料的效果。

能力点

一、席位安排

（一）会议座次

会议服务人员在安排会议席次时，应首先确定人数、姓名、身份信息，依据会议位次基本规则列出席位表，并给会议负责人员过目确认。座次基本规则如下：

（1）以右为上（遵循国际惯例）。

（2）居中为上（中央高于两侧）。

（3）前排为上（适用所有场合）。

（4）以远为上（远离房门为上）。

（5）面门为上（良好视野为上）。

（二）主席台座次

首先是前排高于后排，其次是中央高于两侧，最后是每排座位以左为尊（中国政府惯例）和以右为上（国际惯例）。

（1）当主席台人数为奇数时（见图 4–2–1）；

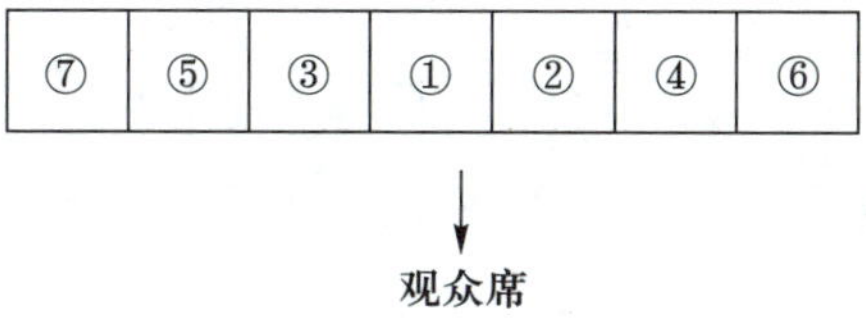

图 4–2–1

（2）当主席台人数为偶数时（见图 4–2–2）；

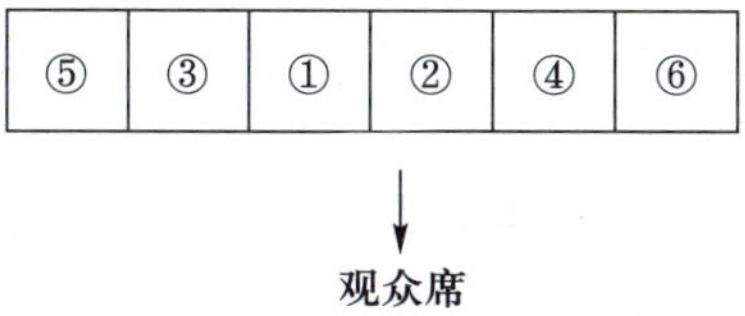

图 4–2–2

当人数为奇数时，①号人物居中，②号人物排在①号人物左手边，③号人物排在①号人物右手边，其他依次排列；当人数为偶数时，①号人物、②号人物同时居中，②号人物排在①号人物的左手边，其他依次排列。

二、物品递接

用双手递物或接物体现出对对方的尊重。如果在特定场合下或东西太小不必用双手时，一般用右手递接物品。如不慎将此类物品掉落在地，无论是否是服务人员的过失，都将是不礼貌的。

（一）物品递接方式

（1）一般纸制品如文件、资料、图书、名片、餐券、票据等，应用双手拿捏上方边缘,将正面朝向客人,递送时要看着客人的双手是否已经接住我们所转递的物品。

(2) 递笔、刀、剪之类尖利的物品时,需将尖端朝向自己握在手中,而不要指向对方。

(3) 招待客人用茶时,往往一手握茶杯把或扶杯壁,一手托杯底,但要注意扶杯壁时手的位置不要超过杯身高度的二分之一,并说声“请用茶”。若茶水较烫,可将茶杯放在客人面前的茶几上,并注意茶杯把朝右;若客人习惯用左手,则应将茶杯把朝左。同样,接主人敬上的茶,也应站起身来用双手接住,并道谢。

(4) 若递送餐具、香巾之类直接接触客人口部或其他易感部位时,不应直接用双手,而应通过盘、碟等媒介来传递给客人。

(二) 递接物品时的禁忌

(1) 不可用单手接受或递送礼物、茶杯等。

(2) 主人给客人倒茶时,客人应双手捧起碗,不能为了表示客气接过茶壶自己倒。

(3) 递接物品时不可穿越他人头顶上方。

(4) 为坐在里侧的客人服务时,服务人员的手臂或身体不可挡在外侧客人的面前,应保持 50 厘米以上的距离。当无法避免时应主动向外侧客人道歉,请客人注意避让。

三、引导礼仪

(一) 引导礼仪要点

(1) 遵照客人的习俗将尊位让给客人。

(2) 不要处于客人的行进通道内,妨碍到客人的心理舒适感。

(3) 在做长距离引导时,应注意与客人保持沟通,并做必要的方位或安全提醒。

(4) 引导客人出入电梯、上下楼梯时,参照相关的礼仪原则执行。

(5) 为多人引导时,应注意与主要宾客及其他宾客之间的距离。

(二) 引导人员的身体语言

姿态优雅、语言准确的引导服务能带给别人愉快舒适、备受尊重的感觉。因此,引导时必须注意以下几点原则:

一要准确,手势和语言都应准确,不可模糊不清,引起他人误解,这就需要了解环境和对引导流程做好充分的预练习;

二要适量,引导动作不可过多过快,容易让人有夸张、殷勤讨好之感;

三要及时,避免慢半拍,显得用心不专或反应迟缓。

具体而言,引导他人时应做到以下几点:

1. 保持眼神交流

引导中,目光要和对方的目光接触。眼神交流可以传达喜、怒、哀、乐等各种不同的情绪,双方目光的接触,能够促成情意的交流,表示尊重、谅解、关怀等含义。

2. 表情自然愉悦

脸上的肌肉要放松、自然。养成唇角、眉梢微微上扬的微笑表情,散发出亲切、温和的气息。脸色不可冷漠,令人退避三舍。交流时,表情要配合对方话语的内容,做出恰当的反应。

3. 讲究身体朝向

引导他人时，身体的方向要侧向对方，角度约为 45°。上身微微向对方倾斜，并配合“请”的手势，手掌伸直。

4. 使用手掌指示

指人或示物时要掌心朝上，五指并拢，用全掌指示，而不宜用单指指示。掌心朝上有邀请或抬高对方之意，会使人产生被尊重的感觉。

5. 注意控制距离

每个人在潜意识中都有自己的一个私人空间，这个空间约有 0.8~1.5 米的半径，与人交谈时应该避免突破这个礼仪距离。

四、茶水服务

（一）选用茶具

一般情况下，喝茶都少不了储茶用具、泡茶用具和喝茶用具。储茶用具的基本要求是：防潮、避光、隔热、无味。

泡茶水温的掌握，主要看泡饮什么茶。高级绿茶，特别是茶叶细嫩的名茶，不能用 100℃的沸水冲泡，一般以 80℃左右为准，茶叶愈嫩愈绿，冲泡水温愈低。这样泡出的茶汤嫩绿明亮，滋味鲜爽，茶叶里的维生素 C 也较少流失。

喝茶用具，主要是茶杯，茶碗。用茶杯喝茶最常见，也最正规。在会议服务中，宜使用统一制式的带盖白瓷杯或圆口玻璃杯。可依据需要，配合使用杯垫。

（二）敬茶的程序

茶水服务包括三个基本步骤：首先，洁净的茶具。其次，根据茶叶选择适当的冲泡方式，杯内茶水适量。再次，须双手奉茶。服务人员敬茶时可使用托盘，托盘内应有防滑垫。

茶不要泡得太浓，客人有特别要求的例外。上茶时还有“茶满欺人”的说法，以茶待客讲究要上热茶，而且是七八分满。

知识拓展

茶的品种及特点

一、绿茶

绿茶属不发酵茶，是中国的主要茶类之一。指采取茶树的新叶或芽，未经发酵，经杀青、揉捻、干燥等典型工艺过程制成的茶叶。其制成品的色泽和冲泡后的茶汤较多地保存了鲜茶叶的绿色格调。绿茶是未经发酵制成的茶，保留了鲜叶的天然物质，含有的茶多酚、儿茶素、叶绿素、咖啡碱、氨基酸、维生素等营养成分也较多。绿茶中的这些天然营养成分对防衰老、防癌、抗癌、杀菌、消炎等具有特殊效果，是其他茶类所不及的。常饮绿茶能防癌、降脂和减肥，对吸烟者也可减轻其受到的尼古丁伤害。

二、白茶

白茶属微发酵茶，是中国茶农创制的传统名茶。指采摘后，不经杀青或揉捻，只经过晒或文火干燥后加工的茶，制作过程主要包括萎凋、烘焙（或阴干）、拣剔、复火等工序。具有外形芽毫完整，满身披毫，毫香清鲜，汤色黄绿清澈，滋味清淡回甘等品质特点。因其成品茶多为芽头，满披白毫，如银似雪而得名。主要产区在福建福鼎、政和、松溪、建阳、云南景谷等地。云南白茶工艺主要有晒青，晒青茶的优势在于口感保持茶叶原有的清香味。

三、红茶

红茶属全发酵茶，是以适宜的茶树新芽叶为原料，经萎凋、揉捻（切）、发酵、干燥等一系列工艺过程精制而成的茶，因其干茶冲泡后的茶汤和叶底色呈红色而得名。红茶在加工过程中发生了以茶多酚酶促氧化为中心的化学反应，鲜叶中的化学成分变化较大，茶多酚减少 90% 以上，产生了茶黄素、茶红素等新成分。

四、乌龙茶

乌龙茶亦称青茶，属半发酵茶，由宋代贡茶龙团、凤饼演变而来，创制于 1725 年（清雍正年间）前后。乌龙茶是经过杀青、萎凋、摇青、半发酵、烘焙等工序后制出的品质优异的茶类。品尝后齿颊留香，回味甘鲜。乌龙茶的药理作用，突出表现在分解脂肪、减肥健美等方面。乌龙茶为中国特有的茶类，主要产于福建、广东等地区。

南京雨花茶冲泡服务

五、黑茶

黑茶因成品茶的外观呈黑色得名。黑茶属后发酵茶，传统黑茶采用的黑毛茶原料成熟度较高，是压制紧压茶的主要原料。制茶工艺一般包括杀青、揉捻、渥堆和干燥四道工序。黑茶按地域分布，主要分为湖南黑茶（茯茶、千两茶、黑砖茶、三尖等）、湖北青砖茶、四川藏茶（边茶）、安徽古黟黑茶（安茶）、云南黑茶（普洱熟茶）、广西六堡茶及陕西黑茶（茯茶）。

课后探究

1. 书面总结服务人员在身体距离、身体朝向、引导仪态、表情、语言等方面的表现。

2. 设想几种需要道歉或化解不满的场景并尝试针对性地总结用语。

实战演练

实训项目：会议服务礼仪

1. 实训目标

掌握不同类型会场座次安排、会议引导服务、茶水服务礼仪。

2. 实训步骤

(1) 小组选定会议类型，根据会议主题设计会议座次。

(2) 小组成员分别演示会议引导服务、会议发言、茶水服务等。

(3) 分组演示,小组互评,教师点评。

3. 考核评价(见表4-2-1)

表4-2-1 会议服务礼仪实训项目考核评价

评分项目	标准与要求	分值	得分	总分
团队形象	精神饱满,态度积极,符合专业形象要求	30		
讲解效果	普通话标准,声音清晰; 称呼、问候语准确,会议发言有条理	40		
演示效果	角色分工明确,座次安排合理; 引导动作规范,茶水服务规范; 能运用多媒体进行演示	30		
实训项目评价				
自我评价				
同学评价				
教师评价				

项目三 通信礼仪

学习目标

- 知识目标：了解职场通信主要形式与功能；
  了解正式活动邀约的基本形式；
  了解电话、微信、邮件等通信联络礼仪。
- 能力目标：掌握请柬、传真等邀约方式与规范；
  掌握接、打电话的礼仪；
  掌握邮件的写作规范与收发礼仪。
- 素养目标：具备诚实守信的良好品德，培养换位思考和逆向思维能力。

职场人员接触最多的工作联络手段主要有电话(手机)、微信、QQ、传真、电子邮件、信函等。通信礼仪，通常指在利用上述各种联络手段时，所应遵守的礼仪规范。职场通信的礼仪包含操作规范，但不仅仅是规范。通信过程中的环节都需要注意：通信时间的选择和时间长度的把握、措辞及表达方式、信息传递的通行做法及惯例等，这些都需要重点学习和把握。

本项目着重介绍现代职场联络中使用电话(手机)、微信、QQ、传真以及邮件等联络手段进行联络的基本礼仪。

实训任务一 邀约礼仪

引导案例

小华是公司市场部的新人，他负责邀请客户张经理参加公司的年终答谢晚宴。他通过邮件发出邀请，并附上晚宴的详细信息。张经理收到邮件后，及时回复表示将出席晚宴，并对小华的周到安排表示感谢。

然而，小华的另一个同事小王在处理类似事宜时却出现了疏忽。他直接通过微信向另一客户赵总发出邀请。一小时后，见赵总没有回复，小王再次发送了信息，但是赵总依然没有回复。询问过小华后，小王才知道自己的做法十分失礼，事后匆忙补发请柬，但给赵总留下了不好的印象。

案例思考：在商务邀约中，正确的礼仪和方式至关重要。想要赢得客户的尊重，我们在邀约中应注意哪些要点？

知识点

一、邀约的分类

邀约的方式有正式邀约与非正式邀约。正式的邀约多采用书面的形式，注重邀请的形式。非正式的邀约，通常是以口头形式来表现的。正式的邀约可以分为电话邀约、面对面邀约、请柬邀约、书信邀约、传真邀约、电报邀约、便条邀约等具体形式。它适用于正式的公务、商务交往中。非正式的邀约有面对面邀约、托人邀约以及打电话邀约等不同的形式。它多适用于职场人士非正式的接触之中。

二、邀约礼仪

（一）请柬邀约

在正式邀约的多种方式中，请柬邀约档次最高，也是最为常用的邀约方式。如宴会、舞会、纪念会、庆祝会、发布会、单位的开业仪式等，采用请柬邀请嘉宾，不仅能和其他的邀约区分开来，而且显得更加的庄重，同时展现邀约的诚意。

1. 请柬内容

请柬内容包括活动形式、举行的时间及地点、主人的姓名（如以单位名义邀请，则用单位名称）。请柬行文不用标点符号，所提到的人名、单位名、节日名称都应用全称。请柬信封上被邀请人姓名、职务书写要准确。

中文请柬行文中不提被邀请人姓名（其姓名写在请柬信封上），主人姓名放在落款处。请柬格式与行文中外文本，差异较大，注意不能生硬照译。请柬可以印刷也可以手写，但手写字迹要美观、清晰。

2. 标明席次

国际上习惯对夫妇两人发一张请柬。在我国，需凭请柬入场的场合每人一张。正式宴会，最好能在发请柬之前排好席次，并在信封下角标上席次号。请柬发出后，应及时落实出席情况，准确记录，以安排并调整席位。即使是不安排席位的活动，也应对出席率有所估计。

（二）传真邀约

传真邀约是利用传真机发出传真对被邀请者所进行的一种邀约。在具体格式、文字方面，其做法与书信邀约差不多。传真邀约的好处就是利用了现代化的通信设备，传递会更为迅速，并且不易丢失。

能力点

一、请柬发送与回复

正式的宴请活动一般均发请柬，这既是礼貌，亦对客人起提醒、备忘之用。邀请身份特别的贵客作为主宾参加活动，须单独发邀请信，其他宾客发请柬。

（一）发送

请柬一般提前一周至两周发出，以便被邀请人及早安排。已经口头约妥的活动，仍应补送请柬，在请柬右上方或下方注上“备忘”字样。

（二）回复

需要回复的请柬分两种情况：第一种，收到须回复。邀请人因需安排座位，确切掌握宴请活动的出席情况，要求被邀者明确答复能否出席。遇此，请柬上一般用法文缩写注上“R.S.V.P.”（请答复）字样；第二种，如不能出席请回复。这种情况只需不出席者答复，可注上“因故不能出席请答复”，并注明电话号码。

对于重要宾客，邀约方也可以在请柬发出后，用电话询问其能否出席。

二、应邀者礼仪

（一）认真对待邀约

任何书面形式的邀约，都只有在邀请者经过慎重考虑，认为确有必要之后，才会发出的。所以应邀者接到邀约，都必须及时地、正确地进行处理。

不论能不能接受对方的邀约，均须按照礼仪的规范，对邀请者待之以礼，给予明确、及时的回答：或者应邀，或者婉拒。置之不理，草率从事，这些做法都是不可取的。

（二）积极做出回应

职场人员在接到以书面通知为形式的正式邀约后，必须认定：邀请者是真心实意地希望自己能够接受邀请的。对方邀请，尤其是以书面形式正式地邀约，基本上都是对应邀者尊重与友好的表示。所以在接到邀约后，应当做出积极的礼貌性的反馈，如电话回复。

知识拓展

在商务场合中，合适的邀请方式可以增加活动的正式性和吸引力，邀请方式的选择应考虑活动的性质、受邀者的偏好以及公司的品牌形象。以下是一些适合商务场合的邀请方式：

(1) 个性化请柬：设计个性化的请柬是一种传统而优雅的邀请方式。可以选择高质量的纸张，并考虑使用公司的标志或与活动主题相关的设计元素。请柬应包含活动的所有详细信息，并提供回复的方式。(2) 电子邀请函：电子邀请函是一种现代且高效的邀请方式，便于管理和跟踪回复，可以通过电子邮件或专门的在线邀请平台发送。电子邀请函可以包含多媒体元素，如图片、视频或链接，使邀请更加生动。(3) 书面邀请：对于非常正式的商务活动，如颁奖典礼或高端商务晚宴，可以使用正式的书面邀请函。这种邀请函通常包括活动的详细信息、主办方的正式信头以及可能的回执卡。

课后探究

某公司办公室职员小李接到任务，负责制作正式的商务邀请函，邀请专家王教授参加公司的项目论证会，请帮助小李完成邀请函的内容，并说明邀约礼仪。

实训任务二 电 话 礼 仪

引导案例

在一个忙碌的周一早晨，孙经理正在处理紧急事务，突然电话铃声响起。他匆忙拿起电话，直接问道："喂，哪位？"电话那头是客户李先生，他稍显不悦地回应："您好，我是李某某，想了解一下上周五讨论的项目进展，不知孙经理是否有时间？"孙经理意识到自己的失礼，他立刻调整语气，诚恳地道歉："李先生您好，上周五会议后，我根据双方商议的要点做了一份详细的项目计划，稍后我会给您发送邮件并详细说明。您有任何疑问或需要商议的地方，请随时告诉我。"李先生听到这里，语气缓和了许多，双方继续愉快地交流。

案例思考： 电话交流相比于当面交流少了许多直观的感受，主要通过声音、语气、态度来传递信息。在电话交谈中应注意哪些细节？

知识点

在职场交往中，接打电话工作体现了通话者所在单位及本人的专业形象。不论是打电话还是接电话，都必须以礼待人，克己而敬人。在打电话的过程中如不讲究礼貌失敬于人，无形之中将会使自己的人际关系受到损害。从礼仪方面来讲，拨打电话与接听电话时都有相应的规范。

一、接打电话的礼仪

（一）拨打电话的礼仪

1. 通话语言

打电话时所使用的语言，应当礼貌谦恭、简洁明了。应遵循"通话 3 分钟"原则，用简短的语言把要说的事情说完。打电话时，每个人开口所讲的第一句话，都关系到自己给对方的第一印象，所以应当慎之又慎，最好是在打电话之前有所考虑和准备。

(1) "公务式"开场。"公务式"开场适用于正式的商务交往中，用礼貌用语把双方的单位、职衔、姓名一一道来。其标准用语是："您好！我是 ×× 公司 ×× 部

经理 ×××，我要找 ×× 分公司经理 ××× 先生。”

(2) “社交式”开场。“社交式”开场适用于一般性的人际交往，在使用礼貌性问候以后，应同时准确地报出双方完整的姓名。其标准用语是：“您好！我是 ×××，我找 ×××。”

2. **声音语调**

在打电话时，对一个人的电话形象影响最大的是打电话者的语言和声调。从总体上来讲，电话用语在通话时，声音应当清晰而柔和，吐字应当准确，语句应当简短，语速应当适中，语气应当亲切、和谐、自然。打电话时，嘴部与话筒之间应保持 3 厘米左右的距离。这样可使对方在接听电话时，听得最清晰。

3. **通话礼仪**

在通话时，若电话中途中断，按礼节应由打电话者再拨一次，拨通以后，须稍做解释，以免误会。当通话结束时，根据时段、通信事由等向对方道别。按照惯例，电话应由拨电话者挂断，挂断电话时，应双手轻放。

(二) 接听电话的礼仪

职场人士在接听电话时，须专心致志，彬彬有礼。在接电话时，首先要注意自己的态度与表情。虽说通电话是一种“不用见面”的交谈，接电话时的态度与表情对方是看不到的，但实际上对方是可以通过声音、措辞、语态等在通话过程中感受到。当电话铃声响，就应尽快接电话。接电话有“铃响不过三声”之说，在电话铃响起的 2~3 声接起最为适当。

1. **接电话的姿态**

接电话时，态度应当谦恭。在办公室里接电话，尤其是外来的客人在场时，最好是走近电话，双手捧起话筒，以站立的姿势，面带微笑地与对方好友通话；不要坐着不动，一把将电话拽过来，夹在脖子上通话；不要拉着电话线，在来回走动中通话；也不要坐在桌角、趴在沙发上或是把双腿抬高到桌面上，与对方通话。凡事应有分寸，接电话时，速度快，态度好，姿势雅，就是合乎礼仪的分寸。

2. **接电话的语言**

在正式的职场交往中，接电话时所讲的第一句话，常见有以下两种形式。

(1) “公务式”接听语。以问候语加上单位、部门的名称以及个人的姓名的方式，这种方式最为正式。如“您好！ ×× 公司财务部 ×××，请讲。”以问候语加上单位、部门的名称，或是问候语加上部门名称的方式，这种方式适用于一般场合。例如“您好！ ×× 人事部。请讲。”由总机转接的电话：“您好！人事部。请讲。”

(2) “社交式”接听语。以问候语直接加上本人姓名的方式，这种方式仅适用于普通的人际交往。例如“您好！ ×××，请讲。”

在接电话时，不宜以“喂”或者“你找谁”来应对，更不能查问对方“你是谁”或者“有什么事儿呀？”在通话中，应始终保持礼貌和专心，不可心不在焉，也不要同时与其他人闲聊，这会使对方感到自己不被尊重。结束通话时，应认真地道别，且要恭候对方先放下电话。

3. 代接电话

商务来往比较多的人，可请秘书代为处理电话，也可在本人不在时使用录音电话。如果需要用录音电话，则应预留好接听语。例如“您好！我是 ×× 公司 ××。我现在不方便接听电话，请您在信号声后留言，我将尽快与您联络。谢谢！”

在代接电话时，被找的人如果就在身旁，应告诉对方“请稍等”，然后立即转交电话并告知来电者信息。如被找的人不在身旁，应将电话信息和留言记录下来，之后，还应当再复述一遍，以免有误。

二、使用手机的礼仪

职场人士在日常交往中使用手机通信时，有以下几个方面的礼仪规范必须遵守。

（一）合理放置

按照惯例，外出随身携带手机的最佳位置有二：① 公文包里；② 上衣口袋内。

（二）遵守公德

在职场交往中，尤其是重要场合，工作人员应将手机设置为静音或震动；需要与他人通话时，应尽可能寻找无人之处接听，切勿不顾他人在场，当众接听。在参加宴会、舞会、音乐会，或在影院、图书馆，或是参观各类展览时，尤需保持电话静音。

（三）注意安全

使用手机时，对于有关的安全事项绝对不可马虎大意。按照常规，在驾驶车辆时，不得使用手机通话，驾车时如确需接听可停车后进行通话。乘坐飞机时，须根据规定将手机调至飞行模式或关机。在加油站或是医疗仪器设备附近停留期间，也不准使用手机，否则，就有可能造成安全隐患、影响计量的准确性、影响医疗仪器设备的正常使用。此外，在一切标有文字或图示表明禁用手机的地方，均须遵守规定。

能力点

一、接、打电话的四个要点

要点一：电话铃响在 3 声之内接起。

要点二：电话机旁准备好纸笔进行记录。

要点三：确认记录下时间、地点、对象和事件等重要事项。

要点四：告知对方自己的姓名。

二、接听电话

接听电话的基本程序见表 4-3-1。

表 4-3-1 接听电话的基本程序

顺序	基本用语	注意事项
1. 拿起电话听筒，并告知对方自己的姓名	“您好，×× 公司 ×× 部 ×××”（直线）“您好 ×× 部 ××”（内线）如上午 10 点以前可使用“早上好”； 电话铃响三声以上时“让您久等了，我是 ×× 部 ×××”	电话铃响 3 声之内接起； 在电话机旁准备好记录用的纸笔，接电话时，不使用“喂——”回答； 音量适度，不要过高； 告知对方自己的姓名
2. 确认对方	“× 先生，您好！”“感谢您的关照”等	必须对对方进行确认； 如是客户要表达感谢之意
3. 听取对方来电用意	“是”“好的”“清楚”“明白”等回答	必要时应进行记录； 谈话时不要离题
4. 进行确认	“请您再重复一遍”“那么明天在 ×× 地方，9 点钟见。”等	确认时间、地点、对象和事由； 如是传言必须记录下电话时间和留言人
5. 结束语	“清楚了”“请放心……”“我一定转达”“谢谢”“再见”等	
6. 放回电话听筒		等对方放下电话后再轻轻放回电话机上

三、拨打电话

拨打电话的基本程序见表 4-3-2。

表 4-3-2 拨打电话的基本程序

顺序	基本用语	注意事项
1. 准备		确认拨打电话对方的姓名、电话号码； 准备好要讲的内容、说话的顺序和所需要的资料、文件等； 明确通话所要达到的目的
2. 问候、告知自己的姓名	“您好！我是 ×× 公司 ×× 部的 ×××”。	一定要报出自己的姓名； 讲话时要有礼貌
3. 确认电话对象	“请问 ×× 部的 ×× 先生在吗？”“麻烦您，我要找 ×× 先生。”“您好！我是 ×× 公司 ×× 部的 ×××”	必须要确认电话的对方的身份； 如与要找的人接通电话后，应重新问候

续表

顺序	基本用语	注意事项
4. 电话内容	“今天打电话是想向您咨询一下关于 ×× 事……”	应先将想要说的事情告诉对方； 如是比较复杂的事情，请对方做记录； 对时间、地点、数字等进行准确地传达； 说完后可总结所说内容的要点
5. 结束语	“谢谢”“麻烦您了”“那就拜托您了”等	语气诚恳、态度和蔼
6. 放回电话听筒		等对方放下电话后再轻轻放回电话机上

四、电话留言与转达

(一) 电话留言

不管是电话留言还是当面留言，我们必须清楚了解如下信息：

(1) 留言是给谁的。

(2) 来电者的姓名和职务（或身份信息）。

(3) 公司的名称（如果需要）。

(4) 来电话的日期与时间。

(5) 来电的主要内容。

(6) 来电者的联系电话。

(7) 回电话的最佳时间。

(8) 留言记录者的姓名或者亲笔签名。

保证所有的信息都记录准确，把重要细节向来电者重复一遍并得到确认。

(二) 转达礼仪

在接受宾客的转达要求时，要注意语言礼貌，见表 4-3-3。

表 4-3-3 转达礼仪

	一般	较好
确定留言	请问您是哪位？	您好，女士 / 先生，需要我为您转达吗？
记录信息	请问您的电话是？	方便留下您的通信方式吗？
信息确认	好的，我记下了	确认一下，您的信息是……对吗？
感谢	谢谢您的来电 / 留言	我们将尽快帮您转达，谢谢您的来电 / 留言
其他	好的收到您的留言	女士 / 先生，您的留言已于（何时）转达给 ××。期待再次为您服务。谢谢。

知识拓展

收发传真的礼仪

职场人士在使用传真联络时，必须注意下述两个方面的礼仪。

1. 使用得法

使用传真设备通信，必须在具体的操作上力求标准而规范。发送传真时，必须按照规定操作，并以提高清晰度为要旨。与此同时，还要注意使传真内容简明扼要，以节省费用。单位所使用的传真设备，应当安排专人负责。无人在场而又有必要时，应使之处于自动接收状态。

2. 依礼使用

职场人员在使用传真时，必须注意维护个人和所在单位的形象，须处处不失礼仪。在发送传真时，一般不可缺少必要的问候语与致谢语。发送文件、书信、资料时，更是要谨记这一点。出差在外，如有必要使用公共传真设备时，除了要办好手续、防止泄露之外，对于工作人员亦须以礼相待。在收到他人的传真后，应当在第一时间内采用适当的方式告知对方，以方便对方确认。

值得注意的是，在发传真时不但要在传真上注有单位名称，还应留下联系电话，这样更符合商业规范。

课后探究

1. 拨打电话前要做好哪些准备？
2. 如果在会议中有重要电话需要接听，应注意哪些方面？

实训任务三 网络礼仪

人们的生活越来越离不开网络，网络已经成为人们工作、学习、生活和娱乐的重要平台，也是真实的社会生活在虚拟世界的投影。真实世界需要礼仪和道德约束，网络生活也不例外。网络礼仪是互联网使用者在网上与他人交往的行为规范。它关系到一个人的修养、内涵。上网时遵守网络礼仪是尊重他人、尊重自己的表现。

引导案例

在一家互联网公司，小陈是项目团队的新成员。他与团队成员微信沟通时很注意礼貌，包括恰当的称呼、专业的用词。但在发送工作邮件时，他忽略了邮件格式和附件大小，导致邮件被退回。小陈意识到问题后，立即重新整理邮件，使用了清晰的标题、恰当的称呼和结束语，并检查了附件大小。他还特别注意了邮件的措辞，确保准确、礼貌。这次经历让小陈深刻体会到网络礼仪的重要性。在职场中，无论是微信还是邮件，都应注意使用规范和使用礼仪，以保持良好的职业形象和有效的沟通。

案例思考：网络礼仪是当今职场沟通的必备素养，请结合常用的工作软件，谈谈网络礼仪规范。

知识点

一、网络基本礼仪

（一）以人为本

网络给人们提供了一个广阔的虚拟的交往平台，但往往也令使用者在电脑前忘了是在跟其他人打交道，行为也容易因此变得粗劣和无礼。因此，网络礼仪首先是以人为本，记住“人”的存在。

（二）理性相处

不管在微博还是在微信群，人们共聚一堂，难免会有分歧。矛盾总是存在的，争论是正常现象，但争论要心平气和，以理服人，不要人身攻击。

现实生活中不该说的话在网上也不要说，注意用词和语法，不要挑衅和使用脏话。另外，网上交往应热情有度，否则也会让人反感。

（三）尊重他人

尊重他人是获得他人尊重的基础。因为网络的匿名性质，别人无法从你的其他方面例如外观、背景来对你产生判断，因此你的一言一语成为别人对你印象的唯一判断。

网上交流要注意隐私保护，你和他人的电子邮件或私聊内容是隐私的一部分。因此，如非工作需要且获得他人许可，不可随意公开你们的聊天记录。

如果你认识的某个人用笔名上网，未经个人同意不宜公开他人真实身份。不尊重他人的隐私，不仅会破坏网络的行为规范，也可能影响个人名誉甚至触犯法律。

（四）自我保护

网络世界里充满太多的未知因素，它为想象和创造提供广阔空间的同时，也给各种邪恶留下了可乘之机。因此，在网络生活中应当时刻保持警惕，保护好自己的人身、财产和隐私安全。

（五）独善其身

网络是把双刃剑，一方面是人们获得知识、学习、交友的工具；另一方面，各类网络小说、游戏、电影以引人入胜的情节和感官刺激博得点击率。一些网络上的不良内容，往往利用他人的猎奇心理来吸引注意。在面对此类内容时，应该保持冷静和理智，自觉抵制网络上的不良内容，以免害人害己。

在网络上经常会有一些虚假消息和“伪科学”广泛传播，甚至有非法的内容。

因此要保持清醒的头脑，增强辨识能力，不要轻信他人所言，更不要人云亦云、以讹传讹。

（六）与他人分享你的专业知识

网络是学习和交流经验的场所，如果你能够与他人分享你对某个问题的理解，那是一种礼貌的做法，也是网络的乐趣。向他人询问问题时，要态度诚恳，每次尽量只询问一个问题。

二、邮件的礼仪

商务人士在使用邮件对外进行联络时，应当遵守以下三个方面的礼仪。

（一）认真撰写

向他人发送的邮件，一定要精心构思，认真撰写。在撰写邮件时，必须注意下列三点：

1. 主题要明确

一封邮件，应有一个明确的主题，且需要在前面注明。这样，收件人看见便对整个邮件一目了然。

2. 语言要流畅

邮件要便于阅读，语言流畅，尽量不用生僻字、异体字，避免错别字。引用数据、资料时，最好标明出处，以便收件人核对。

3. 内容要简明

邮件的内容应当简明扼要，在事情表述清楚的前提下内容越简短越好。

（二）避免错发

在信息社会中，任何人的时间都是无比珍贵的。若无必要，轻易不要向他人乱发邮件，一般而言，收到他人的重要邮件后，应即刻回复对方。

能力点

邮件是以提供信息交换为主的网络通信方式。

一、主题

（一）标题

标题要简短，不宜冗长。标题要能真正反映文章的内容和重要性，切忌使用含义不清的标题，如“王先生收”。

（二）主题

主题是接收者了解邮件的第一信息，因此要提纲挈领，使用有意义的主题，这样可以让收件人迅速了解邮件内容并判断其重要性。一封信尽可能只针对一个主题，不在一封信内谈及多件事情，便于日后整理。

网络语言礼仪

（三）回复

回复对方邮件时，可以根据回复内容的需要更改标题。如回复名为：关于参加年终业务竞赛的通知，回复时，可改为：× × 部门年终业务竞赛报名材料。

二、称呼与问候

（一）称呼

邮件的开头要恰当地称呼收件人，这样既显得礼貌，也明确提醒收件人，此邮件是面向他的，要求其进行必要的反馈；在多个收件者的情况下可以称呼“大家”。如果对方有职务，应按职务尊称对方，如“经理”；如果不清楚职务，则应按通常的“× 先生 / 女士”称呼但要确定性别。对级别高于自己的或不熟悉的人不宜直接称呼其名。

（二）问候语

邮件开头结尾最好要有问候语。最简单的开头写一个“你好”；结尾常见的有“祝好”“顺颂商祺”等。

三、正文

（一）内容

邮件正文要简明扼要，行文通顺。正文应简明扼要地说清楚事情；如果具体内容确实很多，正文应只做摘要介绍，然后单独以附件形式进行详细描述。

合理利用图片、表格等形式来辅助阐述。对于很多带有技术介绍或讨论性质的邮件，单纯以文字形式很难描述清楚，可以配合图表加以阐述。但商务函应尽量避免花哨的表情符号，以免失礼。

（二）语气

注意邮件的论述语气。根据收件人与自己的熟悉程度、等级关系、邮件是对内还是对外以及性质的不同，选择恰当的语气进行论述，以免引起对方不适。尊重对方，经常使用“请”“谢谢”等敬语。

（三）段落

邮件正文最好多用列表，以清晰明确地表达主题。如果事情复杂，最好用“1、2、3、4”列几个段落进行清晰明确的说明。要保证每个段落简短不冗长，因为没人有时间仔细看没分段的长篇大论。

（四）拼写

尽可能避免拼写错误和错别字，注意使用拼写检查。在邮件发送之前，务必仔细阅读一遍，检查行文是否通顺，拼写是否有错误。

（五）附件

如果邮件带有附件，应在正文里面提示收件人查看附件，应对附件内容作简要说明。附件应按内容以适当的意义命名，附件数目较多时应打包压缩成一个压缩包。

（六）签名

每封邮件在结尾都应签名，这样对方可以清楚地知道发件人的信息。签名档可包括姓名、职务、公司、电话、传真、地址等信息，但信息不宜行数过多，一般不超过4行。只需将一些必要信息放在上面，对方如果需要更详细的信息，自然会进行联系。

书面语言礼仪

（七）回复

1. 及时

及时回复邮件。收到他人的重要邮件后，即刻回复对方是必要的，这是对他人的尊重。理想的回复时间是2小时之内，特别是对一些紧急重要的邮件。如果你正在出差或休假，应该设定自动回复功能，提示发件人，以免影响他人工作。

2. 答复问题

如答复问题，最好把相关的问题抄到正文中，然后附上答案，让对方一次性理解，避免反复交流。回复不得少于10个字，对方给你发来一大段邮件，你只回复“是的”“对”“谢谢”“知道”，是非常不礼貌的。

不要就同一问题多次回复讨论。如果收发双方就同一问题的交流回复超过3次，这只能说明交流不畅。此时应采用电话沟通等其他方式进行交流后再做判断。

知识拓展

使用微信的礼仪

现在微信作为“互联网＋商务”的移动商务使用越来越普遍，在移动商务交往中，需要掌握微信的基本礼仪。微信的基本礼仪主要包括如下内容。

一、称呼

为了提高诚信，建议使用真实姓名，最好带上所在公司名称或相关商品名称。

二、头像

尽可能是本人或接近本人，让合作伙伴见到容易对接上。

三、打招呼

新客户可适当客气，老客户可直接进入主题，说明来意。

四、创建群聊

务必在创建群聊之前征求被纳入人员的意见，别把不愿意入群的人拉入群中。

五、群名称

尽可能针对群的活动主题确定清晰明了的群名称，以便减少沟通的成本。

六、朋友圈

如用作商务微信，朋友圈就不要滥发、多发、乱发与业务无关的信息。

七、业务洽谈

微信平台可以实现信息流的高效和快捷传递，但洽谈要把握好分寸，注意内容的严谨，更要注意保守商务的秘密，勿滥用语音沟通。

八、发送数字

需要发送电话及传真号码、手机号码、商品数量、银行账号或卡号等多个连串数字时，最好是分开单独发送某条信息，以免手机不能复制。

九、邮件与微信的恰当选用

对比较重要的事情，或需要长期保存作为依据的信息，邮件比微信更合适，因为发微信比发邮件更容易被遗忘。

十、签名

要提供相关有用的信息和实在的干货，长话短说，提高效率，签署真实姓名。

课后探究

1. 案例分析

小梅刚进一家专业协会工作，协会有会员主管，但她直接给协会主席发了一封邮件，询问如何能联系到她最近认识的某一个会员。三天过去了，她还没有收到主席的回复。考虑到第一封邮件可能在网络传递中出现问题，她又重复给主席发上次写的邮件。协会主席终于回复她的邮件，不过邮件内容只有那个协会会员的电子邮件地址，而小梅本来期待的是内容更丰富翔实一些的邮件。

分析上述案例中小梅和协会主席在邮件来往过程中是否失礼，你认为如何做才能更加妥当？

2. 结合本模块的实训练习，完成相应的模块考核。

3. 结合你的专业，整理具有岗位特点的职场礼仪规范。

实战演练

实训项目：通信礼仪

1. 实训目标

掌握电子及纸质邀请函的制作与收发、电话接听与拨打、邮件收发礼仪。

2. 实训步骤

(1) 以校庆、毕业典礼等活动为主题，确定邀约人员名单、邀请方式，并进行组内分工。

(2) 通过邀请函、邮件、电话等形式模拟邀请参会领导、嘉宾、师生。

(3) 分组演示，小组互评，教师点评。

3. 考核评价（见表 4-3-4）

表 4-3-4　通信礼仪实训项目考核评价

评分项目	标准与要求	分值	得分	总分
团队形象	精神饱满，态度积极，符合专业形象要求	30		
讲解效果	普通话标准，声音清晰； 电话礼仪称呼、问候语、信息传递准确，邮件、邀请函格式规范	40		
演示效果	角色分工明确，能运用多媒体进行演示	30		

续表

实训项目评价	
自我评价	
同学评价	
教师评价	

自测题

模块五

餐饮礼仪

餐饮文化是一个国家文化的重要组成部分，也是一个民族精神的象征，它体现着人们对美好生活的向往。学习餐饮礼仪有助于同学们了解不同国家的历史和文化，尊重文化差异，促进跨文化交流。通过本模块的学习，帮助同学们掌握中餐与西餐的基本礼仪规范，了解中餐与西餐位次排列的基本原则，提高在各类餐饮场合中的礼仪素养和社交能力，展现良好的个人形象和修养。

本模块内容主要有中餐礼仪、西餐礼仪、中餐位次、西餐位次等。

项目一　位次礼仪

学习目标

- 知识目标：了解中餐、西餐桌次和位次的排序原则、方式。
- 能力目标：掌握选座、入座的基本礼仪。
- 素养目标：培养善于观察、体谅他人的品德，尊重文化的差异性。

本项目主要学习中餐、西餐桌次、位次排序的礼仪，从排序方式的不同，我们能够了解到其中所蕴含的文化的异同。学习位次礼仪的目的就在于知其然且知其所以然，透过事物的现象去认识其本质，从而理解餐桌位次礼仪的核心要义。

实训任务一　中餐位次

中餐宴会礼仪

引导案例

小梅的难题

小梅今年考上了理想的大学，一家人都为小梅感到高兴，想给她办个聚会庆祝一下，小梅提出想邀请自己的高三班主任徐老师参加聚会，家人欣然应允。到了聚会那天，徐老师如约而至，一家人热情招待，小梅也格外开心。但入席时小梅却遇到了一个难题：家人邀请徐老师坐上座，但徐老师却说应该请小梅的爷爷奶奶坐上座。小梅一想，双方说得都有道理，那到底该怎么办呢？

案例思考：请帮小梅出出主意。

知识点

俗话有“席不正不坐”之说，座次礼仪是中餐礼仪中重要的一项，桌次、座次的安排都是有讲究的。

（一）座次排序基本规则

（1）以右为上：遵循国际惯例。

（2）居中为上：中央高于两侧。

（3）前排为上：适用所有场合。

（4）以远为上：远离房门为上。

（5）面门为上：良好视野为上。

（二）宴会座次基本规则

排序原则：以远为上，面门为上，以右为上，以中为上，观景为上。

座次分布：面门居中位置为主位；主左宾右分两侧而坐；或主宾双方交错而坐；越近首席，位次越高；同等距离，右高左低。

能力点

一、桌次排列

在中餐宴请活动中，往往采用圆桌布置菜肴、酒水。排列圆桌的尊卑次序，有两种情况。

（一）小型宴请

小型宴请如由两桌组成，可以分为两桌横排和两桌竖排的形式。当两桌横排时，桌次是以右为尊，以左为卑。右或左是由面对正门的位置来确定的。当两桌竖排时，桌次讲究以远为上，以近为下。远近是以距离正门的远近而言。

（二）大型宴请

由三桌或三桌以上的桌数所组成的宴请，在安排桌次时，除了要注意“面门定位”“以右为尊”“以远为上”等规则外，还应兼顾其他各桌距离主桌的远近。通常，距离主桌越近，桌次越高；距离主桌越远，桌次越低。

在安排桌次时，所用餐桌的大小、形状要基本一致。除主桌可以略大外，其他餐桌都不要过大或过小。为了确保在宴请时赴宴者及时、准确地找到自己所在的桌次，可以在请柬上注明赴宴者所在的桌次、在宴会厅入口悬挂宴会桌次排列示意图、安排引位员引导来宾按桌就座，或者在每张餐桌上摆放桌次牌（用阿拉伯数字书写）。

二、座次排列

中餐习惯于按职务和身份高低排列席位。如主宾身份高于主人时，可以请主宾坐在主人位子上，主人则坐在主宾位子上。

正式宴会上，一般都事先安排座次，以便参加宴会者入席时井然有序，同时也是对客人的一种礼貌。非正式的宴会不必提前安排座次，但通常就座也要有上下之分。安排座位时应考虑以下几点：

(1) 以主人的位置为中心，以靠近主人者为上，依次排列。每张桌上有两个主位时，以男主人为第一主位，女主人为第二主位，主宾和主宾夫人分别坐于男女主人右侧。

(2) 将主宾和主宾夫人安排在最主要的位置。通常是以右为上，即主人的右手是最主要的位置。离门最远的、面对着门的位置是上座，离门最近的、背对着门的位置是下座，上座的右边是第二号位，左边是第三号位，依次类推。

(3) 在遵从礼宾次序的前提下，尽可能使相邻者便于交谈。每张桌子的用餐人数最好限定在 10 人以内，且最好成双数。

(4) 大型宴会中，当每张桌上有一位主人时，主人在面对门的主座就座，其他每一桌都应该有一位主人代表在座，其位置与主桌主人同向或面向主桌主人。

知识拓展

中餐传统习俗与用餐礼仪

中餐传统习俗与用餐礼仪反映了中国深厚的文化底蕴和餐桌上的礼节规范。这些习俗和礼仪不仅体现了中华传统文化的特色，也是我国社会交往的重要组成部分。

中餐传统习俗源远流长，包含了诸多方面，如食物的摆放、上菜的顺序等。在古代中国，饮食被视为一种重要的社交活动，因此餐饮习俗也反映了社会的等级制度和礼仪规范。例如，宴请宾客时，主人会坐在主位，而最尊贵的客人则坐在主人的右侧。随着社会的发展，这些习俗逐渐融入日常生活，成为表达礼貌和尊重的一种方式。中餐传统习俗的核心在于“礼”，即通过特定的饮食习惯来体现对宾客的尊重和礼遇。例如，在正式的宴会中，通常会有一个主菜(通常是鱼或肉)，它象征着财富和繁荣，并且按照一定的程序上桌，以显示出主人的款待之意。此外，中餐中的“八仙过海”“满汉全席”等，都是具有深厚历史文化背景的饮食习俗。

在中国，餐桌上的行为被认为是一种非语言的交流方式，通过这种方式可以传递出一个人的性格、教养及其对待他人的态度。例如使用筷子的正确姿势、不随意翻动盘中的食物、不在餐桌上使用手机等。这些礼仪不仅是对他人的尊重，也是个人修养的体现。用餐礼仪要求人们在用餐时遵守一系列规则，以保证整个用餐过程的和谐与秩序。

中餐传统习俗和用餐礼仪是中华文化的重要组成部分，它们不仅承载了丰富的历史信息，也是现代社会文明的重要标志。了解和实践这些习俗和礼仪，不仅可以增进对中国文化的理解，也能提升个人的社会形象。

课后探究

1. 中餐宴会位次礼仪体现出哪些传统文化礼俗和思想?
2. 了解并介绍你家乡的宴会习俗。

实训任务二 西餐位次

引导案例

愉快的晚餐

小唐是一家国际贸易公司的销售主管，经人介绍，认识了另一家公司的行政助理娜娜。小唐邀请娜娜周末下班后一起用餐，娜娜同意了。快下班时，娜娜收到了小唐的短信："你准备出发前告诉我一声，我开车去你公司门口等你，可以吗？"娜娜回复说："好的，谢谢。"接到娜娜后，小唐开车带娜娜来到了一家餐厅，娜娜看到餐厅的招牌，说："这家餐厅的菜听说做得很好，我正想有机会来品尝呢。没想到今天你也选了这家。"小唐说："那太巧了，我也很喜欢这家餐厅。"走进餐厅，小唐对引位员说："晚上好，我是唐某，订了两位用餐。"引位员查看预约单后说："欢迎光临！二位这边请。"说着，领二人到了一个比较靠里、安静，但视野很好的一个餐位前。小唐示意娜娜"请坐"，并为她拉开座椅。入座后，侍者拿来酒水单和餐单，小唐示意请娜娜点单。侍者为二人倒上酒水，娜娜举杯道："谢谢你，这将是一次愉快的晚餐。"小唐会心一笑。

案例思考：你同意娜娜说的"这将是一次愉快的晚餐"吗？说说你的理由。

知识点

座次排列

（一）单桌座次

西餐一般都使用长桌（如图 5-1-1、图 5-1-2 所示）。长型桌排列时，男女主人分坐两头，门边男主人，另一端女主人，男主人右手边是第一女主宾，左手边是第二女主宾；女主人右手边是第一男主宾，左手边是第二男主宾，其余依序排列。

西餐排座位，通常男女间隔而坐，用意是男士可以随时为身边的女士服务。

图 5-1-1　西餐餐桌

如果男女二人同去餐厅，男士应请女士坐在自己的右边，最好是靠里的位置，而不是过道一侧。若只有一个靠墙的位置，应请女士就座，男士坐在她的对面。同性进餐，靠墙的位置应让给其中的年长者。

每个人入座或离座，均应从座椅的左侧进出。

图 5-1-2　西餐餐桌

（二）宴会座次

举行正式宴会时，座席排列按国际惯例，就餐时男士和女士相邻而坐。男主宾坐女主人右侧，女主宾坐男主人右侧。桌次的高低依距离主桌位置的远近而右高左低，餐桌多时应摆上桌次牌。同一桌上席位的高低也是依距离主人座位的远近而定。桌子是 T 型或门字型排列时，横排中央位置是男女主人位，身旁两边分别为男女主宾座位，其余依序排列。图 5-1-3 列出了白金汉宫宴会厅的实景图，代表了英国的国宴规模。

图 5-1-3　白金汉宫宴会厅

正式宴会一般均排席位，也可只排部分客人的席位，其他人只排桌次或自由入座。无论采用哪种做法，都要在入席前通知到每一个出席者，使大家心中有数，现场还要有人引导。

遇特殊情况，可灵活处理。如遇主宾身份高于主人，为表示对他的尊重，可以把主宾摆在主人的位置上，而主人则坐在主宾位置上，第二主人坐在主宾的左侧。

能力点

一、入座礼仪

较大规模的宴会，可能有一两桌是属于主家的，位置多设于台下最前列，客人不可贸然入座，入座时注意桌上座位卡是否写着自己的名字，不可随意乱坐。如邻座是年长者或妇女，应主动协助他们先坐下。入席时如果有主人或招待人员，那么应听候主人或招待人员指派座位，不要过于礼让。如未定座位，应由尊长坐上座，自己选择适当的座位坐下。

入座时，先用双手将座椅拉后一些，然后从左侧走到座椅前方坐下，入座后坐姿要端正，不可用手托腮或将双臂肘放在桌上。女士入座后，通常会直接把手提包放在脚边的地板上。除了搭配晚装的小手包，通常手提包不能放在餐桌上，更不可将手机、钥匙等物品零散地放在桌边。可以把手提包放在后背和椅子之间，若是邻座没有人，可以放置在椅子上，或挂在皮包架上。

女士若有男士同行时，则无须自己拉开座椅，而是由男士来服务。当椅子被拉开后，女士在离桌边一拳处站直，男士轻轻将座椅推向前。女士腿弯碰到后面的椅子时，就可以坐下来了。坐下后，应向男士礼貌致谢。

二、西餐餐具的摆放

（一）展示盘

摆在中央的称为展示盘，餐巾置于展示盘的上面或左侧。

（二）刀、叉、汤匙

盘子右边摆刀、汤匙，左边摆叉子。可依用餐顺序：前菜、汤、主菜（主食）、海鲜 / 鱼类 / 肉类、甜品、咖啡 / 茶等视个人所需而由外侧至内侧使用。

（三）酒杯

玻璃杯摆右上角，最大的是装水用的高脚杯，其次是装红葡萄酒所用的，而细长的玻璃杯是装白葡萄酒所用，视情况也会摆上装香槟或雪莉酒所用的玻璃杯。

（四）其他

面包盘和奶油刀置于左手边，展示盘对面则放咖啡或吃点心所用的小汤匙和刀叉。

知识拓展

餐 具 使 用

一、各餐具的使用方法

（一）刀叉

刀叉使用方法是右手刀，左手叉。使用刀叉时，沉肩收臂。用左手固定食物，右手从左至右切割食物。餐间交流可以拿着刀叉，无须放下，但不可手执刀叉做手势,在空中挥舞摇晃。

（二）餐匙

餐匙分汤匙、甜品匙和茶匙三种。在用途上,三者不可相互替代,也不可用来舀取其他主食、菜肴。使用餐匙时,每次取食应数量适中,餐匙不宜全部入口,尽量保持餐匙干净清洁。

（三）餐巾

点完菜后,把餐巾打开,往内折 1/3,让其余 2/3 平铺在腿上,盖住膝盖以上的双腿部分。

二、欧美用刀叉的不同

欧洲人用餐时一般是右手持刀,左手持叉,先用餐叉把食物按住,然后用刀切成小块,再用叉送入口中。欧洲人使用刀叉时不换手,即从切割到送食物入口均以左手持叉。美国人则在切割后,将刀放下换右手持叉送食入口。

课后探究

1. 单位年终聚餐,领导安排你来完成桌次图和座位号的排列及准备,并给了你公司的人员名单的相关信息。请根据位次礼仪原则,以小组为单位完成中餐、西餐宴会的桌次图和位次图各一份,说明宴会主题、人员情况、桌次安排、位次安排,并讲明这样安排的理由。

2. 座次排序的基本规则有哪些?

实战演练

实训项目:餐饮位次礼仪

1. 实训目标

掌握宴会桌次与座次的排序礼仪。

大学的第一个寒假,高中时的老同学约好聚餐(共计 30 人),还请了 4 位老师参加聚餐。请自选聚餐形式,排定桌次与位次,并讲解其中的礼仪知识。

2. 实训步骤

(1)以小组为单位确定用餐形式(宴会或自助餐)。

(2)排定桌次与位次,并讲解其中的礼仪知识。

(3)分组演示,小组互评,教师点评。

3. 考核评价(见表 5-1-1)

表 5-1-1　餐饮位次礼仪实训项目考核评价

评分项目	标准与要求	分值	得分	总分
团队形象	精神饱满,态度积极,符合专业形象要求	30		

续表

评分项目	标准与要求	分值	得分	总分
讲解效果	普通话标准，声音清晰； 准确讲解宴会形式与桌次、位次排序	30		
演示效果	角色分工明确，演示内容符合餐饮位次礼仪要求； 能运用多媒体进行演示	40		
实训项目评价				
自我评价				
同学评价				
教师评价				

项目二　用餐礼仪

学习目标

- 知识目标：了解中餐和西餐礼仪文化及用餐礼仪。
- 能力目标：掌握赴宴、用餐的基本礼仪。
- 素养目标：深刻体会餐饮礼仪的仪式感所蕴含的文化内涵，热爱中餐文化，增强文化自信。

了解一个人的用餐方式和喜好，可以有效增进对这个人的整体认识。了解一个国家、民族的用餐礼仪，更是认识它的文化、传统的最佳渠道之一。本项目主要介绍中餐与西餐礼仪文化、赴宴礼仪、用餐礼仪和酒水礼仪等，通过对餐饮礼仪的学习，进一步了解中西方礼仪文化的异同，掌握职场餐会礼仪的基本要求。

实训任务一　中餐礼仪

引导案例

我国古代传统宴饮有一套礼仪规程：主人写信相邀，临时迎客于门外。宾客到时，互致问候，引入客厅小坐，敬以茶点。客齐后导客入席，以左为上，视为首席，相对首座为二座，首座之下为三座，二座之下为四座。客人坐定，由主人敬酒、让菜，客人以礼相谢。席间斟酒上菜也有一定的讲究：应先敬长者和主宾，最后才是主人。这种传统宴饮礼仪在中国大部分地区至今仍保留完整。

案例思考：结合家乡宴饮礼俗，分享你对中餐礼仪的认识。

知识点

一、饮食文化

我国的饮食文明源远流长，古语有云："食、色，性也。"在中国人眼里，饮食又居所有事情之首。生命的基本主题，一在维系，二在延续。小到百姓的"开门七件事，柴米油盐酱醋茶"，大到国政的"民以食为天"，食事始终占据中国人生活的重要位置。除去对物质层面的贡献，某些食物因其贵重美好的特质，被当作与天地沟通的工具。《礼记·礼运第九》："夫礼之初，始诸饮食。其燔黍捭豚……犹若可以致其敬于鬼神。及其死也，升屋而号，告曰：'皋！某复！'然后饭腥而苴孰，故天望而地藏也。”可见,食物不仅有果腹和养生之用,还充当了祭告神灵、祈福祝祷的通灵用具。

中国人讲究吃的艺术,因而,自古以来食事就不满足于停留在解决人的口腹之欲。饮食文化的博大精深,一方面体现在食物取材、烹调料理的丰富,另一方面反映在食事礼仪、风俗传统的精微论述上。作为社会精神文明的一部分,饮食文化深受中国传统文化、思想、心理、中医、哲学等的影响,又与当时的生产方式、生活方式以及文明的程度息息相关。因此,历朝历代的饮食文化呈现出大致相同,细节迥异的风貌,且融入相当深刻的思考与独特的创造。

二、赴宴礼仪

(一) 答复邀请

作为应邀的客人,接到宴会请柬,应尽早通过电话或便函答复主人的安排,并询问主人对时间、地点和服饰的要求以及是否邀请配偶等。一般接受邀请后就不宜改动;如不能出席,应尽早向主人解释、表示歉意。

(二) 准时出席

迟到、早退或逗留时间过短,都被视为失礼或有意冷落。一般来说,身份高者可按时到达,其他客人可比主人约定的时间早 2~3 分钟到达。如遇到突发事件不能赴宴或需延迟到达时间,应及时通知主人。若是主人的至亲或挚友,可提前更多的时间到达,以帮助主人做些准备工作和接待工作。

(三) 衣着得体

赴宴时,为了表示对主人和其他宾客的尊敬,务必衣冠整洁大方,仪表端庄得体。正式宴会,男士要穿正装,女士要穿稍显华丽的衣服。不能穿工作服、奇装异服,也不能带着倦容赴宴。

(四) 适当寒暄

到达宴会场所,要先向主人表示问候和感谢,若是喜庆,则应热烈祝贺,然后向其他亲友点头致意,或握手寒暄;对长辈应恭敬问安,对女客要庄重有礼,对小孩则宜问名询岁,多加抚爱。若是到主人家中赴宴,则应带件小礼品相赠。进餐前应自由地与其他宾客交谈。

三、餐桌礼仪

餐桌是个绝佳的沟通平台,人们喜欢在餐桌上边吃边聊,以酒为兴、以菜为媒,广交朋友,增进感情。中国自古就是礼仪之邦,餐饮礼仪自然成为礼仪的一个重要部分。细微见真谛,小节看品位,优雅就餐已成为每一个现代人的必修课。具体而言,包括以下几个方面。

(一) 入席礼仪

1. 有序入席

入席就座要服从主人安排,并对其他宾客表示礼让。一般是主人陪同主宾率先在主桌落座,其他宾客接着按主人的安排,在领位员引导下,在安排的桌次和位次上“对号入座”。入席一般是身份高者、年长者、女士先入席,其他人员随后依次入席。

2. 物品存放

在饭店和宾馆举行的宴请活动,一般都设有衣帽间,主宾随身穿的大衣、外套和帽子都应存到衣帽间。女士除随身带的装有化妆品的手包和贵重物品不必存放以外，其余的东西也应存放，不宜挂在椅背上。

3. 用餐仪态

入座或离座均应从座椅的左侧进出为佳，餐桌与身体的距离保持在 10~20 厘米，坐姿端正。上身保持挺直，双手腕放在桌缘或相握放在自己的腹前。身体与餐桌的距离保持一个半拳头的宽度为宜。

（二）用餐礼仪

1. 尊重食俗

任何国家的餐饮，都有自己的传统习惯，中餐也不例外。比如：过年时，吃中餐少不了鱼，这表示“年年有余”。渔家、海员吃鱼时，则忌讳将鱼翻身，因为有“翻船”之嫌，对这类食俗，轻易不要有意违反。

2. 讲究吃相

讲究吃相是注重用餐表现的一大重点。倘若不重视吃相，吃得摇头晃脑，宽衣解带，满脸油汗，汤汁横流，响声大作，不但失态欠雅，而且还会影响他人的食欲。

3. 不替他人布菜

用餐时，讲究“己所不欲，勿施于人”。可以劝菜，但切勿越俎代庖，擅自主动为他人夹菜、添饭，这样不仅不够卫生，而且还会让人勉为其难。

4. 适量取菜

取菜要注意相互礼让，依次而行，取用适量。不要只顾自己而不考虑其他人用过没有。

5. 不乱挑菜

夹菜时要稳、准、快，不要左顾右盼，翻来覆去，不要在公用的菜盘内挑挑拣拣，更不要把夹起来后发现不合心意的菜再放回去，这是失教之举。

6. 慎转餐台

有时，我们会以转动餐台的方式来夹取放在较远处的菜品时，转之前一定要环顾一下是否有其他人正在夹菜，若有，要等其他人夹完菜后再转动。

7. 不当众修饰

尽量不要在用餐期间进行个人修饰，如：当众梳理头发，化妆补妆，宽衣解带，脱袜脱鞋等，可以去化妆间或洗手间完成。也不宜当众剔牙。

8. 不乱走动

没有必要的话，用餐期间不宜离开自己的座位，四处走动，乱窜访友。够不到想吃的菜，可请人帮助，但不要起身离座去取。

（三）中餐饮酒礼仪

1. 选酒

中餐饮酒，一般选用白酒、红酒、药酒等，而啤酒则通常只在吃便餐时才选用。

2. 酒器

在正式场合，最好选用“肚量不大”的瓷杯或玻璃杯盛酒。

3. 礼节

宴席开始，主人要先向宾客敬酒。如果主人双手持杯，那么客人也最好双手持杯，待主人饮时，客人才可跟着饮。

如遇有人提议或自己提议干杯，应将酒杯杯沿举至与眼睛同高的位置。如果对方是尊者，应自觉在碰杯时将杯子举得比对方稍低。席间的干杯或共同敬酒一般以一次为宜，敬酒要适度，不要勉强别人，尤其不能勉强女士饮酒。

正式场合的干杯，可将杯中的酒饮去一半，然后双方再对视一下；敬酒方还应向被敬方道一声“谢谢”，如被请方已起立，应说声“请坐”，示意对方坐下后再离开。

喝酒要有度，最好不要超过自己酒量的1/3，以免醉酒失态。如果不会喝酒或不打算喝酒，可以明确表示自己不宜饮酒，但最好还是陪对方喝点茶水、果汁之类。

在正式场合饮酒，最好不要猜拳、行令。

知识拓展

宴会餐桌礼仪

(1) 入座后，不要随便摆弄餐具，不要弄出响声，也不要随便起身走动，如果有事需要出去，应向主人打声招呼。

(2) 每位客人的桌面都会有一块餐巾，它是用来防止进餐过程中弄脏衣服的，可以用来擦嘴角以及手上的油渍，不要用来擦餐具。餐巾等大家都坐定之后才可以使用，把它摊开放在双膝上端的大腿上即可。

(3) 进餐之前，服务员会为每一位客人上一块湿毛巾，用来擦手，在宴会将结束之前，服务员会再上一块湿毛巾，这是用来擦嘴的，不要用错了。

(4) 上虾等需用手剥的菜时，会同时上一小盆清水，有时水中还加有几片柠檬或几片花瓣，是用来洗手的。

(5) 入座后，要学会和你身边的客人交流，照顾其他客人，默不作声或只顾自己吃喝都是不礼貌的。

课后探究

1. 结合中餐位次礼仪和用餐礼仪，谈一谈你对中餐文化的理解。
2. 谈一谈你家庭中的“餐桌礼节”。

实训任务二 西 餐 礼 仪

引导案例

愉快的晚餐

王先生和张女士受邀参加一场正式的西餐晚宴。为了确保场合的得体与尊重，他们都精心准备了着装。晚宴当天，王先生身着深色西装，搭配整洁的衬衫和领带，皮鞋锃亮，展现出他的专业与绅士风度。张女士则选择了优雅的晚礼服，裙摆轻盈飘逸，妆容精致，散发着女性的高雅与魅力。

到达餐厅后，王先生和张女士在侍者的引导下入座。餐桌上的餐具摆放得井井有条，每个餐具都有其特定的用途和摆放位置。王先生和张女士轻轻拉出椅子，优雅地坐下，没有发出任何嘈杂的声音。在用餐过程中，王先生和张女士都表现出了良好的桌边礼仪。他们轻轻拿起餐具，小口品尝食物，不时地交换着微笑和眼神。当侍者为他们倒酒时，他们礼貌地表示感谢，并适当地品尝美酒。

在交谈中，王先生和张女士注意控制音量，避免打扰到其他客人。他们的话题轻松而有趣，不断增进彼此的了解和友谊。当用完餐后，王先生和张女士没有急于离开座位，而是等待主人用餐完毕。侍者上前询问是否需要清理餐具，他们礼貌地表示感谢，并等待侍者为他们撤去餐具后，轻轻起身离开座位。

晚宴十分愉快，王先生和张女士的礼仪素养也赢得了在场所有人的赞赏和尊重。

案例思考：结合案例，谈谈西餐用餐礼仪主要包含哪些内容？

知识点

一、西餐的概念

西餐，顾名思义是西方国家的餐食。西方国家，是相对于东亚而言的欧洲文化圈，西餐的准确称呼应为欧洲美食或欧式餐饮。我们通常所说的西餐主要包括西欧国家的饮食菜肴，同时还包括东欧各国、地中海沿岸等国和一些拉丁美洲国家的菜肴。东南亚各国的菜肴一般统称为东南亚菜，但也有独为一种菜系的，如印度菜。西餐大致可分为法式、英式、意式、俄式、美式、地中海式等多种不同风格的菜肴。

西餐菜式料理一般使用橄榄油、黄油、番茄酱、沙拉酱等调味料。不同的主食都是搭配相类似的蔬菜，如番茄、西兰花等。西餐一般以刀叉为餐具，以面包为主食，多以长形桌台为台形。西餐的主要特点是主料突出，形色美观，口味鲜美，营养丰富，供应方便等。正规西菜应包括餐汤、前菜、主菜、餐后甜品及饮品。

二、西餐的礼仪

（一）预约

越高档的饭店越需要事先预约。预约时，不仅要说清人数和时间，也要表明是否要特殊区域或视野良好的座位。如果是生日或其他特别的日子，可以告知宴会的目的和预算。

在预定时间到达是基本的礼貌。再昂贵的休闲服，也不能随意穿着上餐厅。吃饭时穿着得体是礼仪常识。去高档的餐厅，男士要着装整洁；女士要穿套装和有跟的鞋子。如果指定穿正式的服装的话，男士必须打领带。

(二) 女士优先

进入餐厅时,男士应先开门,请女士进入。如果有服务员带位,也应请女士走在前面。入座、餐点端来时,都应让女士优先。如果是团体活动,也别忘了让女士们走在前面。

(三) 上菜的顺序

1. 西餐上菜顺序

西餐上菜的顺序通常是:餐前酒→前菜和汤→餐酒 / 海鲜→餐酒 / 肉类→乳酪→甜点 / 咖啡→水果。但其实没有必要全部都点,点太多却吃不完反而失礼。前菜、主菜(鱼或肉择其一)加甜点是最恰当的组合。点菜并不是由前菜开始点,而是先选一样最想吃的主菜,再配上适合主菜的前菜和汤。

2. 主要菜品示例

(1) 头盘。也称为开胃品,一般有冷头盘和热头盘之分,常见的品种有鱼子酱、鹅肝酱、熏鲑鱼、鸡尾杯、奶油鸡酥盒、焗蜗牛等。

(2) 汤。大致可分为清汤、奶油汤、蔬菜汤和冷汤四类。品种有牛尾清汤、各式奶油汤、海鲜汤、美式蛤蜊汤、意式蔬菜汤、俄式罗宋汤、法式葱头汤。

(3) 副菜。通常水产类菜肴与蛋类、面包类、酥盒菜肴均称为副菜。西餐吃鱼类菜肴讲究使用专用的调味汁,品种有鞑靼汁、荷兰汁、白奶油汁、美国汁和水手鱼汁等。

(4) 主菜。肉类、禽类菜肴是主菜。其中最有代表性的是牛肉或牛排,肉类菜肴配用的调味剂主要有西班牙汁、浓烧汁、蘑菇汁、白尼丝汁等。禽类菜肴的原料取自鸡、鸭、鹅;禽类菜肴最多的是鸡,可煮、可炸、可烤、可炖,主要的调味汁有咖喱汁、奶油汁等。

(5) 蔬菜类。安排在肉类菜肴之后,也可与肉类菜肴同时上桌,蔬菜类菜肴在西餐中称为沙拉。与主菜同时搭配的沙拉,称为生蔬菜沙拉,一般用生菜、番茄、黄瓜、芦笋等制作。还有一类是用鱼、肉、蛋类制作的。

(6) 甜品。西餐的甜品是主菜后食用的,可以算作第六道菜。从真正意义上讲,它包括所有主菜后的食物,如布丁、冰激凌、奶酪、水果等。

(7) 咖啡。有些人喜欢在喝咖啡时加糖和牛奶,但也有人不加。

能力点

一、用餐礼仪

西餐刀叉礼仪

(一) 用餐仪态

最得体的入座方式是从左侧入座。当椅子被拉开后,身体在几乎碰到桌子的距离处站直,领位者会把椅子推进来,腿弯碰到后面的椅时,就可以坐下来了。

用餐过程中身体要坐正,不要将两臂横放在桌上,或以肘部支撑桌面。腹部和桌子保持约一个拳头的距离,以便于使用餐具。

用餐时不要解纽扣或当众脱衣。如主人请客人宽衣,男客人可将外衣脱下搭在椅背上,不要将外衣或随身携带的物品放在餐台上。

用餐时最好避免两脚交叉的坐姿。餐台上已摆好的餐具不要随意摆弄。将餐巾对折轻轻放在膝上。

(二) 餐具使用

使用刀叉进餐时,从外侧往内侧取用刀叉,要左手持叉,右手持刀。切东西用左手拿叉按住食物,右手执刀将其切成小块,然后用叉子送入口中。

使用刀叉时,应左手用叉,右手用刀。切肉应避免刀切在瓷盘上发出响声。进餐中放下刀叉时,应摆成“八”字形,分别放在餐盘边上。刀刃朝向自身,表示还要继续吃。如刀叉放在一起,表示用餐完毕。

每吃完一道菜,将刀叉并拢放在盘中。如果在谈话,可以拿着刀叉,无须放下。不用刀时,也可以用右手持叉,但若需要做手势时,就应放下刀叉,千万不可手执刀叉在空中挥舞摇晃,也不要一手拿刀或叉,而另一只手拿餐巾擦嘴。

不可一手拿酒杯,另一只手拿叉取菜。不可将刀叉的一端放在盘上,另一端放在桌上。

(三) 用餐方式

喝汤时不要啜饮,吃东西时要闭嘴咀嚼,不要咂嘴发出声音。如汤菜过热,可待稍凉后再吃,不要用嘴吹。喝汤时,用汤勺从里向外舀,汤盘中的汤快喝完时,用左手将汤盘的外侧稍稍翘起,用汤勺舀净即可。吃完汤菜时,将汤匙留在汤盘(碗)中,匙把指向自己。

吃鱼、肉等带刺或骨的菜肴时,不要直接外吐,可用餐巾捂嘴轻轻吐在叉上放入盘内。如盘内剩余少量菜肴时,不要用叉子刮盘底,更不要用手指辅助食用,应以小块面包或叉子辅助食用。吃面条时要用叉子先将面条卷起,然后送入口中。

吃鸡时,欧美人多以鸡胸脯肉为贵。吃鸡腿时应先用力将骨去掉,不要用手拿着吃。吃鱼时不要将鱼翻身,要吃完上层后用刀叉将鱼骨剔掉后再吃下层。吃肉时,要切一块吃一块,块不能切得过大,或一次将肉都切成块。

面包应掰成小块送入口中,不要拿整块面包咬。抹黄油和果酱时也要先将面包掰成小块再抹。

吃水果时,不要拿着水果整个去咬,应先用水果刀切成 4 或 6 瓣,再用刀去掉皮、核,用叉子叉着吃。

喝咖啡时如愿意添加牛奶或糖,添加后要用小勺搅拌均匀,将小勺放在咖啡的垫碟上。喝时应右手拿杯把,左手端垫碟,直接用嘴喝,不要用小勺一勺一勺地舀着喝。

二、餐桌礼仪

西餐餐桌礼仪

西方人一般没有让酒让菜的习惯,所以你喜欢吃什么,不妨多取点。应等全体客人面前都上了菜,女主人拿起她的刀子和叉子示意后才可以用餐。餐巾应铺在膝上。可用餐巾一角擦去嘴上或手指上的油渍,但不可擦拭餐具。

用餐过程中应与左右客人交谈,但应避免高声谈笑。左右客人如不认识,可作自我介绍。口中含食不可与人谈话，应将口中食物吃完，再开口说话。

要喝水时，应先将食物咽下。用玻璃杯喝水时，要先擦去嘴上的油渍，以免弄脏杯子。

不可在餐桌边化妆、用餐巾擦鼻涕。用餐时打嗝是最大的禁忌，万一发生此种情况，应立即向周围的人道歉。

取食时不要站立起来，坐着拿不到的食物应请别人传递。

不可在进餐时中途退席。如有事确需离开应向左右的客人小声打招呼。

饮酒干杯时，即使不喝，也应该将杯口在唇上碰一碰，以示敬意。当别人为你斟酒时，如不要，可微笑并轻声地说一声“不用了，谢谢！”

用餐完毕，女主人站起，才可离席。餐巾放在桌上（餐盘右侧）。

三、西餐饮酒礼仪

西餐用酒，一般分为开胃酒、佐餐酒和消化酒三类。常用的开胃酒有：雪莉酒，白葡萄酒，马丁尼酒，金酒加汽水（冰块），苏格兰威士忌加冰水（苏打水），另加上啤酒、水果汁、番茄汁、矿泉水等。佐餐用酒，一般多用红、白葡萄酒。餐后休息时上一小杯烈性酒，通常为白兰地。

饮酒时，要求酒随菜走，不同的菜配不同的酒。一般来说，吃牛肉等深色肉食配红葡萄酒，吃鱼、海鲜等浅色肉食配白葡萄酒。

在盛酒时，白兰地、鸡尾酒可将酒杯倒满（约 4/5 杯），葡萄酒和香槟酒则不宜倒满。

西餐饮酒忌讳一饮而尽，文雅的饮酒是要懂得欣赏酒的色、香、味，细细品味。

西餐宴席上，往往是敬酒不劝酒，即使是劝酒也只是点到为止。另外，一般不可拒绝对方的敬酒，即使自己不会喝酒，也最好端起酒杯回敬对方，否则是失礼的。

知识拓展

饮酒礼仪

一、酒会礼仪

酒会，又称鸡尾酒会。这种聚会形式较活泼，便于广泛接触交谈。招待品以酒水为主，略备小吃。不设座椅，仅置小桌（或茶几），以便客人随意走动。酒会举行的时间亦较灵活，中午、下午、晚上均可，请柬上往往注明整个活动延续的时间，客人可在其间任何时候到达和退席，来去自由，不受约束。鸡尾酒是用多种酒配成的混合饮料。酒会上不一定都用鸡尾酒。但通常用的酒类品种较多，并配以各种果汁，不用或少用烈性酒。食品多为三明治、面包托、小香肠、炸春卷等各种小吃，以牙签取食。饮料和食品由招待员用托盘端送，或部分放置在小桌上。

二、红葡萄酒品酒礼仪

（一）醒酒

1. 醒酒的目的

让酒有更多的空间和空气接触，使酒质更柔顺、香气更易散发并去除老酒中因为陈年所产生的酒渣。

2. 醒酒的方法

一手握住酒瓶，一手握住醒酒器皿，将酒自瓶中缓缓倒出。光源通常置于酒瓶颈正下方，这样便于看清楚酒流动的情况，防止酒渣流出。

3. 醒酒的时间

醒酒时间为 0.5~2 小时。通常老酒的醒酒时间比新酒短，厚重浓郁型的酒比清柔型的酒所需的时间要长。

4. 持杯的仪态

郁金香型高脚杯，杯身容量大则酒可以自由呼吸，杯口略收窄则酒液晃动时不会溅出来，且香味可以集中到杯口。

持杯时，可以用拇指、食指和中指并持杯颈，手不会碰到杯身，避免手的温度影响葡萄酒的最佳饮用温度，也避免了杯身上的手指印对赏酒的影响。

（二）品酒

品酒分为五个基本步骤：看、摇、闻、尝、回味。

(1) 倾斜酒杯 45° 角，观看酒的颜色：白酒有淡黄绿、稻草黄、金黄、金、暗金、马德拉酒色和棕色；红酒有紫、红宝石、药砖红、红棕、棕色。

(2) 让酒杯逆时针摇晃，这会使酒中的酯、醚和乙醛释放出来，并和氧气接触使酒产生香气。

(3) 靠近杯口，轻闻几下，会有浓郁的酒香和成熟的果香。

(4) 品酒是靠味蕾去完成的。它布满口腔四周、舌头两侧、舌背、舌尖，并延伸到喉头底部。深啜一口让酒液在口中打转，使其到达口腔各个部位，时间最少 5 秒钟，然后才缓缓咽下，天鹅绒般的厚重和紧凑感溢满每一个角落。

(5) 回味。品尝过葡萄酒后，好好回味所品的酒。酒是否：

① 清淡，中度浓郁，或浓郁？

② 白酒：酸度如何？极少，正好，或太酸？

③ 红酒：单宁太强或太涩？令人感到愉快吗？或没有单宁？

④ 余味持续多久？

（三）酒饮用温度与佐餐搭配

白酒于冷藏后饮用，果香味会比较明显及爽口，温度以 10 ℃~12 ℃为宜，甜白酒及酒龄浅者还可把饮用温度降低 2 ℃，饮用前先开瓶透气约 15~30 分钟。

红酒宜于室温中饮用，但这是指欧洲的室温标准，也就是 15 ℃~18 ℃最为理想，温度稍低比稍高好，这样酒香可借由口中较高的温度发挥出来。

香槟和气泡酒宜于 7 ℃或 8 ℃间饮用，以避免气泡因温度升高而快速消失及影响其清爽口感。香槟是最好的餐前酒，亦可在佐餐时全程饮用。

一般而言，白酒因其酸度高有去腥味的功效，非常适合搭配各种海鲜食物；红酒中所含的单宁有去油腻的功能，搭配肉类相得益彰。

大部分葡萄酒是佐餐酒，在用餐时搭配食物饮用最佳，故在餐厅中点酒时可依据点选菜式内容、味道浓淡而挑选酒味浓及淡的红酒或白酒。

课后探究

1. 结合西餐位次和西餐礼仪，谈一谈你对西餐文化的理解。
2. 在用餐过程中，如果要与人交谈，需要注意些什么？

实战演练

实训项目：中餐宴会礼仪

1. 实训目标

掌握中餐宴会相关礼仪

2. 实训步骤

(1) 以寿宴、婚宴或家宴为主题，设计一次中餐宴会。

(2) 安排好来宾的席次，配备合适的酒水，并讲解其中的礼仪知识。

(3) 罗列出菜单，并说明菜品选择的依据。

(4) 分组演示，小组互评，教师点评。

3. 考核评价(见表 5-2-1)

表 5-2-1 中餐宴会礼仪实训项目考核评价

评分项目	标准与要求	分值	得分	总分
团队形象	精神饱满，态度积极，符合专业形象要求	30		
讲解效果	普通话标准，声音清晰； 准确讲解宴会主题、形式，宾客与席次安排，酒水与菜品选择	30		
演示效果	角色分工明确，演示内容符合中餐宴会礼仪要求； 能运用多媒体进行演示	40		
实训项目评价				
自我评价				
同学评价				
教师评价				

自测题

模块六

涉外礼仪

涉外礼仪主要指跨文化交流中的礼仪、规范。本模块旨在帮助同学们了解涉外交往中的接待流程与规范；参观、游览中的陪同、引导、讲解礼仪；宴请中的邀约与相关活动礼仪。通过学习，掌握并灵活运用礼仪知识，在国际交流中展现良好的个人素养，促进文化交流与合作，增强企业国际竞争力，为未来能够参与国际交流与合作奠定坚实的基础。

项目一　交往礼仪

学习目标

- 知识目标：掌握涉外交谈的基本礼仪；
  了解国际交流中的馈赠礼仪；
  掌握涉外馈赠礼仪与礼俗禁忌。
- 能力目标：掌握涉外交谈中的“听”与“说”的礼仪；
  掌握交谈中的身体语言礼仪；
  能根据对象、场合选择合适的礼品。
- 素养目标：培养对不同文化的接纳和学习的态度，认识到人类是相互依存的命运共同体。

在涉外交往中，礼仪是指国际通行的行为准则，既倡导尊重文化差异与风俗传统，又追寻共同的情感表达方式与交流方式，是国家、地区间的文化黏合剂。学习和了解国际通行的礼仪准则，是尊重交往对象的必要前提，也是维护自身尊严的基本素养。我们应该在实践中加深对本国文化及他国文化的认识和理解，深化文明交流互鉴，推动中华文化更好地走向世界。

实训任务一　交谈礼仪

引导案例

记住别人的名字

丁薛是某汽车厂的一名雇员，他通常在公司的餐厅吃午餐。他发觉在餐厅柜台后打饭的那位女员工总是愁眉苦脸。她打饭已经打了快两个小时了，丁薛对她而言，不过是一个陌生人而已。丁薛说了所要的东西，她在小秤上称了重，然后给了他。

隔一天，丁薛又去排队了。同样的人，同样的脸，不同的是，他看到了她的名牌。他笑着叫她杨师傅，然后告诉她要什么。她真的忘了什么称不称的，直接给了他一堆菜，多得快要掉出盘子来了。

（节选自《不可不知的交际心理学》，有改动）

案例思考：在生活中，你是否会有意识地记住别人的名字，并使用指代称呼？谈谈你的观点。

知识点

一、涉外交谈基本礼仪

（一）记住并且称呼对方的名字

每人都有姓名，对于我们每一个人来说，名字都具有特别的意义，是区分于他人的最明显标志。记住对方的名字是尊重对方的表现，这是人际交往中的一种基础技巧。有人曾说：“要想赢得朋友，务请记住他们。你若记得我的名字，便是巧妙地恭维了我，并表示我在你的心中留下了印象。记住了我的名字，你便认同了我的重要性。”

然而，有一些人不善于记住别人的名字，以至于交际中使自己处于尴尬境地，不利于谈话的顺利进行。以下是一些常用的记名技巧：

(1) 可以重复一遍他的名字来确认自己是否记住，以及发音是否正确。

(2) 记住对方独特的性格特征、爱好、脾气等，并对应他的名字来记忆。

(3) 把面孔当作线索来回忆名字。记住面孔往往比记住名字容易，记住对方面孔的特征，然后把名字和面孔进行比较，有助于把姓名和面孔联结在一起。

(4) 把名字写下来，默念几遍。

交谈礼仪——身体语言礼仪

（二）读懂身体语言

1. 目光语言

(1) 目光的三角定律。根据交流对象与你的关系亲疏、距离远近来选择目光停留或注视的区域：关系一般或第一次见面、距离较远时，看对方的额头到肩膀这个大三角区域；关系比较熟、距离较近时，看对方的额头到下巴这个中三角区域；关系亲昵的、距离很近时，则注视对方的双眉到鼻尖这个小三角区域。

(2) 目光交流 PAC 方式。

P——Parent，指用家长式的、教训人的目光与人交流，视线是从上到下，打量对方，试图找出差错。

A——Adult，指用成人的眼光与人交流，互相之间的关系是平等的，视线从上到下。

C——Children，一般是小孩的眼光，目光向上，表示请求或撒娇。

2. 身体的距离、朝向

身体距离也称身体界域或界域语。界域语是交际者之间以空间距离所传递的信息，它是人际交往的第二种特殊的无声语言。研究表明，人体周围都有一个是属于自己的个人空间，犹如其身体的延伸，人际交往只有在这个空间允许的限度内才会显得自然。否则，一旦冲破这个限度，就会使交往双方或某一方感到不自在或不安全，而做出本能的反应。因此，在交往中要注意与交往对象保持一定的距离，双方之间的交往距离直接反映了交往双方关系的密切程度。一般而言，身体距离包括亲密距离、信任距离、礼仪距离、公共距离。在涉外交往中，不妨根据双方的社会关系、社会身份、场合与谈话氛围来决定交谈时的距离。

(1) 夫妻、情侣或亲密的好友间的允许交往空间，距离为0~0.5米，即亲密距离；

(2) 朋友、熟悉人则可进入的交往空间，距离在0.5~1.2米，即信任距离；

(3) 在社交、职场交往、商务活动等场合，人们的距离一般为1.2~3米，这个距离被称为“有距离的距离”，关系不十分熟悉的人在这一社交空间之内会觉得较为自在。这个距离强调的是相互尊重和保持礼貌，即礼仪距离。

(4) 在公开演讲、景区游览等场合，不同身份的人或团体需要保持一定距离来表明彼此间的差异，做到互不干扰，这个距离通常都在3米以上，即公共距离。

3. 表情语言

表达和交流是人类天然的需要。不同种族、不同国籍的人，有一点是相似的，那就是快乐、悲哀、静穆和狂怒等复杂、丰富的面部表情。通过表情，我们可以直观地看出一个人的情绪反应和情感态度。因此，人的面部通常被看作人的灵魂的一面镜子。人类复杂的表情变化都是在面部的眉、眼、嘴、鼻的动作变幻上体现出来的，它是人体中最富有表情、最生动的部位。

4. 首语

首语是通过头部活动所传递的信息。交谈时，头部呈中立、侧斜或垂下状的首语分别传递着不同的信息。

第一，将头保持中立状态，这是一种礼貌的表现，通常表明对对方的讲话无大兴趣，但依然愿意听；

第二，头下意识地从一侧斜到另一侧，则说明对对方的话有一定的兴趣，甚至有进一步了解的愿望；

第三，将头垂下是一种消极的人体信号，往往是对对方的话缺乏兴趣时的所为。

当发现第三种首语时，有经验者往往就会立即停止谈话或转换话题，以免出现不愉快或尴尬的局面。

(三) 做一个优秀的倾听者

最有价值的小金人

曾经有位来自遥远国度的使臣，给皇帝进贡了三个一模一样的金人，同时出了一道题目：这三个金人哪个最有价值？皇帝想了许多办法，请来珠宝匠检查，称重量，看做工，结论都是一模一样的。最后，有一位臣子想到了办法。臣子拿着三根稻草，分别从三个金人的耳朵里插了进去。第一个金人的稻草从另一边耳朵出来了；第二个金人的稻草从嘴巴里掉了出来；第三个金人的稻草进去后掉进了肚子，什么响动也没有。臣子说：“第三个金人最有价值！”使者默默点头微笑道：“答案正确！”

（案例来自网络，有改动）

交谈礼仪——听的礼仪

这个故事告诉我们，最有价值的人，不一定是最能说的人。善于倾听，才是成熟的人最基本的素质。

要学会鼓励别人谈自己，谈他们感兴趣或擅长的事，这样才能打开局面畅快地交流。善于倾听能赢得别人的信任与好感，从而成为受欢迎的人。

倾听需要注意以下几点：

(1) 交谈中要保持目光接触，接触时间长度为整个交流时长的 60%~70% 最为恰当。

(2) 交谈中要对对方的谈话表现出关注、赞同之意。适当地点头或是微笑，加上一些表达态度的语言，如“是的”“的确如此”等，是对谈话者最好的回应和鼓励。

(3) 在交谈过程中应避免某些分心的举动或手势，如整理头发、翻看皮包或文件夹、看手机、看手表等。

(4) 对对方所谈话题进行适当的、及时的提问，如：“您刚才说到电影是一门艺术，能具体谈一下吗？”“你参加了今年的马拉松？真了不起！过程中一定克服了不少困难吧？”等。

(5) 在对方讲述的过程中避免打断。

二、交谈的基本技巧

(一) 把握好交谈的“度”

交谈礼仪——说的礼仪

在日常交谈中，我们应该时刻注意语言礼貌，这是赢得他人好感的最简单易行的办法。一句简短的问候，就可以拉近彼此的距离。一句不文明的话，也可能制造出麻烦，甚至造成无法挽回的严重后果。因此，要成为受欢迎且具有个人魅力的谈话者，需要掌握一定的交谈技巧，因地点、场景、氛围、对象的不同，在合适的时间运用合适的语气、方式与对方交流。交谈的基本技巧包括：

1. 谈话要适时

适时可以理解为根据场合的环境氛围，说适合当时情形的话。如：见面时应及时问候；分手时应及时告别；失礼时应及时道歉；当别人悲伤忧愁时，切忌表现活跃、嘻嘻哈哈；在热闹喜庆的气氛中，切忌唠唠叨叨地抱怨，诉说自己的不幸。

2. 谈话要适量

适量指说话的多少要适当。如果是会议的主持人，那么介绍与会嘉宾，宣布会议议程，邀请会议发言人，语言都应简洁、清晰，不可长篇大论。如果是接待宾客，语言则应亲切热情，表达出欢迎之意。如听取他人意见，应认真聆听，必要时可以记录，不宜出言反驳或急于解释。

3. 音量要适中

声音的音调、音量都是交谈的要素，在交谈中，应根据场合、对象而考虑控制谈话的音量。如环境优雅的餐厅、安静的候车室、医院病房，音量要轻，以不影响他人为宜。如工作场合中的自我介绍、演讲、会议发言，音量则要大些，使在场的人都能清晰地听到。

4. 谈话要适度

适度是指对谈话内容的选择应恰当。面对不同对象，言谈内容深浅有度；身处不同场合，言谈方式大方得体。明确自己的身份，把握好言谈的分寸。

(二) 交谈话题的选择

俗话说“话不投机半句多”。在交谈中，如果没有找到合适的话题，会出现冷场或交流不畅的局面。为了使交谈顺利进行，选择合适的话题无疑是非常重要的。

1. 选择轻松的主题

社交场合的交谈宜选择众所周知或普遍关注的话题，比如最近上映的电影、演出，假期出游路线安排，休闲运动方式等贴近生活且符合时尚的话题。

2. 选择对方熟悉的话题

大部分的人都不会拒绝谈自己熟知的事物，因为这样的谈话是令人放松且容易驾驭的。在被请教到自己所了解的话题时，人们通常很乐于交谈。比如向咖啡师请教拉花的技巧，向音乐教师请教孩子学习音乐的问题，向设计师请教室内装饰画的选择，这些都是不错的话题。

3. 选择适合对方性别、年龄的话题

女士通常对生活、服饰、饮食、艺术等话题比较敏感，交谈时喜欢谈论自己，也希望了解对方，以能够充分表达自己的感受、交流各自了解的信息以增进感情和信任。而男士则对金融资讯、时政新闻、体育比赛及一些有专业知识和技术含量的话题比较感兴趣，喜欢通过交谈达成某种一致或得出结论，也喜欢通过事实、数据等客观依据来佐证自己的观点。

不同年龄层次的人，因个人生活阅历、兴趣、志向的不同，所交流的内容和方式也有所区别。老年人倾向于谈和生活起居、健康养身、家人孩子有关的话题，也喜欢谈年轻时生活中经历的事。而年轻人的话题更加多样化，游戏、音乐、演出或是自己感兴趣的事都能成为很好的话题。

能力点

一、交谈时的仪态

交谈是人们沟通交往的重要渠道，也是建立良好人际关系、开展工作的重要方式。交谈应兼顾双方的需求，尊重对方的观点，选择适当的话题和时机，表达你的态度，传递出对他人的欣赏与关注。

目光语言：柔和亲切地看着谈话方，注视区域以眉、眼、颊区为主。

站立仪态：站立时体态挺拔，双手自然下垂或相握，忌双臂抱胸，或叉腰式站立。女士站立时应双腿并拢；男士分腿站立时双脚间距不宜超过一脚宽，与女士或长者交谈时更应注意这个问题。

坐姿仪态：交谈时的坐姿，应尽量使身体朝向谈话者，上身略向前倾斜，表现出对谈话的专注与兴趣。在交谈中不宜将身体向后靠向椅背，或者向旁倾斜，倚靠在扶手上。

二、交谈时的要点

(1) 交谈中要保持目光接触，接触时间长度为整个交流时长的 60%~70% 最为恰当。

(2) 交谈中要对对方的谈话表现出关注、赞同之意。适当地点头或是微笑，加上一些表达态度的语言，都是对谈话者最好的回应和鼓励。

(3) 对对方所谈话题进行适当的、及时的提问，如“您刚说到西安这座城市，您去过那里吗？”等。

(4) 在交谈过程中应避免某些分心的举动或手势。

(5) 避免在对方讲述的过程中打断对方。

三、西方人语言表达习惯

（一）称呼方式

中国人会根据对方的大致年龄来称呼，例如：小朋友见了六十多岁的外国夫妇，会礼貌地问候：“爷爷奶奶好！”可是这对夫妇听到后心里并不舒服，因为他们没有孩子，又怎么会有中国的孙子、孙女呢？在汉语中，“爷爷奶奶”除了称呼有特定血缘关系的家人外，也是对没有血缘关系的老一辈人的尊称，而英语中的grandma和grandpa却没有这层含义。一般来说，外国人喜欢别人直接称呼他们的名字，对不认识的人可用Sir，Madam或Miss来称呼。在向别人问好时，直呼姓名也常常是得体的，可以说“早上好，蒙克里夫先生”或“你好，富兰克林”。

（二）问候方式

中国人的问候方式是寒暄式的，例如：散步遇到朋友：“您也来散步啊？”上公园遇到老同事：“好久不见！今天有空来逛逛？”但与外国人打招呼时，类似的中国式问候语会令对方感觉明知故问或是打探别人的私事。其实，和外国人打招呼，一句“您好！”（Hello，how are you？）或者“今天天气很好，不是吗？”（Nice day，isn't it？），或者“祝你今天过得开心哦！”（Have a good day！），就是客气、礼貌的表达。

当你第一次与别人见面时，通常要握手。此外，久违的朋友相见时，通常也要握手。然而，相遇时不握手也行，微微鞠躬也是很有礼貌的。

（三）懂得称赞

在生活中，适时的赞扬能令双方愉悦。在与外国朋友交往时，更需要有一双善于发现美的眼睛。如果对方精心打扮而来，称赞就是最好的礼貌：“好漂亮的裙子！”（What a pretty skirt.），“真美的戒指”（What a nice ring.），“你今天看起来真可爱。”（How lovely you look today.），“你的T恤真棒。”（Your T-shirt is really nice.）。去外国友人家里做客，不妨大方给予赞美：“我喜欢你的房子。”（I like your house.），“你的孩子真可爱”（Your child is very cute.），“食物非常好吃。”（The food is very delicious.），“我今天真的玩得很愉快。”（I really have a good time today.）。面对外籍学生的提问，别忘了及时鼓励：“这是个很好的问题。”（That is a very good question.）。看到下属完成了任务，也要及时肯定：“你做得很好。”（You did a very good job.）。

（四）提出请求

1. 请求帮助

“请求帮助”在西方人看来是一件极其平常的事情。在一个英国的中小学留学教育宣传片中，对留学生提出了若干有助适应在英学习生活的建议，第一个就是“寻求帮助”（ask for help）。

2. **提出邀请**

如果一个中国人想拜访某人或邀请某人参加某个活动，他的第一句话常是"您今天有空吗？"但这句话却不适合问外国人。外国人听到"Are you free today?"这句话会很犹豫，因为他不确定自己是否全天都有空，也不清楚你问这个问题是什么意图，不方便回答。外国人更喜欢回答明确的问题，因此，电话邀请的第一句话应该是："我想今天晚上 7 点去拜访您，您有空吗？"或者"星期天下午四点到七点有一个烧烤聚会，希望您能参加。"这样外国人就可以根据个人意愿答应或拒绝你的提议。

（五）凡事预约

在国外，无论是就餐还是拜访，必定会被问到这个问题："请问您有预约吗？"（Do you have an appointment，please？）这时，如果没有提前预约，那么多半就要另找时间了。在没有预约的情况下得到的回答通常是"对不起，现在不是办公时间，而且您也没有预约。"（I am sorry，this is not business time and you didn't make an appointment.）所以，预约是涉外交往中的基本礼貌，无论是公事还是私事，都应提前约定。没有预约就见不到人、办不成事。

知识拓展

一、中英文表达习惯的差异

中国人的语言表达习惯和西方人的语言表达习惯差别很大。了解语言表达习惯的差异，了解西方人的思维方式和言谈方式，并且在涉外交往中得体地运用，将有助于双方的和谐交往。

例如，在迎接远方来客时，我们常以"您一路上辛苦啦！"表示慰问，可是，如果用"I'm afraid you must have a tiring journey."这一语法上正确的英语，来迎接英语国家的客人，他们听起来会觉得很不自然，因为这种场合下他们使用的寒暄语往往是"Did you have a good trip?"或"Did you enjoy your trip?"等这样令人愉快的语句。出席葬礼时，中国人会对主人说"节哀顺变！"这样礼节性的慰问语，而英文的表达方式往往是"I'm sorry for your loss."同样是慰问语，但表达方式有差别。

英美等西方国家强调个人价值（Individualism）所以寒暄时不喜欢被问及年龄及婚姻状况，更不喜欢被问及收入情况。问候方式常常是中性、抽象的打招呼（Good morning/afternoon、How are you）。

二、部分亚洲国家和地区的见面礼俗

当我们与外国朋友打交道的时候，要注意不同国家与地域在风俗习惯上的差异，尤其是礼仪禁忌，否则很容易冒犯对方，造成误会，引起不必要的麻烦。这样的例子在日常生活中随处可见。下面是部分亚洲国家和地区的见面礼俗：

（一）日本见面礼俗

日本人讲话分敬体、简体两种语言，使用时要么都用敬体，要么都用简体，二者不可混淆。但对客人、长者、上司讲话都用敬语，否则便被认为是不尊重对方。

日本人平时见面最普通的语言是“您早”“您好”“再见”“请休息”“晚安”“对不起”“拜托您了”“请多关照”“失陪了”等。

在日本，“先生”不是随便称呼的。就狭义而言，它是指教育者（教授、讲师、教员、师傅）和医生；就广义而言，则是对年长者、国家与地方领导人及有特殊技术才能者的尊称。

（二）泰国见面礼俗

泰国人的姓名是名在前，姓在后，通常在名字前加上一个称呼。对成年男人，常加“乃”，意为“先生”。“乃”字是尊称，也表示男性。而对成年妇女，名字前常加“娘”字，意即“夫人”“女士”。泰国人一般只简称名字，口头称呼时，不论男女，一般在名字前加“坤”字，表示亲切。

递送东西给别人须用右手；正式场合双手奉上。用左手则会被认为是鄙视他人。不得已而使用左手时，要说一句“请原谅，左手”。

小辈给长辈递东西用双手，长辈接东西时可用一只手。

坐时跷腿被认为不礼貌，把鞋底对着别人，意即将别人踩在脚下，被认为是一种侮辱性举止。

妇女坐时要双腿并拢，否则会被认为缺乏教养。

走过别人面前，必须弓着身子，以示歉意，妇女尤须这样。

就餐按辈分入座，长者在上座。喝酒吃菜都由长者先动手。

（三）印度见面礼俗

印度人的姓名是名在前，姓在后，女人结婚后改用丈夫的姓。男人通常只称呼姓，不称呼名；女人通常则只称呼名。

印度人见面的礼节是双手合十。对妇女不可主动握手。印度人交谈中如同意对方的意见时，将头向左摇动，不同意时则点头。

印度人以玫瑰花环献给贵宾，宾主相互问好后将花环套在客人颈上。花环大小视客人的身份而异，献给贵宾的花环很粗大，长度过膝，给一般客人的花环则仅及胸前。

口头语言礼仪

（四）新加坡见面礼俗

新加坡人为人处世彬彬有礼，社交场合惯用握手礼，与东方人相见也行鞠躬礼。

（五）巴基斯坦、阿拉伯等西亚国家见面礼俗

巴基斯坦等西亚国家的人见面第一句话就是“真主保佑”，以示祝福。告别时多讲祝愿的话，如“真主保佑你一路平安”“真主保佑你全家团圆”等。

课后探究

1. 总结涉外交谈礼仪要点，思考：涉外交谈礼仪有哪些特点？我们在交谈中要注意哪些礼节礼貌？可以结合具体的国家及地区来谈谈。

2. 如果要向外国留学生介绍当地文化，你会选择哪些内容？如何了解对方的兴趣点，并选择相应的内容进行讲解？

实训任务二 馈赠礼仪

引导案例

受欢迎的见面礼

在一次国际商务交流中，李先生代表其公司前往某欧洲国家，计划拜访一家重要的合作伙伴。为了表达诚意和尊重，他决定选择一份礼品作为见面礼，送给对方。

馈赠礼仪

在礼品的选择上，李先生考虑到了对方的文化背景和喜好。他了解到欧洲人注重环保和品质，于是选择了一款精致的环保茶具套装，既符合对方的品位，也体现了环保理念。赠送礼品的时机，李先生选择在正式会面后的茶歇时间。这样既不会打断会谈，也能让双方在轻松的氛围中交流。当茶歇开始时，李先生礼貌地邀请合作伙伴到休息区，并亲自将茶具套装递上。李先生首先简要介绍了这款茶具的特点和环保理念，表达了自己对合作伙伴的尊重和友好。他双手递上礼品，并说道："这是我们公司精心挑选的礼品，希望您能喜欢。"合作伙伴接过礼品后，表现出极大的惊喜和感激之情。他微笑着表达了对礼品的喜爱，并感谢李先生的盛情。随后，两人在轻松愉快的氛围中进行了深入的交流。

这次馈赠不仅增进了双方之间的友谊和信任，也为今后的合作奠定了良好的基础。通过合适的礼品选择、恰当的赠送时机和得体的赠送过程，李先生展现了自己在涉外馈赠礼仪方面的专业素养和良好风范。

案例思考：李同学即将去拜访来学校交流学习的外国留学生，参考上述案例，帮他选一份见面礼，并说说你选择的理由。

知识点

馈赠是国际交往中不可缺少的内容。随着涉外交往活动的日益频繁，馈赠礼品因为能起到联络感情、加深友谊、促进交往的作用，越来越受到人们的重视。馈赠的礼仪，也因此成为职场人士的基本常识。

一、国礼

（一）国礼的概念

以国家元首、政府首脑或以国家和国家政府名义互赠的礼品，均可称为国礼。作为体现国家形象与政治语言的国礼，有着不同的分类：有的是名副其实的"国宝"，有的是传统的土特产品和珍奇异宝，也有令人惊喜的特色礼品。

亚洲国家常送古董或良种马；非洲国家爱送镶着宝石的工艺品；南美国家则喜欢以镶有玛瑙的铠甲送人。意大利领导人在相当长的时间内对外赠送的国礼是艺术大师米开朗琪罗作品的银制复制品；英国首相赠送的则是为来宾专门制造的带有英国象征的器皿，而且绝无重样。镀金兰花是新加坡政府为领导人出访准备的特选礼品；约旦国王爱送本国出产的橄榄油。

（二）国礼的特点

(1) 借助物品传递本国的道德观念或本国、本民族的风俗仪节。

(2) 符合一国领导者整体利益和行为准则的具象表达。国礼也即国家的念想。

(3) 借物将尊敬的态度和动作融入国礼物品。

(4) 表示一个国家、一个民族庆贺、友好、敬意及价值观的立体语言。

(5) 国礼是民族文化与民族精神的独特标识。国礼代表一个国家、一个民族的习惯、规则和心理积淀总和的文化信息和价值体现。

(6) 国礼传递“仁政”与“礼治”信息。馈赠国礼也是一种“软外交”手段。

（三）国礼与仪式

国礼的赠予或交换，常常会结合仪式来完成。仪式是集人、物、语言、行为等多种要素于一体的意义“综合表述”，其表现力也最为集中和强烈的。国礼一般会进行正式的发布和交接仪式，并会举行官方的赠送仪式。在现代国际交往中，仪式简化了，比如以前是要领导人亲自赠送的，现在可以由两国的礼宾司司长代劳交换礼物，也不用礼单了。

（四）国礼的起源

国礼最早起源于古代部落狩猎、饮食与祭祀。食物、饮食一开始即与仪式、礼仪有着密切联系。

《礼记·礼运》曰“夫礼之初，始诸饮食。其燔黍捭豚，汙尊而抔饮，蕢桴而土鼓，犹若可以致其敬于鬼神。”第一个果子的献祭、收成的礼节、节后的宴会是农民之间很重要的行动。猎夫或渔夫庆贺大收获，或开始活动季节的时候，也都是用宴会与礼仪将食物摆布着，要求动物恕宥或表达崇拜。一切这样的行为，都表现出地方社会对喜庆和食物的珍重。

二、涉外馈赠礼仪

馈赠是人际关系中一种表达友情、以示敬重和感激的重要形式。国际交往中，无论官方还是民间，都免不了要馈赠和接受礼品，这样可以加深感情、促进合作，有利于事业的发展。

（一）美国

美国人送礼物不太注重礼物轻重。到美国人家里做客，带上一束鲜花或是一瓶酒都会使他们高兴。在美国，最普遍的送礼形式是请客人吃顿饭，喝杯酒，或是到别墅去共度周末。美国人对礼品一般追求新奇、浓厚乡村气息和别致精美。男性送礼物给美国妇女，不要送香水、衣服和化妆品，这会引起她们的不悦。

（二）日本

在日本，第一次见面送礼的现象较为普遍。他们为能先向对方送礼而感到高兴。日本人一般不当着客人面打开礼物，这和中国人一样。他们还很重视礼物包装。在日本，礼品包装是一门精巧的艺术，但注意不要使用鲜红颜色和黑白颜色，也不要把印有自己公司名称的东西送给别人。

（三）欧洲

欧洲国家少有送礼的习惯，即使送礼，也比较重视格调。应邀到欧洲人家里吃饭，通常送给女主人的礼物是一束鲜花，提前送去会更好。在欧洲，送的礼物不可太贵重，人们还习惯用漂亮的礼品纸来包装礼品，并系一条彩带。在与欧洲人的商务交往中，不要第一次见面就送礼，否则会被认为是不明智的举动。如果彼此只是工作关系，则不宜送香水，因为那样会显得关系太亲近了。对于德国人、法国人、瑞士人，也不要随便送红玫瑰，因为这是情人之间才会送的礼物。

（四）阿拉伯

阿拉伯人喜欢中国礼品，尤其是中国的唐三彩、花卉或山水画。他们还喜欢古色古香的瓷瓶、织锦或香木扇。他们喜欢美国和德国的产品，如艺术品、书、唱片和办公用品。阿拉伯商人一般赠送贵重礼物时，也希望收到同样贵重的回礼，他们认为礼尚往来有关尊严。

（五）拉丁美洲

拉丁美洲人很重视见面礼，到他们家做客千万不能空手去。他们对礼物的要求首先考虑是否实用，以及是否适合收礼人的口味，礼物的价值是第二位的。但是在公事交往中，在彼此没有熟识之前不要送礼。妇女给男子送礼一定要特别谨慎，因为即使送一个普通的礼物也会引起联想。

三、涉外馈赠礼俗与禁忌

由于地域不同、文化差异以及宗教等因素的影响，涉外赠礼要注意两个问题：一是礼品选择；二是受礼者的习俗、忌讳。

（一）宗教忌讳

信仰伊斯兰教者禁食猪肉及其制品，甚至禁止谈论同猪有关的话题，因而就不能把上述物品送给他们。在印度、尼泊尔等国信仰印度教的人士，视牛为神圣，与牛有关的食品、制品，包括牛皮包、牛皮带、牛皮鞋等，都在禁食、禁用之列。有鉴于此，向这些国家人士赠送礼品，一定要注意不能违犯有关禁忌。

（二）欧洲赠礼习俗

在欧洲，礼物过重会被认为有贿赂的嫌疑，受礼方往往会很警惕。在欧洲一些国家，人们习惯礼品数字为单数，如在捷克、波兰、意大利、德国、俄罗斯等国家，向朋友，特别是向女士送鲜花，其花朵一般为单数（双数用于送墓地逝者），但信奉天主教的人士忌讳数字“13”，特别是13号又逢星期五，他们认为这是个倒霉的日子。另外，欧洲人对送人的鲜花颜色、品种也很讲究，如在波兰、德国、瑞士等国，认为红玫瑰只适用于送给恋人和情人，不适合送给其他女士。欧洲人注重礼品包装精美，而礼品及包装纸的图案也很讲究。接受礼品时，他们喜欢当面打开，而我们东方人却不会这样做。

（三）阿拉伯国家赠礼习俗

在阿拉伯国家，初次相见忌送礼，疑有行贿之嫌。送给阿拉伯人的礼品，价值要高些。那里的居民多为穆斯林，伊斯兰教戒律，禁止崇拜偶像，在沙特阿拉伯等国的商店里看不到模特儿、洋娃娃等，因此在送给他们的礼品上，不能带有仕女等人物形象。不能直接把礼品送给阿拉伯人的妻子，要经过她们的丈夫或父亲，但直接给孩子们送礼是受到欢迎的。在阿拉伯人家中做客，不要送食品礼物，这会让对方认为，你在批评或讽刺他们的待客之道。

（四）拉丁美洲赠礼习俗

巴西、秘鲁忌讳刀剑之类的礼品，有断绝来往之嫌，与中国的“一刀两断”意义差不多。巴西人还忌讳手绢礼品，认为它会引起吵嘴、不愉快。如果收到礼品手绢，受礼者会当面把钱付上，以示这手帕是买的。阿根廷人忌讳以贴身物品作为礼物送人。哥伦比亚人喜爱红、蓝、黄色，忌浅色。委内瑞拉人以“红、绿、茶、黑、白”五种颜色代表五大政党，在日常生活中不把这五色装饰用在包装纸上。委内瑞拉人视孔雀为不祥之鸟。

（五）各国赠礼习俗

1. 俄罗斯

俄罗斯人忌讳把礼物送到办公室或会议室里。如把金钱做礼物送人，被认为是对受礼人的施舍、侮辱。俄罗斯人过生日时一般会送鲜花、巧克力、糖果、书籍、小饰品（如胸针、首饰盒）等。婚礼和结婚纪念日送礼较重，如成套的茶具、酒具等。

2. 美国

美国喜欢节日期间互相送礼。送礼注重实际，不会太贵重。初次做客，一张贺卡、一束鲜花、一瓶红酒、一盒点心即可。相交不深，礼品昂贵，会使人感到压力。收到礼品，不注重回礼，但一定会感谢。接到礼物时，一定会与送礼人一起欣赏。美国讲究礼品精美包装，不太贵重的巧克力，有时也会包装得里三层外三层。

3. 英国

英国人讲究外表，一般所送的礼品花费不多，如巧克力、鲜花等。合适的送礼时机，一般是晚餐后或看完戏之后。对有公司标记的礼品，英国人普遍不欣赏。我国民间工艺美术品，如风筝、二胡、剪纸、笛子、筷子、图章、脸谱、书画、茶叶等，他们会很欣赏。

4. 日本

在日本，访亲问友、参加宴请都会带礼物。接、送礼物时要用双手，但不能当面打开礼物。再次见到送礼人时，要提及礼物的事，并表示感谢。

四、中国赠礼禁忌

中国人有三种礼是不能送的。

第一类是谐音类的，比如送“钟”和“终”同音，送“梨”和“离”同音，送“伞”和“扇子”与“散”同音，还有送“书”和“输”同音也不送。

第二类是有束缚别人意思的，比如领带和腰带，项链和戒指，甚至袜子也有顾忌。关系亲密者除外。

第三类是与死亡有关的，任何和“4”有关的，与白色花、菊花有关的，还有手帕什么的，当然也都不能送。

收到礼品后，中国人并不主张立刻当着别人的面就要打开包装，这正好与西方人相反，外国人多半打开包装，当面欣赏赞美礼物，而且让众人都来看看。

能力点

礼物代表的是送礼者的心意，同时也体现送礼者的品位与情感。因此，慎重地选择礼品，并综合考虑赠送时机、礼品包装等问题，会使馈赠成为良好关系的开始。

选择赠品，应先了解对方的喜好，再采购礼物，慎重包装。有一些问题需要提前考虑好，例如赠礼的种类，礼品价格，关系的亲疏，受礼者的身份、职业、民族宗教习俗，礼物的大小、实用性、携带方便性等。例如：外地朋友来访，应准备有本地特色且易于携带的礼品。

一、馈赠礼节

（一）赠送礼节

要使对方愉快接受馈赠，除了精心挑选礼品，还应讲究赠礼的艺术和礼仪。

(1) 注意包装。精美的包装不仅使礼品的外观更具艺术性和高雅的情调，显示出赠礼人的文化艺术品位，而且还可以避免给人俗气的感觉。

(2) 注意场合。当众只给一群人中的某一个人赠礼是不合适的，给关系密切的人送礼也不宜在公开场合进行。只有象征着精神方面的礼品，如锦旗、牌匾、花篮等才可在众人面前赠送。

(3) 注意态度和动作。赠送礼品时，只有态度平和友善、动作落落大方并伴有礼节性的语言，才容易让受礼者接收礼品。

(4) 注意时机。一般赠礼应选择在相见、道别或相应的仪式上。

(5) 处理好单据。礼品上写有价钱的标签一定要早点清除干净。但如果礼品是有保修期的“大物件”，如家用电器、电脑等，可以在赠送礼品的时候把发票和保修单一起奉上，以便将来受礼人能够享受三包服务。

（二）受礼礼节

(1) 一般情况下，不应当拒绝受礼。如果觉得送礼者别有所图，应向他明示自己拒收的理由，态度可坚决但方式要委婉。

(2) 接受礼物时，应向送礼者表示感谢以及对礼物的重视，不可随手放置一边。

(3) 接受了他人的馈赠，如有可能应予以回礼。有礼有节的馈赠活动，有利于拉近双方的距离，增加合作的机会。

二、鲜花馈赠礼节

（一）鲜花语言

鲜花是自然界美的象征，五彩缤纷、千姿百态的花朵被赋予特别的内涵，以表达人类的情感。不同的搭配，组合成丰富多彩的鲜花语言，见表 6-1-1。

表 6-1-1 鲜 花 语 言

品种	鲜花语言	品种	鲜花语言	品种	鲜花语言
星辰花	勿忘我	白山茶	真情	莲花	默恋
红玫瑰	爱情	金鱼草	繁荣昌盛	勿忘我	永恒的爱
向日葵	爱慕;崇拜	百合	百年好合、圣洁幸福	波斯菊	永远快乐
海芋	宏伟的美	康乃馨	亲情;思念、健康长寿	石斛兰	任性美人
紫丁香	羞怯	紫罗兰	永恒之美	风信子	恒心
金盏花	离别;迷恋	丁香花	谦逊	满天星	爱怜
郁金香	爱之寓言	姬百合	快乐;荣誉	菊花	长寿;高洁
蝴蝶兰	幸福渐近	火鹤花	新婚;热情	非洲菊	崇高之美
牵牛花	爱情永固	文心兰	隐藏的爱	桔梗	不变的爱
万年青	友谊	水仙	尊敬	红茶花	质朴、美德
兰花	优雅	橄榄枝	和平	太阳花	神秘
剑兰	步步高升	梅花	刚毅不屈	荷花	纯洁
松柏	坚强	竹子	正直	玛格丽特	情人的爱
红掌	大展宏图	粉风信子	倾慕、浪漫		

(二) 鲜花的选择

我们常会使用鲜花来表达情感,寄托思念与祝福。每一种花都具有某种含义,蕴藏着无声的语言,因此,送花时应根据情况选择不同的花种。

祝贺新婚:宜用玫瑰、百合、郁金香、香雪兰、非洲菊、红掌、天堂鸟。

节日期间看望亲朋:宜送吉祥草、百合、郁金香、富贵竹等,象征“幸福吉祥”“富贵如意”。

夫妻之间:可互赠百合花。百合花象征着百年好合,万事顺意,长相厮守。

朋友远行:宜送剑兰、红掌,寓意一路顺风,前程似锦。

新店开张:公司开业,宜送月季、红掌、黄菊、天堂鸟等,这类花花期长,花朵繁茂,寓意“兴旺发达,财源茂盛”。

新春佳节:可选送大丽花、牡丹花、水仙花、桃花、吉庆果、金橘、状元红、吉祥果等表示吉祥。

看望父母:可选剑兰花、康乃馨、百合花、菊花、满天星,然后插成花篮或花束,祝父母幸福美满。

探望病人:可选素净淡雅的马蹄莲、素色苍兰、剑兰、康乃馨表示问候,并祝愿早日康复。

迎接亲友：可选紫藤、月季、马蹄莲组成花束表示热情好客。

热恋的情人：可互送玫瑰花、蔷薇花或桂花，这些花以其美丽、雅洁芬芳而成为爱情的信物和象征。

祝长辈华诞：可选送长寿花、大丽花、迎春花、兰花等寓意“福如东海，寿比南山”。

祝同辈生日：可选石榴花、象牙花、红月季等，含有青春永驻、前程似锦的祝愿。

知识拓展

我国在对外交往中的赠礼

我国传统礼品有瓷器、绸缎、茶叶等。现今，在西方的大博物馆里，都可看到中国历代的瓷器。至于丝绸，在中外交往中更是扮演了友好使者的角色。开辟于汉代，东起长安，经中亚、西亚通向欧洲、非洲的“丝绸之路”，给后人留下了至今说不尽、写不完的佳话。

我国在对外交往中的馈赠，以传统工艺品为主，其中瓷器、景泰蓝、漆雕、刺绣等占有相当比重。

一、瓷器

瓷器又分为实用品和陈列品两大类。具有实用价值的，如瓷茶具、咖啡具等数量较大。具有陈列意义的瓷器也很多，如1979年赠给日本首相的青花玲珑龙凤瓶，具有很高的收藏和观赏价值。各国驻华使节离任时，我国外交部赠一瓷盘，上刻该使节的姓名、在华任职时间等内容，既是观赏品，又有纪念意义。另外，瓷盘上雕刻肖像，也曾作为礼品外送，颇受欢迎。瓷盘刻像，即把外国政要的肖像用特殊工具雕刻在精致美观的瓷盘上，作为礼品馈赠给本人。尼泊尔、泰国、约旦的国王和王后，美国前总统里根夫妇，英国前首相撒切尔夫人，苏联领导人戈尔巴乔夫夫妇，巴基斯坦、缅甸、土耳其、埃及、突尼斯等国的领导人，都曾收到过我国赠送的刻有他们本人或夫妇二人肖像的瓷盘。

二、漆器、牙雕、景泰蓝

我国的漆器、牙雕、景泰蓝等工艺很有民族特色。里根总统夫妇曾接收的国礼有：雕漆嵌玉云扇屏风2幅，题名《玉堂春秋》，另赠寿山石“龙凤”印章一对。英国女王接收的礼品也是雕漆屏风，题名《丹凤朝阳》。1984年，日本首相来访，我国馈赠的礼品是21层象牙雕球，技艺精良高超。景泰蓝是我国的传统工艺，制作方法独特，艺术观赏价值高，适合陈列、珍藏，是我国外交馈赠中常用的佳品。

三、刺绣

刺绣工艺是我国的绝活，在世界上是独一无二的，因而享有盛誉。一些老艺人的作品，如《白猫戏蝴蝶》《金鱼》《孔雀牡丹》《山水》《鲤鱼腾跃》等，技艺之精湛、形象之生动，令人叹为观止。日本、法国、德国、意大利、加拿大、澳大利亚、印度尼西亚、印度、沙特阿拉伯、科威特等国家的领导人，都曾收到过我国赠送的这种礼品。

四、名人字画

我国名人字画有时也被选作礼品，赠送给外国领导人。不过数量不多，且多送给同我国文化传统比较接近的国家。

（作者为外交部礼宾司原参赞马保奉，本文发表于《人民日报》（海外版）2011年5月14日第03版，有改动）

课后探究

1. 涉外交往活动中，馈赠礼仪反映了交往双方的立场、关系、理念及对未来关系发展的美好意愿。请结合不同国家与地区的礼俗与禁忌，谈谈你对馈赠礼仪的认识。

2. 赠礼时，礼品的包装也很讲究，请谈谈不同的包装及与之相适应的礼品。

实战演练

实训项目：涉外接待礼仪

1. 实训目标

掌握涉外交谈、身体语言、接待、馈赠相关礼仪。

2. 实训步骤

(1) 选择近期举办的国际会议、博览会等大型活动，以志愿者的身份设计涉外接待流程。

(2) 通过游览、参观等活动接待国际客人，并向其介绍我国的优秀传统文化，阐述接待中的礼仪要点。

(3) 结合具体活动和对象，选择合适的礼品赠送给国际友人，并讲解、演示礼品选择的依据和赠送的礼节。

(4) 分组演示，小组互评，教师点评。

3. 考核评价（见表6-1-2）

表6-1-2 涉外接待礼仪实训项目考核评价

评分项目	标准与要求	分值	得分	总分
团队形象	精神饱满，态度积极，符合专业形象要求	30		
讲解效果	普通话标准，声音清晰； 准确阐述接待中的礼仪要点，礼品选择的依据	30		
演示效果	角色分工明确，准确演示涉外接待和赠礼，内容符合礼仪要求； 能运用多媒体进行演示	40		

续表

实训项目评价	
自我评价	
同学评价	
教师评价	

项目二 接待礼仪

学习目标

- 知识目标：了解涉外接待一般流程；
  了解参观、游览活动相关礼仪要点；
  了解邀请函的制作方法与要求。
- 能力目标：掌握涉外接待流程与礼仪；
  掌握涉外接待中参观游览的礼仪；
  掌握涉外宴会的邀请及活动礼仪。
- 素养目标：培养跨文化交流的能力，提升文化认知和解决问题的能力。

本项目共有两个实训项目，分别是涉外交往中的参观游览礼仪和宴请礼仪。通过本项目学习，初步了解涉外交往中的接待规范与流程；参观、游览中的陪同、引导、讲解礼仪；宴请活动中的邀约与相关活动安排礼仪。

实训任务一 参观游览

引导案例

精心策划的商务考察接待

某大型跨国公司计划派遣一支商务考察团到合作伙伴所在的城市进行为期三天的参观游览。为确保此次活动的顺利进行，接待方制定了详细的接待计划和礼仪规范。

接待团队首先提前与考察团沟通，了解他们的行程安排、兴趣偏好以及特殊需求。基于这些信息，接待方精心安排了参观路线，确保考察团能够全面了解合作伙伴的业务运营情况。在接待过程中，接待团队严格遵守礼仪规范。他们提前在机场等候，热情迎接考察团的到来，并为考察团准备了精美的欢迎花束和纪念品。在参观过程中，接待人员始终保持专业且亲切的态度，耐心解答考察团成员的问题，确保他们能充分了解公司的实力和合作的诚意。

除了正式的商务考察，接待方还安排了丰富的文化体验活动，如参观当地的历史古迹、品尝地道美食等。这些活动不仅让考察团成员更深入地了解当地的文化风情，也增进了双方之间的友谊。在接待过程中，接待团队还特别注重细节。他们为考察团成员提供了舒适的住宿环境、精美的餐饮安排以及周到的交通服务。此外，他们还准备了紧急联络表，确保在紧急情况下能够迅速取得联系。

为期三天的商务考察接待活动圆满成功，不仅加深了双方之间的信任与合作关系，也展现了接待方的专业素养和礼仪风范。

案例思考：案例中接待团队哪些做法是可取的？

知识点

一、涉外迎送礼仪

迎来送往是常见的社交礼节。在旅游接待服务中，对来访的客人，通常视其身份和游访性质，安排相应的迎送仪式。

对于有着重要社会影响和政治意义的客人，往往都举行隆重的迎送仪式。对于一般的商务接待，一般不举行欢迎仪式。然而，对应邀前来访问者，无论是官方人士、专业代表团还是民间团体、知名人士，在他们抵离时，均应安排相应身份人员前往机场（车站、码头）迎送。对长期在本国工作的外国人士和外交使节、外国专家等，他们到离任时，有关单位亦应该安排相应人员举办欢送仪式或活动。

（一）确定迎送规格

确定迎送规格，主要依据来访者的身份和访问目的，适当考虑主客方关系，同时要注意国际礼俗。主要迎送人通常都要同来宾的身份相当，但由于各种原因，有时不可能完全对等。遇此情况，可灵活变通，由职位相当的人士，或由副职出面。总之，主要迎接人员身份要与客人相近，同客人对等为宜。当事人不能出面时，无论作何种处理，应从礼貌出发，向对方做出解释。其他迎送人员不宜过多。

（二）掌握抵达和离开的时间

必须准确掌握来宾乘坐飞机（火车、船舶）抵离时间，及早通知全体迎送人员。如有变化，应及时通知。由于天气变化等意外原因，飞机、火车、船舶都可能不准时。一般大城市，机场离市区又较远，因此，既要顺利地接送客人，又不过多耽误迎送人员的时间，就要准确掌握抵离时间。

迎接人员应在飞机（火车、船舶）抵达之前到达机场（车站、码头）。送行则应在客人登机之前抵达（离去时如有欢送仪式，则应在仪式开始之前到达）。如客人乘坐班机离开，应通知其按航空公司规定时间抵达机场办理有关手续（身份高的客人，可由接待人员提前前往代办手续）。

（三）献花

如安排献花，须用鲜花，并注意保持花束整洁、鲜艳，一般选用百合、玫瑰、康乃馨、郁金香等混合花束。有的国家习惯送花环，或者送一两枝名贵的兰花、玫瑰花等。在接待人员与宾客握手之后，随同接待人员将花献上。

（四）介绍

客人与迎接人员见面时，互相介绍。通常先将前来欢迎的人员介绍给来宾，可由礼宾交际工作人员或其他接待人员介绍，也可以由欢迎人员中身份最高者介绍。客人初到，一般较拘谨，主方宜主动与客人寒暄。

（五）陪车

客人抵达后，从机场到住地，以及访问结束，由住地到机场，有安排主人陪同乘车的，也有不陪同乘车的。如果主人陪车，应请客人坐在主人的右侧。如是三排座的轿车，陪同人员应坐在主人前面的加座上；如是二排座，陪同人员坐在司机旁边。上车时，最好客人从右侧门上车，主人从左侧门上车，避免从客人座前穿过。遇客人先上车，坐到了主人的位置上，则不必请客人挪动位置。

（六）送别

俗话说“迎人三步送七步”。送别时的礼节不可轻视。除为客人预订返程票外，更要准备好临别的赠品。礼品选择应考虑如下问题：① 纪念意义；② 方便携带；③ 包装美观；④ 考虑禁忌（宗教禁忌、民俗禁忌、个人禁忌、数字禁忌、色彩禁忌等）。客人离去后，在三个工作日内，宜去函或去电感谢对方的来访，并表示欢迎再次来访之意。

二、涉外交往中的礼节礼貌

（一）涉外交往基本礼仪

（1）初次交谈，要选择轻松愉快的话题，如旅游、运动等，避免谈论年龄、收入、衣饰价格等私人话题。

（2）正规场合，不宜穿休闲装、运动装。着装要与场合、身份相符。一般而言，男士穿着西服，女士可穿着套装或较为正式的裙装。

（3）吃饭或娱乐，除非一方邀请或事先约定，否则可以 AA 制，分摊付费。

（4）受到对方的赞美和肯定时要真诚道谢。

（5）与他人目光相遇时，要主动点头微笑，表示友好。对于他人的主动问候，也要及时回应。

（6）按约定时间到达。在交通拥挤时，要把可能堵车的因素考虑在内。因故迟到，要向主人和其他客人表示歉意。

（7）不要失约，万一不能赴约，要有礼貌地尽早通知主人，并以适当方式致歉。

（二）涉外交往中的见面礼节

（1）对日本人、朝鲜人的鞠躬礼，每次必须同样还礼。

（2）多数欧洲人喜欢握手礼或是拥抱礼，对于熟悉和亲近的人有时还伴以贴面和亲吻，在商务活动中一般不行此礼。

（3）对德国客人，握手很正式并伴有 15° 鞠躬，除非双方关系非常近，否则不提倡其他的接触方式，例如拥抱和吻面礼。

（4）对英国客人，一般而言穿着比较正式，最好不要有身体接触。致意礼和握手礼是常见的见面礼节。

（5）对意大利客人，握手很重要，在商务活动中表示很正式的尊重。

（6）对拉美客人，握手和拥抱很频繁，说话时他们比美国人站得更近。向后站是不礼貌的。

（7）阿拉伯和伊斯兰国家在社交场合中握手后又在双方脸颊上互吻，要同样回敬。

（8）对军人要等其行举手注目礼后再行握手礼。

能力点

一、涉外交往活动礼仪

现代社会人们越来越重视各种社交活动，通过社交活动，可以互通信息、交流思想、结交朋友、加深了解等。所以我们在参加涉外交往活动时，需要遵循基本礼仪规范。

（一）参观展览

博物馆是收藏、展览珍贵文物的场所。博物馆有很多种，如历史博物馆，军事博物馆等，所陈列的展品大多都是价值连城。因此在参观过程中，严禁吸烟，不能触摸展品，注意保持卫生环境，保持安静，不可出言不逊或妄加评论。

展览厅内要保持安静的环境和良好的学术氛围，对讲解员的解说要专心倾听，遇到不懂的问题可以请教，但不要问个没完没了，毕竟，讲解员是为所有参观者服务的，私人问题可以等讲解员完成讲解任务之后再去请教。

人多的时候，不要拥挤或逆行乱穿，切忌在一件展品前停留很长时间，以免影响他人欣赏。如果你很欣赏某件展品，在不妨碍他人的情况下可以多欣赏一会儿；如果别人停住欣赏某件展品，而你不得不从他面前穿过时，一定要说“对不起”。

对于博物馆和美术馆的特殊规定，参观者一定要遵守。

（二）观看演出

观看演出前应该提前到场，提前对号入座，并将手机关掉或者调为静音。

观看演出时应该注意坐姿，不要左右摇晃，以免挡住后排观众的视线；中途退场时，要压低身体，动作要轻、快、静。

演出结束后，应在座位上停留片刻，不要急着离开放映厅，应该按顺序依次退场。

1. 着装礼仪

观众要根据出席晚会的具体形式来选择着装，或庄重严肃，或活泼轻松。观看戏剧、舞蹈、音乐或综合性晚会适宜穿正装、连衣裙。衣着总体要求干净整洁。不能穿背心、拖鞋、短裤入场。

2. 入场礼仪

一般情况下，在演出开始前15~30分钟，观众即应进入场所。一方面，观众应提前入场，有时间去会合亲友，领取节目单，存放衣帽，寻找座位，熟悉环境。另一方面，有利于维护演出秩序，不影响他人观演。有些演出在开场前5~10分钟会停止进场。特殊情况下迟到，入场时一定要放轻脚步，旁边观众协助自己入座时一定要致谢。

3. 就座礼仪

一般来讲，观众应尊重组织者的安排，持票排队入场，凭票按号入座。在寻找自己的座位时。若有领位员在场，最好请其带路或予以指点。若无领位员，自己最好从左侧向前行进，逐排寻找。要有礼貌地向已落座的观众说对不起，尽量不要与其他观众有身体接触。如果自己座位上已有别人,切不可争执,应主动出示自己的票据,必要时请工作人员处理。落座时要优雅,不能弄出响声,不能东倒西歪,前仰后合。一旦落座最好不要随意进出。

4. 观看礼仪

观看演出时注意不要大声评论,最好也不要与同伴窃窃私语。观众要全神贯注,专心致志。绝对不可在演出现场吃零食或喝饮料,这些都可能发出噪声或产生异味。

5. 鼓掌礼仪

晚会过程中观众要学会支持,鼓掌是最重要的表现之一。演员登台或表演结束或者演完退场时,观众要给予热烈友善的掌声,以表示欢迎或者感谢。只有演出结束后,观众全体起立,才可以有经久不息的掌声。也要分演出形式适时地鼓掌。

6. 退场礼仪

在观看演出时,通常不允许观众提前退场。只有当演出结束后,观众才可以有秩序地退场,不要制造混乱。晚会结束时通常请嘉宾先退场,观众切不可立刻离开。

(三) 景区游览

(1) 每个参观者应爱护旅游观光地区的公共财物。对公共建筑、设施和文物古迹,甚至花草树木,都不能随意破坏;不能在柱、墙、碑等建筑物上乱写、乱画、乱刻;不要随地吐痰、污染环境;果皮纸屑、杂物应装在随身携带的垃圾袋中,一并扔进垃圾桶。

(2) 拍风景照时,不要迎着他人(陌生人)正面拍摄,应尽可能避免拍到他人。游客人数众多时,不要长时间占用摄影点,以免影响他人摄影留念。如需别人避让,应有礼貌地请求。

(3) 在游览地不可喧闹,过桥、穿洞、走窄路要主动让行。

(4) 在室内参观,不要大声喧哗,以免影响其他人。对讲解员、服务员要以礼相待,对他们所提供的服务要表示真心的感谢。

(5) 就餐时,要文明用餐,节约粮食不浪费,保持就餐地点的清洁卫生。

(6) 要爱护参观地点的小动物,不要随意喂食小动物。

二、涉外交往中的个人礼仪

(一) 守时

尽管人们在对待时间问题上有越来越灵活的趋势,但在聚会时迟到依然是一种没有礼貌的表现。如果有难以避免的原因导致迟到,那么应在第一时间向聚会主办者或邀约人说明迟到的原因以及到达的时间,并在到达时表示歉意。

(二) 道歉

在任何场合真诚道歉都是一种有效的手段。学会有效的道歉首先要有足够的勇气去承认错误。道歉绝对不是软弱的标志,真诚和及时的道歉反而会被看作是有责任感的表现。道歉时绝不能小声嘟囔,这样会显得很勉强;言辞谦恭、发音清晰的道歉能够表现诚恳的态度。

（三）赞扬

几乎所有人在生活的各阶段都需要得到赞扬。人们的虚荣心需要不断地得到满足，这是人类的天性。承认别人的出色与努力，肯定别人，这无疑是种美德。赞扬是讲究时机、场合和措辞的。例如当着两位女士的面而只赞扬其中的一位，对另一位不置可否，这将会给后者带来伤害。

（四）评价他人

在生活和工作中，我们总会评价他人或被他人评价。然而，专业人士不会把对他人的评价时时挂在嘴上，因为这并不能显示我们的聪明，反而是一种缺乏涵养的表现。

（五）手机的使用

尽管手机的发明使人们的生活变得更加方便，但它有时也会给人制造麻烦。假如你正和某个人面对面地说话，而此人却不停地接电话。遇到这种情况的确比较难办，最好的办法就是随手拿起一张报纸或转身看看窗外，打发这段尴尬的时间。由于多次被打断的不适和不被重视的挫败感，你可能已经完全失去了继续交谈的欲望。

手机铃声也可能会使你身边的朋友心烦意乱，聚会或开会时将手机调成振动状态会比较好。

（六）备忘录

无论是发送者还是接收者都应该认真对待备忘录。备忘录是一种非常好的交流工具，可以把想法、信息和指令以文字的形式准确、长久地保存下来，这一点口头交流是办不到的。备忘录应该妥善保存，并且不适合用于非常私人化的交流内容，比如抱怨和昵称。

（七）多人交谈

聚会时的交流往往是随机的，主题和发言者随时都在变化，但礼貌同样不可或缺。我们既不应打断别人的发言，也应保持一定的兴趣聆听并有所回应；在转移话题时应考虑到大多数人对这个新话题的感兴趣程度，尽可能选择大家都可以参与进来的话题；要给他人留有说话的空间，不要在多人场合将聊天变成少数几个人的专有权利。

（八）私人问题

无论是直接还是间接地打听别人的收入、出身、教育状况、私人物品的价钱都是不受欢迎的。另外，也不能随便问及别人的私事。比如，有个人告诉你他得病了或者进医院了，你除了说“很遗憾”“希望不太严重”“祝你早日康复”以外，别的话都不太合适。如果身边同事在谈论私人话题，最好避开，至少不应带着好奇心加入类似的谈话中。

（九）礼物

有时，聚会的发起者会为来宾准备礼物，这时，应愉快地接受并表示感谢，并在恰当的时候予以回礼。但不可打探其他人收到的礼物是否和你的一样，或者私下评价礼物。也不可大声惊呼“哇！这么贵重！那我怎么好意思收啊！”之类的话，这会令其他人很尴尬。

三、涉外交往中的 3A 原则

3A 原则(Accept、Appreciate、Admire)是人与人交往的重要原则之一。3A 原则提出了在交往中处理人际关系的几个重要方面,强调对人的关注的重要性。因为,人际关系的处理直接影响商务交往的效果。

(一) 接受(Accept)

接受对方,尤其是接受别人身上可能存在的不足,不要使别人感到难堪。比如我们常说的在交谈时的“三不准”:(1)不要打断别人的发言;(2)不要轻易地补充对方的发言;(3)不要随意更正对方的发言。这三个要求都基于对他人的接受与认可。

(二) 欣赏(Appreciate)

重视对方,欣赏对方。更多地注意到对方的优点而不是缺点,可以当众赞扬和肯定,但不宜当众批评和指正。我们可以通过以下这些方式让对方感受到我们的重视:(1)在人际交往中要善于使用尊称,行政职务,技术职称。(2)记住对方的姓名等重要信息,比如建立客户资料库,如不慎张冠李戴时要诚意致歉。

(三) 赞美(Admire)

赞美对方。受到他人真心的赞美是一件令人心花怒放的事情。对交往对象给予由衷的赞美和肯定,会使人产生强烈的被认同感,从而有被理解、被认同的幸福感。懂得欣赏别人的人无疑将拥有良好的人际关系。值得注意的是,千篇一律的赞美方式和程式化的表情语调缺乏打动他人的力量,反而会使得我们的好意令人难以接受。

知识拓展

如何在涉外接待中展现出对对方文化的尊重?

1. 熟悉文化背景

在接待前,尽可能了解对方的文化习俗、宗教信仰、商务礼仪等,这有助于避免文化冲突和误解。

2. 使用恰当的称呼和问候

根据对方的文化习惯和个人喜好使用恰当的称呼,如使用头衔或先生、女士等,并采用合适的问候方式。

3. 注意非语言沟通

肢体语言、面部表情和眼神交流在不同文化中有不同的含义。确保非语言沟通符合对方的文化习惯。

4. 尊重个人空间

不同文化对个人空间的需求不同,在交流中应注意保持恰当的距离。不要过于接近或远离对方,以免让对方感到不适。

5. 遵守时间观念

不同国家对时间的态度各异,有的国家强调准时,有的则更灵活。确保您遵守对方的时间观念,并在必要时提前告知可能的时间变动。

课后探究

1. 以陪同游览为例，说一说涉外接待活动中的礼仪要点。
2. 简述参观博物馆、展览及观看演出的相关礼仪。

实训任务二 宴 请 礼 仪

引导案例

中德企业商务晚宴

在某国际大都市，一家中国高科技企业与一家德国知名制造业公司达成了一项重要合作协议。为了庆祝这一合作成果，并加深双方的了解与友谊，中国企业决定举办一场正式的商务晚宴，邀请德国企业的代表团前来参加。

晚宴前，中国企业精心准备了邀请函，用中文和德文双语书写，详细说明了晚宴的日期、时间、地点、着装要求以及晚宴流程。邀请函的设计典雅大方，体现了中国传统文化的韵味。晚宴当天，中国企业派出专车前往机场接机，并安排专人协助德国代表团办理入住手续。晚宴场地布置得典雅而庄重，餐桌上摆放着精美的餐具和鲜花，背景音乐选择了轻柔的古典音乐，营造出一种轻松愉悦的氛围。

晚宴开始时，中国企业代表首先致辞，用中文和德文向德国代表团表示热烈欢迎，并简要介绍了晚宴的主题和目的。随后，双方代表入座，开始享用晚宴。

在用餐过程中，中国企业代表注意到德国代表团对于食物的品质和口感非常讲究，于是特别安排了中国传统名菜和当地特色菜肴，以满足他们的口味需求。同时，为了照顾到德国人的饮食习惯，晚宴还提供了素食和无酒精饮料。此外，中方还在宴会前几日提前了解了德方在饮食方面的具体要求，包括是否有忌口、是否对某些菜品、调料过敏，并做好相关准备。宴会菜肴得到了双方的一致好评。

晚宴结束时，中国企业代表再次向德国代表团表示感谢，并赠送了具有中国特色的纪念品作为礼物。德国代表团成员纷纷表示，这次晚宴让他们感受到了中国企业的热情和专业，也加深了对中国文化和礼仪的了解。他们期待未来能够有更多的机会与中国企业合作，共同推动双方的发展。

案例思考：通过这次涉外宴请礼仪的案例，我们可以看到，在商务场合中，注重礼仪细节和文化差异的重要性。请总结涉外宴请的礼仪要点。

知识点

一、宴会概念与分类

宴会有国宴、正式宴会、便宴之分。按举行的时间，又有早宴(早餐)、午宴、晚宴之分,晚宴一般较为隆重。

二、宴会礼仪

(一) 国宴

国宴是国家元首或政府首脑为国家的庆典,或为外国元首、政府首脑来访而举行的正式宴会,因而规格最高。宴会厅内悬挂国旗,安排乐队演奏国歌及席间乐。席次座次安排均极为讲究,开席时常由主办方致辞或祝酒。如图 6-2-1 所示。

图 6-2-1 上海合作组织青岛峰会设宴欢迎各国来宾

(资料来源:中国新闻网)

(二) 正式宴会

除不挂国旗、不奏国歌以及出席规格不同外,其余安排大体与国宴相同。宴会对餐具、酒水、菜肴道数、陈设,以及服务员的装束、仪态都要求很严格,宾主均按身份排位就座。有时亦安排乐队奏席间乐。西方国家正式宴会讲究排场,有的会在请柬上注明对客人服饰的要求。西方人对宴会服饰比较讲究,往往从服饰规定体现宴会的隆重程度。通常菜肴包括汤和两三道热菜,另有冷盘、甜食、水果。

宴会餐前上开胃酒。常用的开胃酒有:雪梨酒、白葡萄酒、马丁尼酒、金酒加汽水(冰块)、苏格兰威士忌加冰水(苏打水),另上啤酒、水果汁、番茄汁、矿泉水等。席间佐餐用酒,一般多用红酒、白葡萄酒,很少用烈性酒,尤其是白酒。餐后在休息室上一小杯烈性酒,通常为白兰地。我国正式宴会程序略为简单,餐前一般安排在休息室稍事叙谈,通常上各色茶茗,糖果小食。席间酒水多以烈性白酒为主,伴以红酒、黄酒和各种果酒。用餐完毕即宣告宴会结束,不再回休息室座谈,亦不再上饭后酒。

(三) 便宴

即非正式宴会,常见的有午宴、晚宴,有时亦有早上举行的早餐。这类宴会形式简便,可以不排席位,不做正式讲话,菜肴道数亦可酌减。西方人的午宴有时不上汤,不上烈性酒。便宴较随便、亲切,宜用于日常友好交往。

(四) 家宴

即在家中设便宴招待客人。西方人喜欢采用这种形式,以示亲切友好。家宴往往由主妇亲自下厨烹调,家人共同招待。

(五) 冷餐会(自助餐)

这种宴请形式的特点是不排席位,菜肴以冷食为主,也可用热菜,连同餐具陈设在菜桌上,供客人自取。客人可自由活动,可以多次取食。酒水陈放在桌上,也可由招待员端送。冷餐会在室内或在院子里、花园里举行,可设小桌、椅子,自由入座,也可以不设座椅,站立进餐。根据主、客双方身份,招待会规格隆重程度可高可低,举办时间一般在中午 12 时至下午 2 时、下午 5 时至 7 时。这种形式常用于正式活动,以宴请人数众多的宾客。

国内举行的大型冷餐招待会,往往用大圆桌,设座椅,主宾席排座位,其余各席不固定座位,食品与饮料均事先放置桌上,供宾客自取。主办方致辞后开始用餐。

三、茶会礼仪

茶会是一种简便的招待形式,举行的时间一般在下午 4 时左右或上午 10 时。茶会通常设在客厅,厅内设茶几、座椅,不排席位,如是为某贵宾举行的活动,入座时将主宾同主人安排坐到一起,其他人随意就座。

茶会的重点是请客人品茶。因此,茶叶、茶具的选择要有所讲究,或具有地方特色。一般用陶瓷器皿,不用玻璃杯,添茶用茶壶。外国人一般用红茶,略备点心和地方风味小吃。亦有不用茶而用咖啡者,其组织安排与茶会相同。

能力点

在职场中,每一次成功的宴会都始于一次出色的邀请,体现着主人的诚意和对宾客的尊重。通过邀请的细节,可以看出一个人的修养、风度和内涵。

一、邀请礼仪

(一) 邀请函

邀请函又称邀请信、邀请书,是活动主办方(单位、团体或个人)邀请亲朋好友或知名人士、专家等出席隆重的会议、典礼或参加重大活动时发出的请约性书面函件。它是较为常用的应用写作文种。在国际交往以及日常的各种社交活动中,使用广泛。凡精心安排、精心组织的大型活动与仪式,如宴会、舞会、纪念会、庆祝会、发布会、单位的开业仪式等,一般都会以邀请函的形式邀请嘉宾出席。

邀请函礼仪要点:

1. 礼貌性强

礼貌性是邀请函的最显著的特征。这体现在内容的完整和固定的礼貌用语的使用上,强调双方友好关系和相互的尊重。被邀请人的姓名应写全,注意不可出现错别字。在两个名字之间应该写上“和”,不用顿号或逗号。

2. 语言简明

邀请函要注意语言简洁明了,简单易懂,清晰准确。应当把与活动有关的主要事项,特别是活动的目的、意义、活动安排、活动内容等交代清楚。

3. 感情诚挚

邀请函是为社交活动服务的专门文书。它是对邀请对象的无声的赞美和感谢,在特定的时机、场合，向邀请对象表达诚挚的感情。

示例：

邀 请 函

尊敬的 ××× 教授：

我们学会决定于 ×××× 年 ×× 月 ×× 日在省城 ×× 宾馆举办民间文学理论报告会。恭请您就有关民间文学的现状与发展发表高见。务请拨冗出席。

顺祝

健康！

××× 省文学研究会

联系人：×××

×××× 年 ×× 月 ×× 日

（二）请柬

请柬，又称请帖、简帖，是为了邀请客人参加某项活动而发的礼仪性书信，如会议请柬、仪式请柬、参展请柬、宴会请柬等。

请柬公私兼用，多用于隆重的庆典仪式场合，邀请对象一般只需出席即可，不承担具体的工作任务。因此，请柬内容简单。

请柬一般有两种样式：一种是单面的，直接由标题、称谓、正文、敬语、落款构成。另一种是双面的，即折叠式，一为封面，写“请柬”二字，一为封里，写称谓、正文、敬语、落款等。要求精心设计，制作精美。

请柬的篇幅有限，书写时应根据具体场合、内容、对象，认真措辞，行文准确，讲究文字美。在遣词造句方面，有的使用文言语句，显得古朴典雅；有的选用较平易通俗的语句，显得亲切热情。不管使用哪种风格的语言，都要庄重、明白，使人一看就懂。

示例：

尊敬的 × 先生与夫人：

小儿王 ×× 与张 ×× 女士结婚，荷蒙厚贶，谨定于 ×× 月 ×× 日下午六时喜酌候教。

王 ×× 暨周 ×× 鞠躬

席设聚宝饭店同庆厅

恭候驾临

（三）电子请帖

电子请帖是一种利用现代数字技术，结合常规结婚请帖形式的基础上充分发挥个性化的创意，集视觉、听觉为一体的全新请帖形式。电子请帖不但能很好地传达邀请的诚意，还给宾客提供了方便，通过 QQ、微信、邮件或者其他网络方式就可以方便轻松地将请帖送给亲朋好友。电子请帖低碳、环保，不会产生任何垃圾，是年轻人和时尚职场人士的首选。

电子请帖可发挥空间大，可以加入自己喜欢的颜色、图案、背景音乐、炫目的 Flash 动画效果、宾客留言等方式，还可以为宾客们配上线路图、导航链接等，这些都是传统请帖无法比拟的。

二、宴请礼仪

宴请是表示欢迎、答谢、祝贺、庆典等举行的餐饮活动。宴请活动的每个环节，如宴请的规格、对象、时间、地点和环境、菜单的确定、桌次座次排列和饮食的禁忌等，都需要考虑周到。

(一) 宴会组织

1. 确定宴请范围和名单

首先确定以个人还是组织的名义发出邀请，以及受邀的人员有哪些，确认受邀人员的身份。请柬信封上被邀请人姓名、职务书写要准确。国际上习惯对夫妇两人发一张请柬。在我国，需凭请柬入场的场合应每人一张。

2. 选择恰当的时间地点

宴请的时间应对主、客双方都合适。驻外机构举行较大规模的活动，注意不要选择对方的重大节假日、有重要活动或有禁忌的日子和时间。小型宴请应首先征询主宾意见，最好是当面约请，也可用电话联系。主宾同意后，时间即被认为最后确定，可以按此约请其他宾客。宴请的地点最好安排在交通便利、环境优美、干净卫生、设施完备的地方。

3. 及时准确发出请帖

应提前 2~4 周发出请帖，让受邀者做出时间安排。请帖的地址要准确。重要宾客可在宴会前一周再次确认出席与否。已经口头约妥的活动，仍应补送请柬。需安排座位的宴请活动，为确切掌握出席情况，往往要求被邀者答复能否出席。

4. 确定桌次和座次

桌次座次的确定能够促使宴请活动的有序进行。宴会前应当确定好桌次和座次。正式宴会，最好能在发请柬之前就排好席次。请柬发出后，应及时落实出席情况，准确记载，以安排并调整席位。即使是不安排席位的活动，也应事前对出席率有所估计。

5. 注意禁忌

要注意来自不同民族和种族的饮食文化和禁忌，以免造成不必要的麻烦。宴请的酒菜根据活动形式和规格，在规定的预算标准以内安排。选菜主要考虑主宾的喜好与禁忌，如果宴会上有个别人有特殊需要，也可以单独为其上菜。

宴请采取何种形式，在很大程度上取决于当地的习惯做法。一般来说，正式、规格高、人数少的以宴会为宜，人数多则以冷餐或酒会更为合适，女性群体宴请活动多用茶会和自助餐形式。目前各国礼宾工作都在简化，宴请范围趋向缩小，形式也更为简便。酒会、冷餐会被广泛采用，而且中午举行的酒会往往不请配偶，不少国家招待国宾宴会只请身份较高的陪同人员，不请随行人员。

(二) 赴宴礼仪

① 及时答复。当收到邀请时，应当及时告知主办方能否参加。

② 注意形象。参加怎样的宴会就穿着怎样的服装，装扮适宜。

③ 遵守时间。不要过早或迟到。赴宴过早会打乱主办方的安排，迟到则是特别不礼貌和不受欢迎的行为。

④ 适当交际。跟周围的宾客保持良好的交流，以免显得格格不入和不礼貌。

⑤ 离开时需要跟宴请者打招呼，表示感谢。重要宴请需要在结束后一周内给

予书面、电话或当面的感谢。

知识拓展

敬茶礼仪

(1) 最好使用有杯耳、杯盖的瓷杯。

(2) 倒茶的时候，要掌握好茶水的量，“茶满欺人，酒满敬人”，茶水倒入杯中七八分满就可以了。

(3) 端茶要双手，或可使用托盘。用右手抓住杯耳，左手托住杯底，从来宾的右后方送上茶水。站在来宾右后方的时候同时说：“对不起，打扰一下”，放下茶杯之后再说“请用茶”。切忌用手指捏住杯口边缘往来宾面前送。

(4) 敬茶要先客后主。如果是多位来宾，就要依职位高低顺序分列、依次上茶。如果不方便，也可以按座位顺序上茶。

(5) 续水时，如果是带盖的杯子，则要用右手拿着茶杯盖子，或将杯盖放在茶几上，盖口朝上。

(6) 茶水放在客人的右前方，如果有点心、糖果之类，放在客人左前方。

课后探究

请阅读以下资料，并思考：

在 2017 年 5 月举办的“一带一路”国际合作高峰论坛，我国用国宴标准招待了 28 位国家领导人及众多外宾。不管是餐厅的布置、摆台、菜单设计，还是接待流程，都力图做到尽善尽美。

此次国宴围绕“一带一路”这个文化主题来设计，采用的都是中国最具有地方特色的食材，尤其是江南的时令食材得到充分利用。酒是中国河北产的干红和干白。本次国宴器皿也独具匠心：盛汤的“丝路宝船汤盅”设计灵感来源于海上丝绸之路的古船造型，汤盅的盖揿设计为一艘扬帆远航的古船帆，寓意着海上丝绸之路的历史文明。在餐具的设计上，为了呼应“丝绸之路”这个文化设计主题，采用了牡丹元素，餐具瓷器上设计了两束盛开的牡丹花，因为丝绸之路起源于洛阳，洛阳盛产牡丹。餐具方面，除中餐所需餐具外，还摆上刀叉，公筷、公勺，还备有筷、勺座。在宴会餐台上配有各种调料，比如盐、胡椒粉等，客人可以根据自己的口味调节。

但是要注意有些菜在国宴上是不能上的，如在菜品中不能出现来访国家的国旗、标志；外国人不吃动物内脏，国宴餐桌上不能出现鸡爪、内脏等。食材不能有违背来访国宗教信仰的禁忌食物。另外，还要照顾到外宾的个人需求，比如有些人不吃花生酱。

结合上述资料，请思考：在涉外宴请中，我们需要注意的礼仪要素有哪些？将你的意见以 PPT 的形式分享给大家。

实战演练

实训项目：涉外宴请礼仪

1. 实训目标

掌握涉外邀约、宴请相关礼仪。

2. 实训步骤

应我校国际交流中心工作安排，由我班同学负责接待来自韩国 / 日本 / 英国 / 澳大利亚 / 乌兹别克斯坦的大学生交流团，并于本周五晚上举办欢迎宴会。

(1) 结合上述活动，选择来自某一国家的大学生交流团，设计接待工作流程。

(2) 设计邀请函，展示并讲解邀请交流团赴宴的礼仪要点。

(3) 设计晚宴形式及流程，讲解并演示宴会接待中的礼仪要点。

(4) 分组演示，小组互评，教师点评。

3. 考核评价（见表 6-2-1）

表 6-2-1　涉外宴请礼仪实训项目考核评价

评分项目	标准与要求	分值	得分	总分
团队形象	精神饱满，态度积极，符合专业形象要求	30		
讲解效果	普通话标准，声音清晰； 准确阐述宴会邀约、宴会形式选择及接待工作的礼仪要点	30		
演示效果	角色分工明确，准确演示涉外宴请的邀约和宴会接待，内容符合礼仪要求； 能运用多媒体进行演示	40		
实训项目评价				
自我评价				
同学评价				
教师评价				

自测题

模块七

实践总结

礼仪无处不在，礼文化深刻地影响着中国人的思想、行为、语言。在漫长的历史发展中，礼文化融入了社会道德、秩序，融入了民风民俗、仪式庆典。通过本课程的学习，同学们了解了团队文化、形象礼仪，掌握了面试礼仪和职场交往礼仪，提升了自身礼仪素养，在餐饮礼仪、涉外礼仪中深入感知饮食文化与跨文化交流。本模块旨在通过礼仪情景剧的编排、表演和考核评价，从“书中学”到“做中学”再到“境中学”，在情景模拟实训中巩固和深化所学到的礼仪知识，增强自身综合素质和职业竞争力，为未来的职业发展打下坚实基础。

项目一　综 合 实 训

学习目标

- 知识目标：了解职业礼仪实训课程的综合实训要求；
  了解情景剧的基本概念与要素。
- 能力目标：掌握情景剧的编排方式；
  掌握情景剧的表演礼仪；
  掌握情景剧的评述方法。
- 素养目标：通过情景剧编排、舞台表演培养创新精神和创新能力，提升审美水平，自觉传播礼仪与美。

情景剧教学是礼仪实训课程的重要教学方式，情景剧的编排、表演、评述等都有一定的规范和要求。本项目就礼仪情景剧的概念、编排方法、表演规范、舞台礼仪、评述方式等内容，阐述课堂教学中礼仪情景剧的相关规范与礼仪。

实训任务一　礼仪情景剧编排

知识点

一、认识情景剧

（一）情景剧的基本概念

情景剧指的是在一个或多个相对固定的场景（如家庭或办公室中），围绕一条或多条故事线表演的形式。原本是一种喜剧演出形式，在电台广播或电视中较为常见。在很多国家，情景剧都是最受欢迎的电视节目之一。这种形式一般认为出现在美国广播黄金时代（20世纪20年代至20世纪50年代），如今在世界范围内被广为接受。

狭义的情景剧是指以文字剧本为依托，通过演员扮演人物角色、表演对话与动作来表现的一种艺术形式。将戏剧艺术应用于课堂教学实训之中，以命题表演和自编短剧的方式将知识、能力以情景演示的方式向教师、同学展现，注重演出之前的学习、演出中的体验、演出后的评价与反馈这三个主要环节，以“编、演、评”来加深学生对知识的掌握，情景剧在职业礼仪课程的学习中具有一般实训所达不到的综合性效果，能够很好地适应礼仪课堂多元学习的需要。

（二）情景剧教学的特点

情景剧，在大多数人的心目中是一种娱乐的方式，是以幽默和戏剧性的表演消除乏味，焕发激情、活力和创造力的一种消遣，很少有人重视它在教学和培训项目中的作用。更少有人将它和大学生的职业素养发展联系起来。实际上，情景剧作为一种戏剧艺术形式，在大学教育中具有传统教育方式所不具有的优势。

1. 寓教于乐

情景剧是戏剧的一种，作为古老的艺术表现形式，无论是传统仪式还是民众消遣，它都承载着情感，传递着价值观。它没有强迫性，形式多样且带有一定的游戏色彩，很契合大学生的心理需求。无论是表演者还是观众，都会得到情感的交流、放松或者是表达，从而主动地投入到情景剧的编创、表演、观看中。学习，不是被动地接受，而是结合知识内容的主动创造。

2. 反映生活

戏剧艺术本身是建立在对生活的观察之上的抽象、提炼，来源于生活并高于生活。而情景剧相对而言既有描摹生活、重现生活的特点，同时也集中表现了日常生活的抽象特征。礼仪的知识落实在教材上是原理、方法、信息，在情景剧中则可以表现为一种素质和能力。通过戏剧化的方式增加规范和伦理的感染力，使其变得不再具有说教性且易于被接受。

3. 立体教学

情景剧教学的目标不仅仅是学习知识点、开展实训，更是多维度地发展学生的理解力、表达力、表现力等综合能力，增加学生的自信心、感知力与感染力，可以说是一种立体教学方式。情景剧可以通过多样的方式展示礼仪的规范、宗旨、内涵，通过生活场景的再现与创设，让观、演双方都能感同身受。同时，对表演者的学习、归纳能力，台词、形体等舞台表现能力都提出了要求。

二、情景剧的编排

（一）内容的选择

情景剧的内容是结合教学目标、教学内容、教学过程、考核等因素来选择的，主要依据是教学内容。由于课时限制，通常情景剧会在项目考核、期末考核时运用，所以本身具有学习效果呈现及评价的功能。因此，对于内容的选择，通常要符合以下三个原则：一是典型性原则，二是综合性原则，三是考核性原则。在教学内容中选择重点内容，并结合某一模块整体教学目标及考核目标进行选择，以此为主要内容，要求学生在编排过程中加以体现。见表 7–1–1。

（二）情景剧的时间安排

通常，一个情景剧的时间应该在 6~8 分钟，适用于不超过 8 个人的小组。具体时间安排见表 7–1–2。

表 7-1-1 情景剧内容的选择

模块	教学目标	知识点	能力点	情景剧内容	考核内容
职场面试	1. 了解求职心理； 2. 了解面试信息的搜集与筛选； 3. 掌握面试准备的资料要求及人员形象要求； 4. 了解面试流程与礼仪要求； 5. 掌握自我介绍及面试交流的礼仪与技巧	1. 面试准备； 2. 面试流程； 3. 面试礼仪； 4. 应答技巧	1. 搜集信息； 2. 选定岗位； 3. 制作简历； 4. 设计面试形象； 5. 自我介绍； 6. 面试应答	面试者着装得体地进入场地，将材料递交给面试官并做简单自我介绍，面试官根据招聘要求及面试材料进行提问、交流，面试者礼貌回答。面试结束，面试者致谢并礼貌告别	1. 面试形象； 2. 面试材料； 3. 问候与自我介绍； 4. 面试交流与应答礼仪； 5. 仪态礼仪； 6. 告别礼

表 7-1-2 情景剧的时间安排

0.5~1 分钟	5~6 分钟	0.5~1 分钟
小组成员上场及演出介绍	情景剧表演	总结及退场

（三）情景剧的剧本写作

1. 剧本内容概述

如同所有的剧本一样，情景剧的剧本有一个明确的开端、中段和结尾，可分为第一幕、第二幕、第三幕，或者开端、中段、结尾。开头需要说明演示的情景主题、主要内容或事件背景。然后列出演员人物表。之后进入正文的部分。正文主体是台词。台词一般包括对白、独白和旁白。对白，是情景剧表演中角色间相互的对话，是展示剧情、刻画人物、体现主题的主要手段，也是剧本构成的基本成分。独白，是角色在舞台上独自说出的台词，它从古典悲剧发展而来，在文艺复兴时期的戏剧中使用十分广泛，是把人物的内心感情和思想直接倾诉给观众的一种艺术手段，往往用于人物内心活动最剧烈最复杂的场面。旁白，是角色在舞台上直接说给观众听，且假设不为同台其他人物听见的台词，内容主要是角色内心活动的披露，情景剧台词种类见表 7-1-3。

表 7-1-3 情景剧台词的种类

台词	对白	独白	旁白
内容	角色间相互的对话	角色在舞台上独自说出的台词	角色在舞台上直接说给观众听，且假设不为同台其他人物听见的台词

续表

台词	对白	独白	旁白
作用	展示剧情、刻画人物、体现主题	把人物的内心感情和思想直接倾诉给观众	人物内心活动的披露

2. **台词的写作特点**

(1) 动作性。戏剧是行动的艺术。它必须在有限的舞台演出时间内迅速地展开人物的行动,并使之发生尖锐的冲突,以此揭示人物的思想、性格、感情。这就要求情景剧的台词应具有动作性。台词的动作性在于它能够表现出角色的特征和内心活动。一般有两种表现方式:一种是直抒胸臆,另一种是"潜台词"。直抒胸臆的台词有时通过独白来进行;潜台词包含复杂隐秘的未尽之言与言外之意,它可以具体表现为一语双关、欲言又止、意在言外、言简意赅等多种形式。台词的动作性还在于它能为演员表演时的舞台动作提供指引,使演员在舞台上能动起来。

(2) 性格化。台词要做到性格化,必须根据人物的出身、年龄、职业、教养、经历、社会地位以及所处时代等条件,掌握人物的语言特征。从人物关系出发,写出此时此地、此情此景中人物最可能说出的话。实现台词性格化的关键是剧作者熟悉生活、熟悉笔下的人物,并且在写作时设身处地地体会人物的内心感情,揣摩人物表达内心的语言方式与特点。

(3) 诗化。戏剧要在有限的时空条件内通过人物的台词树立艺术形象,使观众受到感染,这就要求剧本的台词具有诗的特质、诗的力量。台词的诗化并不意味着都要采用诗体,而是要让诗意渗透在台词之中。因此台词必须感情充沛,富于感染力;形象鲜明,富有表现力;精练、含蓄,力求用最简洁、最浓缩的词句来表达丰富的内容与深远的意境。

(4) 口语化。要使观众清楚明了地看懂剧情,理解人物,接受剧作者对生活的解释,台词就必须明白浅显、通俗易懂,具有口语化的特点。口语化使台词富于生活气息、亲切自然。在注意口语化的同时,也需要注意语言的规范化和纯洁性,注意对生活语言的提炼、加工。

能力点

情景剧《沟通的双面镜》

故事梗概

2023 年 9 月,实习生小王在一家五星级国际品牌酒店担任行李员。一天上午 10 点多,小王接到为一位酒店 VIP 女宾客取行李的任务,客人提出购买酒店的花瓶,于是小王陪同客人去办理购买花瓶和退房的手续。在客房过道上与客房服务员小姜相遇。细心的小姜告知客户关系主任顾经理客人拿走了酒店的花瓶,顾经理前去处理时没有与行李员沟通就仓促劝阻客人不可"拿走"花瓶,致使客人受到误解并产生争执，最终引发了投诉。

之后，前厅部经理对顾经理进行了严肃批评的同时，也批评了实习生小王。前厅部经理耐心地告诉小王酒店服务中除了坚守规范外，沟通艺术同样至关重要，事件中如果顾经理和小王能够相互积极沟通，完全可以避免此事件的发生。

这个情景剧以此事件为背景编写，第一篇是“事件还原”，第二篇是“良好的沟通避免了不愉快的发生”。通过对比的方式来说明沟通艺术在酒店日常服务中的重要性，供同学们观看、思考。

时长：7 分钟

人物：

付小姐	酒店 VIP 宾客	富有，挑剔，任性	（付 ×× 饰）
小王	行李员（实习生）	专注操作规范，但缺乏沟通	（王 ×× 饰）
小姜	客房服务员	责任心强，勤劳热忱	（姜 ×× 饰）
顾经理	客户关系主任 / 接电话的总台员工	任职期不长，经验不丰富	（顾 ×× 饰）

正文：

朗诵引出故事：我们怀着对酒店管理专业的热情，踏入了实习岗位，工作中有苦有乐，但这都是我们成长的足迹。

第一幕　缺乏沟通，导致 VIP 客人投诉

旁白（行李员）：这是发生在我们实习中的一个真实案例。

（场景一：1802 客房中，行李员小王拿着行李，陪同付小姐离开客房前往总台结账。）

行李员小王（礼貌地说）：付小姐，您请（规范的手势）……

付小姐（挑剔地说）：慢点，别把箱子碰坏了。

行李员小王（规范地点头应答）：好的，付小姐。

（场景二：走廊中，客房服务员小姜正在做清理工作，看见客人，放下吸尘器，向付小姐打招呼。）

客房服务员小姜（礼貌地招呼 VIP 客人）：您好，付小姐。

付小姐（傲慢地应着）：嗯。

行李员小王（按电梯，扶门，做手势规范地说）：付小姐，您请。（两人先后迈进电梯）

（场景三：客房服务员小姜看到客人手中的花瓶，若有所思……，送付小姐走进电梯后，拿起公共区域电话致电顾经理……）

顾经理（看着电话显示内线号码，拿起听筒）：您好，前台。

客房服务员小姜：您好，我是客房服务员小姜，1802 房间的客人退房了，可她手里拿着我们酒店的花瓶。

顾经理：你确定？

客房服务员小姜：对，我确定那个花瓶就是酒店的，是您委托客房部送鲜花用的那个花瓶。

顾经理：是哪位客人啊？

客房服务员小姜：就是那个得理不饶人的富二代，昨天还在餐厅借故训人的那一位！

顾经理：好的，我知道了。

客房服务员小姜：嗯，情况就是这样。

（场景四：大厅的电梯铃响，门打开，行李员小王引领付小姐走出电梯，走向总台；顾经理挂上电话，走向电梯口，迎上付小姐和行李员小王。）

行李员小王：付小姐，您请。（付小姐走出电梯看见迎上来的顾经理。）

顾经理：您好，付小姐，您在我们酒店入住愉快吗？有什么不周到之处，您多提意见。

付小姐：嗯，还不错。

（行李员小王看见酒店接送客人的车子已经停在门外。）

行李员小王：付小姐，您的车子已经准备好了，我先将您的行李放上车好吗？

付小姐：嗯。（行李员小王拉着行李走向门口出租车。）

顾经理（犹豫地看着付小姐手中的花瓶）：嗯，不过……这花瓶是酒店的，并非赠品，您可以把它留下吗？

付小姐（面露愠色）：你什么意思啊？是酒店的怎么啦？酒店的东西不就是给客人用的吗？

顾经理：付小姐，您先别激动，您听我解释，按照酒店的规定，客人不能随便带走酒店的东西。

付小姐（更加生气）：带走酒店的东西？你怎么说话呢？你这是在侮辱我的人格！我告诉你，别说是这么个不值钱的东西，就算把整个酒店都买下来，我都出得起这个钱！谁稀罕！（把花瓶向顾经理扔去）拿去！

顾经理：哎呀！你，你怎么不讲理呢？这花瓶摔坏了，是要赔偿的！

付小姐（怒不可遏）：谁不讲理？你骂谁呢？我今天倒是要看看，到底是谁不讲理！

（行李员小王放好行李回到大厅，看到这幅景象赶紧上前。）

行李员小王（急切询问付小姐）：怎么了，付小姐，发生什么事，您这么生气？

付小姐（非常生气）：什么事？哼！你问她！一个花瓶，至于吗？我会想占这点便宜？真是岂有此理！

行李员小王（恍然大悟）：顾经理，是这样的，这花瓶是付小姐打算购买的。

顾经理：啊……

行李员小王：我刚才看见车准备好了，只顾着去放行李，忘记把这件事情先告诉您了。

付小姐：哼，真是太不像话了。

顾经理：哎……真是的，这该怎么办呢……

第二幕 积极沟通，让挑剔的客人满意而归

旁白（行李员）：在酒店服务过程中，我们难免会因为缺少沟通而引起客人的不满，如果我们以更专业的方式来处理这些环节，用良好的沟通来完善我们的服务，那么相信在同样的案例中，将会有不同的结果。

（场景五：1802 客房中，VIP 客人付小姐致电总台要行李员和出租车。）

付小姐：（坐在客房沙发上，拿起电话。）

总台员工（看着内线房号显示）：您好，总台。

付小姐：我要退房。

总台员工（记起电话显示的房号是 VIP 客人付小姐房间）：好的，付小姐，需要行李员给您上来取行李吗？

付小姐：嗯，给我安排个人上来。

总台员工：好的。

付小姐：对了，给我备个车，去机场。

总台员工：好的，马上为您去安排。

付小姐：嗯，谢谢。

总台员工：不客气，付小姐。

付小姐：（挂上电话。发现桌上摆着一束漂亮的鲜花，花瓶很雅致，花瓶旁放着一张小卡片，她拿起卡片，饶有兴致地读起来……）

付小姐：（朗读问候卡的内容，读完后自顾自说）哎呀，这些人啊！看着粗手笨脚的，还挺细心的（拿起花瓶，欣喜地赏玩）。

（场景六：敲门声响起。）

行李员小王：您好，行李员。

付小姐：（把花瓶放在桌上去开门）进来吧。

行李员小王：您好，付小姐。有什么行李要我帮您拿下去的吗？

付小姐（下巴对行李箱那一抬）：喏，这个箱子拿好了，可别碰坏了。

行李员小王：好的，您放心。

付小姐（拿起桌上的花瓶）：这花瓶我也要了，等会儿拿下去一起结账。

行李员小王（略有迟疑）：这个花瓶在我们酒店商场有出售，如果您喜欢，我带您去那里购买。

付小姐（提起包就走）：不用了，就这个吧，走，去前台结账。

行李员小王：付小姐，您请。

（付小姐和行李员小王离开房间，重复场景二，场景三剧情）

（场景七：大厅的电梯铃响门打开，行李员小王引领付小姐走出电梯，走向总台；顾经理挂上电话，走向电梯口，迎上付小姐和行李员小王。）

行李员小王：付小姐，您请。（付小姐和行李员小王走出电梯看见迎上来的顾经理。）

顾经理:您好,付小姐。

付小姐:嗯,你好。

顾经理:(看着行李员小王,用眼神示意询问付小姐手中的花瓶怎么回事。)

行李员小王(赶紧上前对顾经理说):顾经理,付小姐非常喜欢酒店送鲜花的花瓶,准备购买这个花瓶。

顾经理(微笑点头):好的,没有问题。付小姐,您眼光真好,这个花瓶很雅致。

付小姐(很开心):谢谢。

顾经理:付小姐,那我将这个花瓶的费用计入您的房费可以吗?

付小姐:嗯,好的,没问题。

行李员小王:付小姐,您的车准备好了,我先将您的行李放上车好吗?

付小姐:行。

顾经理:付小姐,花瓶需要我们帮您包装一下吗?

付小姐:好的,谢谢。

顾经理:付小姐,您无须等待,我们有专人为您办理退房手续。这边请。(酒店贵宾通道)

付小姐:你们的行动够迅速的啊!

顾经理:谢谢您的夸奖!

(两人愉快地走向酒店贵宾服务通道)

旁白(行李员):沟通在酒店服务的各个环节都是至关重要的,那么就让我们用良好的沟通,热情的服务,让每一位客人都有宾至如归的感觉。

音乐响起,合唱"我们是酒店人,我们是快乐的,忙碌的酒店人!"

(以上资料由笔者根据真实事件整理改编)

知识拓展

戏剧名词解释

(1) 戏剧动作:戏剧艺术基本手段。在表演艺术中,又称舞台动作。

(2) 戏剧情境:戏剧作品的构成要素之一,戏剧中用以表现主题的情节及情况。

(3) 戏剧冲突:表现人与人之间矛盾关系和人的内心矛盾的特殊艺术形式。

(4) 戏剧性:戏剧的特性在作品中的具体表现,主要指在假定情境中人物心理的直观外观。

(5) 假定性:在戏剧艺术中,指戏剧艺术形象与它所反映的生活自然形态不相符的审美原理,即艺术家根据认识原则与审美原则对生活的自然形态所做的程度不同的变形和改造。假定性乃是所有艺术固有的本性。

(6) 戏剧风格:由戏剧家的创作个性所表现出来的戏剧作品的艺术特色。

(7) 戏剧流派:戏剧风格群体化现象。通常以一两个风格鲜明的戏剧家为标志,一群风格相近的戏剧家自觉地以组织形式进行艺术性、学术性聚合,或者由于受某一历史时期社会风尚和艺术风尚影响,自觉不自觉地表现出共同的创作倾向,互相呼应，从而构成有社会影响的戏剧流派。

(8) 三一律：三一律是西方戏剧结构理论之一，是一种关于戏剧结构的规则。先由文艺复兴时期意大利戏剧理论家琴提奥约于1554年提出，后由法国新古典主义戏剧家确定和推行。要求戏剧创作在时间、地点和行动三者之间保持一致性。即要求一出戏所叙述的故事发生在一天（一昼夜）之内，地点在一个场景，情节服从于一个主题。

(9) 现实主义戏剧：戏剧主要流派之一。它强调在舞台上客观地、精细地再现生活，塑造典型环境的典型人物。

(10) 浪漫主义戏剧：戏剧主要流派之一。它坚决反对、冲破一切古典主义的既定规则，它崇尚主观，强调艺术家的激情、想象与灵感，既无视艺术程式的束缚，也不受生活真实的局限，自由多变，充满机巧和突转。

(11) 古典主义戏剧：戏剧主要流派之一。欧洲17世纪盛行的古典主义文艺思潮影响下形成；强调戏剧“以理性为根据”的“娱乐”作用，始终把“满足荣誉的要求”放在首位，严格遵守“三一律”。

(12) 表现主义戏剧：西方现代戏剧流派之一，19世纪末出现于德国、瑞典、随后波及欧洲其他国家和美国，极盛于20世纪初至20年代前后。表现主义戏剧是一部分左翼资产阶级知识分子对资本主义现实深感不满，并想在精神上将此种情绪表达出来而产生的一种新的戏剧流派。

(13) 象征主义戏剧：西方现代戏剧流派之一。作为一个流派，它首先兴起于诗歌。象征主义戏剧的基本特征是：否定真实、客观地描写现实、强调表现直觉和幻想，注重主观性与内向性，追求所谓内心的“最高的真实”。

(14) 超现实主义戏剧：西方现代戏剧流派之一。超现实主义戏剧将表现主义戏剧的非理性倾向推到了极限，主张在创作中完全打乱人的常规思维方式，而采取一种所谓的“自动书写方法”。

(15) 存在主义戏剧：现代戏剧流派之一。20世纪30年代末在法国兴起，20世纪40年代，尤其在第二次世界大战后发展到顶峰。存在主义戏剧的思想哲学基础是广泛流行于欧洲的存在主义学说。

(16) 先锋派戏剧：西方现代戏剧流派之一。“先锋派”一词出自法语，原被用来泛指所有背离传统，带有政治性的激进艺术家，后来指各时期具有革新实践精神的艺术家。

(17) 荒诞派戏剧：荒诞派戏剧是现代戏剧流派之一。荒诞一词，由拉丁文的耳聋一词演变而来，在哲学上指个人与其生存环境脱节。荒诞派戏剧的哲学基础是存在主义，否认人类存在的意义，认为人与人根本无法沟通，世界对人类是冷酷的、不可理解的。

课后探究

1. 情景剧的编排需注意哪些问题？
2. 情景剧编写中，剧本语言有哪些要点？

实训任务二 礼仪情景剧表演

知识点

一、认识表演

表演，指演奏乐曲、上演剧本、朗诵诗词等直接或者借助技术设备以声音、表情、动作公开再现作品。有以下几层含义：

(1) 在戏剧、舞蹈、杂技等演出中，把其中的各个细节或人物特性表现出来。

(2) 演员演出剧本或扮演角色。

(3) 指做示范性的动作。

表演艺术是通过人的演唱、演奏或人体动作、表情来塑造形象、传达情绪、情感从而表现生活的艺术。代表性的门类有音乐、戏剧、舞蹈、杂技、相声、魔术等。

二、情景剧的表演

礼仪课堂上进行的情景剧表演形式较为宽泛，通过设置特定场景、扮演角色、表演对话与动作来表现礼仪知识点与实训内容。具体来讲，学生表演可以文字剧本为依托，也可脱离文字剧本即兴创造，要求表演者在理解角色特点、人物关系的基础上尽可能真实、用心地去扮演角色、表演对话和动作，从而实现对形象、语言、仪态、举止等礼仪课程学习内容的理解和掌握。

（一）情景剧表演的原则

1. 场景设置清晰简洁

礼仪课堂的情景剧，主要目的在于创设课程知识点相关情节，从而模拟职场各类场景，考察学习者的表现。因此，不需要复杂的设计，反而应选择常见的、典型的场景，这样，有利于降低表演难度，使表演者能够把注意力集中在知识点的演示方面。

2. 表演氛围轻松愉快

礼仪学习需要激发每位同学的友善与积极的心态，一个轻松愉快的氛围将有利于学生消除表演的紧张感，从而投入到角色中去。一个没有压力的舞台，有助于学习者较好地表达自己或展现自我。因此，教师应充分考虑学生的心理需求，在表演前后都能对学生持鼓励、宽容、欣赏的态度。以“放松下的集中”这一概念来帮助学习者做到放松，把注意力放在情景表演中，而不要过分注重可能发生的错误。观看表演的同学也应以专注观看为主，如需对表演者做出评价，也需要注意表达方式，可采取先肯定、后指出不足或改进建议的方式。总而言之，教师在情景剧表演中应当尽量给学生创造轻松的氛围，给学生提供表演的安全感，使学生始终保持自信与学习的热情。

3. 角色扮演入情入理

情景剧表演一个重要特点就在于:它要求表演者调动自身的意识和情感来把握角色,理解各角色的语言、行为方式以及角色之间的关系。这一特点使它成为职业礼仪课堂上的一个重要教学手段,学生通过表演训练了自身在不同场合的行为举止与言语礼仪,同时,也训练了情感的投入及表现方式。

(二) 情景剧的表演形式

情景剧可运用于多种情形:知识点教学;单元学习汇报;期末考核汇报。通过表演,学生可以展示对知识点的掌握情况和运用情况。

(1) 针对某一特定情境进行的对话练习,多发生在单一的场景。如接听电话的礼仪,服务礼貌用语。表演应注重对知识点的运用,通过反复练习,达到准确掌握知识点的目标。

(2) 围绕某一知识点进行表演。通常而言,剧情简单,人物一般不超过5人。如:涉外交往中的见面礼节,自助餐用餐礼仪。表演时应注意将知识点和语言、仪态、人际交往礼仪等基础知识相结合,重在通过表演,加深对知识点的理解,学会在实景中灵活运用所学知识点。

(3) 围绕某几个知识点,组成一个完整的事件,任务一般在5~7人。如:职场面试礼仪,职业仪态展示。表演中由于所牵涉的知识点较多,应采取整体表演 + 分场景表演的模式。表演人数可根据需要进行组合。

期末或是项目考核情景剧由于人物多、场景多、剧情复杂、信息多样,要求表演者首先对知识点做一个整理,确定好在某一场景中重点突出哪一个或哪几个知识点,而整组表演又应突显什么风格。这样,才能使小组表演清晰有序,一目了然,方便观看者理解与评价。

三、情景剧表演的优势

采用情景剧表演的教学手段较传统的教学手段显示出诸多优势:

(1) 情景剧表演是一种能够有效实施合作学习的手段,有利于培养学生的综合交际能力。通过训练和表演,学生们掌握了小组分工协作的礼仪,学会如何寻求对方意见及观点、如何与对方进行商榷、如何表达同意或异议、如何拒绝对方等技巧,从而提高交际能力,达到有效的交流,在合作中共同提高。

(2) 情景剧表演激活了学生学习礼仪的兴趣。通过模拟真实交际场合进行表演,学生认识到礼仪作为职业能力的基本素养具有较高的实用价值。礼仪课不仅使学生学到了知识,而且成为学生展示自我的小舞台。

(3) 情景剧表演的形式为学生们创造了真实的交流氛围,填补了传统教学中实践环节的空白,使学生在真实的交际氛围中切身领悟到人际交往方式、分寸、秩序与习俗,深入理解礼仪学习对于生活、职业发展的重要意义。

(4) 情景剧不仅仅注重表演过程,更注重通过"观"和"演"来展示所学,交流共进。这就要求在演完之后有观演互动的环节。观看的师生可以根据演员的表演了解他们对知识的掌握和运用,并提出自己的看法和评价;表演者可以根据观看者的发言总结完善自己的表现。教师在学生表演时细心观察,并记录下他们的优点及不足，并在学生表演之后给出评价和建议。

能力点

一、角色塑造

角色塑造，是指演员在舞台上通过形象、行为、语言、心理和细节等方面的塑造角色的过程。

（一）保持适度紧张

表演中的适度紧张会让表演者更加集中精力去专注于特定的事物，准确地投入进角色里。初次表演者往往都是过度紧张的，他们生怕出错，越是想着如何表演得更好，越是把握不住分寸，常表现为动作僵硬、过火、做作，甚至忘词、误场。随着经验的积累，从初学者逐步成长成熟，最显著的变化是此时的表演基本上都是自然放松的，随着日积月累，懈怠状况应运而生，很多演员亦会出现表演中的"油""温"。但放松不是懈怠，适度紧张恰好是纠正这种问题的良方，它会让表演者变得投入和专注，会不知不觉进入角色，享受这个过程。

进入规定情景后，表演者要尽可能让肢体语言更娴熟自然，台词更清楚准确，舞台调度更合理。保持适度紧张状态，集中精力，全身心地投入到角色中去。

（二）投入而不忘我

演员在塑造角色过程中，投入是核心技术，是整个表演过程的灵魂。准确的投入，会塑造出一个真实的人物、一个让观众认可的角色。然而凡事皆有度，倘若因过度投入而忘我，便会失去真实和自然。

做菜讲究火候大小，表演同样需要把握分寸。想塑造出一个让观众印象深刻的角色，演员需要通过自身对剧本、人物的理解、导演的阐述以及自身特质进行的创作和塑造。在角色中没有"自己"，就没有灵魂，因为角色中没有"自己"就没有生活，没有活生生的感觉。戏剧源于生活却又高于生活，真实是戏剧的特点之一，即使是虚构的情节，倘若脱离表演者自身来创造，则会显得空洞苍白。

（三）理论和实践的结合

熟悉知识点，掌握礼仪的规范与要求，在此基础上，将书本理论与情景剧剧本相结合，明确要表现什么和如何表现。只有理解了剧本，理解了角色，才能准确完成表演。

二、舞台位置

（一）舞台

舞台是在剧院中为演员表演提供的空间，它可以使观众的注意力集中于演员的表演并获得理想的观赏效果。舞台通常由一个或多个平台构成，有的也可以升降。舞台的类型有镜框式舞台、伸展式舞台、圆环型舞台和旋转型舞台。

1. 镜框式舞台

镜框式舞台是指观众位于舞台的一侧，而舞台的其余侧面被物体遮挡，以供演员和技术人员做准备工作。

2. 伸展式舞台

伸展式舞台与镜框式舞台的区别在于，舞台的一部分向前突出，伸向观众席，这一部分的三面都暴露给观众。主要用于歌舞厅、时装表演厅、会所多功能厅、礼堂、剧院等娱乐场所。

3. 圆环形舞台

圆环形舞台是指观众位于舞台的四周。通常圆环形舞台位于剧场的中央。观众可以近距离地欣赏表演。

4. 旋转型舞台

主要通过液压设备制造出旋转的效果，包括升降、旋转等效果。

（二）舞台位置

舞台作为一个整体，按照演员表演时正面朝向观众的站立方向，主要分前、后、中心、左、右五个主要方向。

1. 舞台中心区域

舞台正中心前方靠左位置；

舞台正中心前方位置；

舞台正中心前方靠右位置；

舞台正中心靠左位置；

舞台正中心位置；

舞台正中心靠右位置；

舞台正中心后方靠左位置；

舞台正中心后方位置；

舞台正中心后方靠右位置。

2. 按照左右方向细分

舞台左方区域：

舞台前方靠左位置；

舞台中心靠左位置；

舞台后方靠左位置。

舞台右方区域：

舞台前方靠右位置；

舞台中心靠右位置；

舞台后方靠右位置。

3. 按照前后方向细分

又可分为舞台前方区域和舞台后方区域。

戏剧舞台布局不外乎以上 15 个具体方向（见图 7-1-1）。

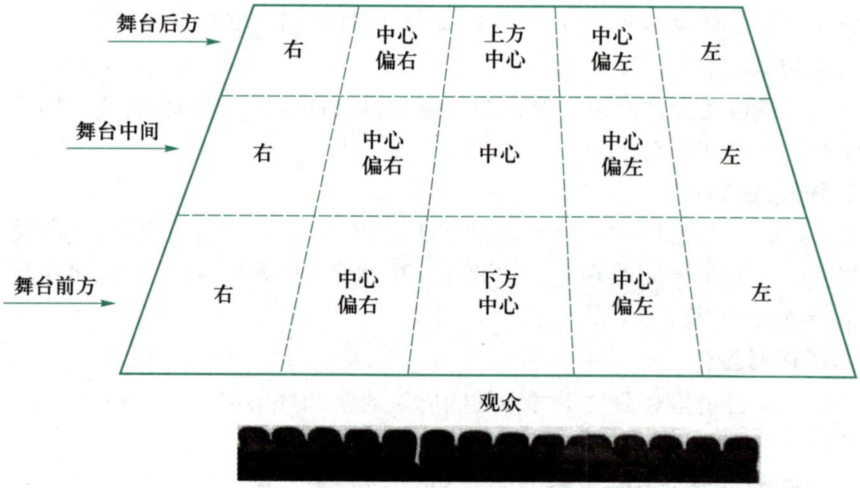

图 7-1-1 舞台布局中的方向

人物所处的舞台位置不同,突出的程度也就不同。也有一种划分方式是把舞台划分九个区域,适用于小型舞台。以突出程度来划分,依次是:中前—中中—左前—右前—左中—右中—中后—左后—右后(见图 7-1-2)。

右后	中后	左后
右中	中中	左中
右前	中前	左前

(观众所在方向)

图 7-1-2 舞台布局中的九个区域

根据区位又划分出舞台的支点的安排,这八个点其实就是八个面部朝向。而在这运行线路中,有一个中心,三个点,四个犄角为停顿和造型的常用区位。舞台有 8 个方位即 8 点,面向观众,也就是正前方是 1 点,向右转 45° 是 2 点,依次向右转 45°,是 3 点、4 点、5 点、6 点、7 点、8 点。

三、舞台风格

情景剧表演台风重点分为五个部分。第一,登台练习。包括上台,以及与主持人的交接礼仪。第二,台上站姿。第三,台上鼓掌。第四,鞠躬致意。第五,手势。

(一) 登台练习

1. 登场前演员候场地点

(1) 休息室;(2) 幕后;(3) 第一排;(4) 最后一排;(5) 登台口。

2. 登场方式

(1) 小组登场;(2) 个人登场;(3) 先后登场。

3. 登场礼仪

(1) 依次登场;(2) 向观众致意;(3) 与主持人握手(接麦);(4) 立定 3 秒左右,问候与自我介绍(小组介绍);(5)开始表演。

(二) 台上站姿

1. 台上站姿训练

(1) 两脚平行并拢。

(2) 两脚平行,分开约一脚宽距离。

需要强调的是,鞠躬行礼的时候双脚要并拢。

2. 台上仪容

(1) 头部为仪容的主体,应当平正而不是偏侧倾斜,头部的动作不能过多,应当和表情及手势相对应。

(2) 躯干的基本要求是直立,做到收腹立腰,双肩平展,双腿并拢直立,给人一种庄严大方、朝气蓬勃的感觉。

(3) 眼睛保持与观众的交流。

(三) 台上鼓掌

① 观众鼓掌:手心相对,倾斜 45° 角,左手在下,右手在上,置于胸前,拍掌。

② 演讲嘉宾鼓掌方式:手心相对,倾斜 45° 角,左手在下,右手在上,置于胸前,拍掌。

(四) 鞠躬致意

鞠躬前首先应站稳立正,然后向观众鞠躬。也可先向老师,再向观众鞠躬。鞠躬时间 3 秒左右。

(五) 手势

这里的手势主要有:邀请小组成员、老师、观众的手势;在表演中指示方位和人物的手势。要求尽量使用右手,五指并拢,手臂舒展,小臂和手掌呈一条直线。指示人物时指尖高度不超过对方肩膀,距离不小于 15 厘米。

知识拓展

表演者的基本素质

一、总体素质

不管是演员还是表演学习者,必须具备一定的素质,然而一个演员的总体素质所包括的方面是很广泛的。既包括演员先天的形体与声音条件,长期的生活经历所形成的风度和气质,还有演员本人的生活素养、思想水平、文化艺术修养、专业技巧,所以在教学中也要培养学生的基本素质。

二、创作素质(专业素质)

创作素质又可分为七种能力:

敏锐而又细致的观察力;

积极而又稳定的注意力;

丰富而又活跃的想象力;

敏锐而又真挚的感受力;

真实、准确而又合理的判断与思考力；
灵敏而又细腻的适应力；
鲜明的形体与语言的表现力。

课后探究

1. 礼仪情景剧表演需要注意的礼仪有哪些？
2. 情景剧表演中有哪些要素？你觉得最重要的是什么？

实训任务三 礼仪情景剧评述

知识点

情景剧的评价通常由教师完成，观众（学生）也可参与评分，最终得分按照教师评 70%+ 学生评 30%= 总分，满分 100。评价内容参考以下指标，见表 7–1–4。

表 7–1–4 评 价 指 标

考核标准	分值
礼仪知识点掌握准确，运用得当	30
情景剧主题明确情节合理	10
表演流畅，团队合作默契	10
演员形象、服饰、道具准备充分	10
演员有较强的表现力、感染力	10
演员有较好的仪态、语言及风度，具备良好的舞台礼仪	10
舞台区域运用得当，舞台调度自然合理	10
有完整的小组亮相、介绍、致谢，表演时间控制得当	10

能力点

一、教师评述

（一）正向评价为主

学生在情景剧的编、排、演的过程中，接触了许多新的知识，比如主题选择、知识点转换为情景表演、舞台表演要素、舞台位置与调度等。学生对这些知识缺乏系统地学习。因此，以情景剧表演来展示礼仪知识的学习情况是一个比较综合的挑战，对学生而言并不容易。教师的鼓励与包容有助于学生逐步建立自信，并在教师引导和相互的观摩学习中逐步提高。这需要一个过程，在此过程中，教师应以正向评价为主。

（二）评价结合考核标准

观看表演的过程本质上是带有很强的个性色彩的，所以人们常说“有一千个观众，就有一千个哈姆雷特”，因为每个人都会透过自己的主观体验对表演、人物产生感受和评价。但教师在评价过程中应尽可能减少个性因素，以考核标准为依据进行评价，以相同的评价指标去评价不同小组的表现。当然，评价的重点可以根据实际情况有所侧重。

二、学生评述

（一）评价者礼仪

(1) 评价应在认真观摩的基础上做出，尽量避免在没有看清楚或理解的基础上就匆忙评价。

(2) 评价者须起立，向表演者表达礼貌或是感谢之后再做评价。

(3) 评价中，提出问题后尽可能给出建议，或至少说明自己的想法，不可仅仅说“……不好、不对”。这有助于表演者吸收意见并做出改善。

(4) 评价并非只是“提意见”，也可以对表演者表现较好的方面提出表扬，做“善于发现美的人”。

（二）被评价者礼仪

(1) 专注看着评价人，并耐心听完所有发言，即便有不妥之处，也应等别人把话说完，这是基本礼貌。

(2) 在接受评价的过程中，只有很少的情况需要被评价者做出解释：对方提出疑问或评价者有信息遗漏时，或确实有需要做出一定的解释以帮助观众更好地理解表演时。除此外，无须多做解释，可以微笑致谢，有则改之，无则加勉。

(3) 对评价人给予真诚的感谢。

知识拓展

演讲者的礼仪

一、步入会场

演讲者要有谦和的态度，在步入会场时，要保持微笑，用眼神和观众交流，切勿左右张望。

二、就座

当演讲者与随行者一同到达座位时，要让大会主席或是陪同人员先入座。入座时，身体要坐正，声音要轻。

三、介绍

当介绍人介绍演讲者时，演讲者应该自然起立，向主持人点头致意并向观众鞠躬示意。

四、演讲中

演讲时要热情开朗，声音清晰，手势自然大方。当听众鼓掌时，演讲者可以微笑着略做停顿，再继续演讲。

五、演讲结束

演讲结束时，要面带微笑真诚致谢，先向观众鞠躬，再向主持人致意。

课后探究

1. 请结合各组情景剧表演，谈谈你的收获。
2. 你如何评价本组的情景剧表演？

实战演练

实训项目：综合实训

1. 实训目标

掌握情景剧编排、表演及评述相关方法与礼仪。以小组为单位，结合职场面试、职场交往、会议餐饮、涉外接待等主题，进行情景剧的编排、表演与评述。

2. 实训步骤

(1) 小组商议选定主题，撰写情景剧剧本。

(2) 各小组完成情景剧的表演。

(3) 仔细观看各组的剧本和表演，做好记录。表演结束后给予评价。

(4) 教师评分并点评各组表现。

3. 考核评价（见表 7-1-5）

表 7-1-5 综合实训项目考核评价

评分项目	标准与要求	分值	得分	总分
团队形象	精神饱满，态度积极，符合专业形象要求	20		
剧本编写	剧本格式规范，时间安排合理，台词符合人物特征，体现礼仪要点	30		
情景剧表演	角色分工明确，准确演示职场礼仪相关主题情景，内容符合礼仪要求； 能运用多媒体进行演示	30		
情景剧评述	普通话标准，声音清晰； 用词准确恰当，表述内容清晰，表达方式易于被人接受，意见中肯，建议明确	20		

续表

实训项目评价	
自我评价	
同学评价	
教师评价	

项目二　成 果 展 示

本项目主要内容是课程各项目的考核标准（评分表）和结课报告。作为实训课程的重要模块，实训考核的意义是提示要点，并给出简要的评价依据和参照标准。

实训任务一　实 训 材 料

下文表 7–2–1 至表 7–2–6 为本课程各模块任务评分标准。

表 7–2–1　“职业礼仪”课程模块一考核评分标准

（团队文化展示　100 分满分）

团队：　　　　　　　　　　　　　姓名：

评分项目	标准与要求	分值（分）	得分	总分
沟通过程（20 分）	能积极参与团队交流，能根据指导教师要求完成相应任务	20		
演讲内容（30 分）	思想内容能紧紧围绕主题，观点正确、鲜明，见解独到，内容充实具体，体现团队精神	30		
语言表达（30 分）	演讲者语言规范，表达准确、流畅、自然、吐字清晰，声音洪亮圆润，能熟练表达所演讲的内容	30		
形象风度（10 分）	演讲者精神饱满，能较好地运用姿态、动作、手势、表情，表达对演讲内容的理解	10		
综合印象（10 分）	演讲者着装规范、端庄、大方；举止自然得体，有风度，富有艺术感染力，具有团队精神	10		
学生自评				
同学互评				
教师点评				

表 7-2-2　“职业礼仪”课程模块二考核评分标准

（形象礼仪　100 分满分）

团队：　　　　　　　　　　　　姓名：

评分项目	标准与要求	分值（分）	得分	总分
仪容仪表（20 分）	整齐着装，符合职业标准；发型统一，符合职业规范；妆容适度，符合职业要求	20		
目光表情（20 分）	目光柔和、平视前方；微笑自然、亲切	20		
身体姿态（20 分）	身姿挺拔、精神饱满，能较好地运用姿态、动作、手势、表情，表达对身体语言的理解	20		
精神风貌（10 分）	精神面貌佳，面带微笑，有礼貌，姿态挺拔	10		
团队协作（20 分）	配合默契、衔接连贯、有较强的组织性和协调性	20		
情节编排（10 分）	时间适当、情节紧凑、富有新意、表现力强、内容合理、能体现服务行业的职业风采	10		
学生自评				
同学互评				
教师点评				

表 7-2-3 “职业礼仪”课程模块三考核评分标准

（面试礼仪 100 分满分）

团队： 姓名：

项目	标准与要求	分值(分)	得分	总分
面试形象（20 分）	发型、着装得体，符合面试要求	10		
	有着良好的精神风貌和礼貌的态度	5		
	个人物品符合面试规范	5		
材料准备（20 分）	简历、照片符合面试要求	10		
	准备好社会服务、工作实践、证书等材料	10		
自我介绍（20 分）	内容精练，重点突出	10		
	普通话 / 英语发音标准	5		
	能体现个人的职业竞争力和对岗位的认识	5		
面试应答（20 分）	能准确理解考官的问题，并迅速反应	5		
	表达清晰，语言流畅，神态自然	10		
	对行业和岗位有正确认识	5		
综合印象（20 分）	仪态大方，举止得体，彬彬有礼	10		
	有亲和力，有自信	10		
学生自评				
同学互评				
教师评语				

表 7-2-4 “职业礼仪”课程模块四考核评分标准

（职场礼仪 100分满分）

班级：　　　　　　　　　　　　　团队：

项目	标准与要求	分值（分）	得分	总分
交往礼仪（40分）	会面礼节准确优雅，称呼得当	10		
	自我介绍简明扼要，符合身份	10		
	接待中的陪同、引导、入座、交谈等符合礼仪规范，仪态简洁大方	20		
会议礼仪（30分）	会议的座次及发言符合礼仪要求	10		
	会议引导、茶会服务动作优雅规范，态度亲切	20		
通信礼仪（30分）	电话接听、拨打符合礼仪规范，表情柔和，语言清晰有礼	10		
	邀请函制作符合规范	10		
	网络通联（微信、邮件）符合礼仪规范	10		
学生自评				
同学互评				
教师评语				

表 7-2-5 “职业礼仪”课程模块五考核评分标准

（餐会礼仪 100 分满分）

班级： 团队：

<table>
<tr><th colspan="2">评分项目</th><th>标准与要求</th><th>分值（分）</th><th>得分</th><th>总分</th></tr>
<tr><td rowspan="2">餐会准备
（20 分）</td><td>着装与配饰</td><td>着装选择符合“TPOR”原则；
配饰符合整体形象搭配原则；
妆容适度，符合身份与场合</td><td>10</td><td></td><td rowspan="8"></td></tr>
<tr><td>邀请函</td><td>邀请函设计美观、规范，信息完整；
如需回复，应附回函</td><td>10</td><td></td></tr>
<tr><td rowspan="6">餐会礼仪
（80 分）</td><td>礼貌</td><td>微笑自然、亲切；
能主动问候、寒暄；
位次排序符合礼仪惯例</td><td>20</td><td></td></tr>
<tr><td>交流</td><td>自我介绍和他人介绍符合规范；
能使用尊称；
祝酒词符合要求；
席间交流得体大方</td><td>20</td><td></td></tr>
<tr><td>仪态</td><td>身姿挺拔、精神饱满；
站姿、坐姿、入座、离座、物品摆放均符合要求</td><td>10</td><td></td></tr>
<tr><td>礼节</td><td>迎接客人的礼节；
致谢的礼节（当面＋书信/邮件）；
告别的礼节</td><td>20</td><td></td></tr>
<tr><td>团队配合</td><td>表现力强、内容合理、举止自然得体，能体现成员的社交风采</td><td>10</td><td></td></tr>
<tr><td colspan="4"></td></tr>
<tr><td>学生自评</td><td colspan="5"></td></tr>
<tr><td>同学互评</td><td colspan="5"></td></tr>
<tr><td>教师评语</td><td colspan="5"></td></tr>
</table>

表 7-2-6　“职业礼仪”课程模块六考核评分标准

（涉外礼仪　100 分满分）

班级：　　　　　　　　　　　　　团队：

项目	标准与要求	分值（分）	得分	总分
交谈礼仪（30 分）	语言礼貌，态度亲切自然	5		
	能准确、恰当地称呼、问候对方	5		
	交谈过程中有良好的仪态，并能注意身体语言礼仪	10		
	能关注对方的需求，专注倾听，言谈有度	10		
馈赠礼仪（20 分）	能根据场合、对象选择适当的礼品	10		
	注重赠礼与受礼的礼节	10		
参观礼仪（20 分）	能根据对象、时机设计参观内容	5		
	参观中的语言、行为符合场合要求	10		
	能做好陪同及解说工作	5		
宴请礼仪（30 分）	宴会邀约形式选择恰当，美观、得体	5		
	宴会流程设计合理	5		
	致辞准确、大方，主宾交流礼貌、周到	10		
	宾客言行得体，符合赴宴礼仪的要求；告别与致谢要及时、真诚	10		
学生自评				
同学互评				
教师评语				

实训任务二 实 训 报 告

一、实训报告内容

“职业礼仪实训”课程实训报告是学生在学期末完成的书面考核作业。主要内容包括课程学习效果、学习收获，以及通过课程学习，对礼仪、对职业的认识。本学期学习的相关课程实训内容包括：团队建设与沟通、职场形象与仪态、职场面试、职场交往、会议与通联、餐饮礼仪、涉外礼仪等。学生可结合自身学习情况，从课程学习收获、感悟等方面来谈。

二、实训报告要求

（一）格式要求

报告字数不低于 1 500 字，标题黑体三号，正文宋体小四号，1.5 倍行距。段落标号分别为：“一、”“(一)”“1.”“(1)”。段首空两个字符。

（二）内容要求

报告内容应紧密结合课程实训内容，从学习方法、学习效果、个人提升及课程感悟等几个方面来阐述。可结合礼仪学科，谈自己的认识；或结合职场实践经历，谈学习心得。报告中如引用相关学术论文、著作，须标注作者及作品信息。引用内容总量不得超过全文 10%。

（三）时间要求

报告须在课程结课考试当周完成，计入期末成绩。

附　件

“职业礼仪”课程考核总表

班级：　　　　　　　　　　　　小组：

项目	得分（分）	分值比重（%）	小计
模块一		15	
模块二		15	
模块三		20	
模块四		20	
模块五		15	
模块六		15	
总分			
指导教师评语	教师________		

参考文献

[1] 舒伯阳,刘名俭.旅游实用礼貌礼仪[M].天津:南开大学出版社,2000.
[2] 王伟伟.礼仪形象学[M].北京:人民出版社,2005.
[3] 李莉.实用礼仪教程[M].2版.北京:中国人民大学出版社,2006.
[4] 杨海清.现代商务礼仪[M].北京:科学出版社,2006.
[5] 彭澎,杨中碧.礼仪与文化[M].北京:清华大学出版社,2007.
[6] 金正昆.职场礼仪[M].北京:中国人民大学出版社,2008.
[7] 李洪兵,彭慧.礼仪实训教程[M].北京:外语教学与研究出版社,2008.
[8] 郑彦离.礼仪与形象设计[M].北京:清华大学出版社,2009.
[9] 陈璐.旅游职业礼仪[M].南京:江苏科学技术出版社,2009.
[10] 金正昆.服务礼仪教程[M].4版.北京:中国人民大学出版社,2014.
[11] 张岩松.现代交际礼仪实训教程[M].2版.北京:清华大学出版社,2022.
[12] 王晶,张岩松.形体训练与形象设计[M].3版.北京:清华大学出版社,2020.
[13] 戴晓丹.礼仪实训教程(学生用书)[M].北京:清华大学出版社,2013.
[14] 袁涤非.现代礼仪[M].2版.北京:高等教育出版社,2020.
[15] 黄玉萍,王丽娟.职业形象与商务礼仪训练教程[M].北京:中国轻工业出版社,2014.
[16] 韦甜甜.风靡东方的印象修炼课[M].北京:中华工商联合出版社,2014.
[17] 曹开英,徐玉芳,曲明鑫.现代社交礼仪[M].北京:北京交通大学出版社,2014.
[18] 李贻玲,王明亮.新编现代化礼仪规范模块化教程[M].北京:机械工业出版社,2015.
[19] 怡心.职业女性的形象设计与魅力塑造[M].北京:中国妇女出版社,2015.
[20] 吕艳芝,徐克茹.商务礼仪标准培训[M].4版.北京:中国纺织出版社,2019.
[21] 贺璋瑢,王海云.中华传统礼仪[M].北京:中国人民大学出版社,2016.
[22] 王菁,宋艳秋.职业礼仪与实训[M].北京:中国计划出版社,2016.
[23] 韦克俭.现代礼仪教程[M].2版.北京:清华大学出版社,2016.
[24] 胡爱英.礼仪文化[M].北京:中国旅游出版社,2018.
[25] 戚薇,陈璐.乘务人员职业形象设计与化妆技巧[M].北京:清华大学出版社,2023.
[26] 赵岩,张淑华.社交礼仪教程与实务[M].南京:南京大学出版社,2015.
[27] 金正昆.涉外礼仪教程[M].5版.北京:中国人民大学出版社,2018.

郑重声明

高等教育出版社依法对本书享有专有出版权。任何未经许可的复制、销售行为均违反《中华人民共和国著作权法》，其行为人将承担相应的民事责任和行政责任；构成犯罪的，将被依法追究刑事责任。为了维护市场秩序，保护读者的合法权益，避免读者误用盗版书造成不良后果，我社将配合行政执法部门和司法机关对违法犯罪的单位和个人进行严厉打击。社会各界人士如发现上述侵权行为，希望及时举报，我社将奖励举报有功人员。

反盗版举报电话 (010)58581999　58582371

反盗版举报邮箱 dd@hep.com.cn

通信地址 北京市西城区德外大街4号

高等教育出版社知识产权与法律事务部

邮政编码 100120

读者意见反馈

为收集对教材的意见建议，进一步完善教材编写并做好服务工作，读者可将对本教材的意见建议通过如下渠道反馈至我社。

咨询电话 400-810-0598

反馈邮箱 gjdzfwb@pub.hep.cn

通信地址 北京市朝阳区惠新东街4号富盛大厦1座

高等教育出版社总编辑办公室

邮政编码 100029

资源服务提示

授课教师如需获得本书配套教学资源，请登录"高等教育出版社产品信息检索系统"(http://xuanshu.hep.com.cn/)搜索本书并下载资源，首次使用本系统的用户，请先注册并进行教师资格认证。